CARL JUNG

Der Archetyp des Helden und die Individuation des Selbst

Die jungianische Deutung der Mythen

und die Bedeutung der Heldenreise in der menschlichen Psyche

Arquetipo y Sombra

Alle Rechte vorbehalten. Kein Teil dieses Buches darf ohne schriftliche Genehmigung der Autoren in irgendeiner Form oder mit irgendeinem Mittel – elektronisch oder mechanisch, einschließlich Fotokopie, Aufzeichnung oder durch ein Informationsspeicher- und Abrufsystem – reproduziert oder übertragen werden.

Wichtiger Haftungsausschluss: Dieses Buch dient ausschließlich Bildungs- und Unterhaltungszwecken. Der Autor hat sein Möglichstes getan, um vollständige, genaue, aktuelle und verlässliche Informationen bereitzustellen, jedoch kann dies nicht garantiert werden. Der Autor ist kein Experte für Rechts-, Finanz-, Medizin- oder professionelle Beratung. Die Informationen in diesem Buch wurden aus verschiedenen Quellen zusammengetragen, daher ist es wichtig, dass Sie einen Fachmann konsultieren, bevor Sie eine der beschriebenen Techniken ausprobieren. Mit dem Lesen dieses Buches erklären Sie sich damit einverstanden, dass der Autor nicht für direkte oder indirekte Verluste haftet, die durch die Nutzung der bereitgestellten Informationen entstehen können, einschließlich Fehler oder Ungenauigkeiten.

COPYRIGHT© Jaxbird LLC

Inhalt

Vorwort 1

Grundlagen der Analytischen Psychologie
Carl Jungs 3

Der Archetyp des Helden und seine unbewussten Wurzeln 25

Die Symbolik des Opfers im Heldenmythos 54

Die Relevanz der alten Mythen 103

Der Archetyp des Helden und seine
psychologische Evolution 109

Initiationsriten und Übergänge in der
menschlichen Entwicklung 132

Orpheus und Christus: Symbolische
Gestalten der Erlösung 145

Symbole der Befreiung und
psychologischen Transzendenz 155

Die Individuation: Der Weg zur psychischen
Ganzheit 166

Die Konfrontation mit dem Unbewussten im
Individuationsprozess 175

Das Anima: Die weibliche Personifizierung des Unbewussten
im Mann 187

Der Animus: Der innere Mann 198

Die soziale Dimension des Selbst im Individuationsprozess ..221

Epilog 235

Vorwort

Carl Gustav Jung, der herausragende Schweizer Psychiater und Psychologe, hat unsere Auffassung von Geist und Psyche nachhaltig geprägt. Seine bahnbrechenden Theorien haben unsere Art und Weise, seelische Vorgänge zu betrachten und zu erforschen, grundlegend verändert und der Psychologie neue Wege eröffnet.

Einer von Jungs bedeutendsten Beiträgen ist seine Archetypentheorie, die jene universellen Muster erhellt, welche in unserem Verhalten, Denken und Fühlen wirksam sind. Diese Archetypen, über unzählige Generationen hinweg geformt, wohnen in den Tiefen unseres kollektiven Unbewussten und warten darauf, in unserem Bewusstsein aktiviert und erkannt zu werden.

Innerhalb des weiten Spektrums der von Jung beschriebenen Archetypen nimmt der Held eine zentrale Stellung in unserer kollektiven Kultur ein. Seit Anbeginn der Zivilisation haben Geschichten von Helden und Heldinnen unseren Geist und unser Herz in ihren Bann gezogen und unsere tiefsten Sehnsüchte nach Überwindung und Sinn geweckt. Diese Erzählungen sind weit mehr als bloße Geschichten. Sie sind wahrhaftige seelische Landkarten, die unseren persönlichen Individuationsprozess leiten – jenen Weg, auf dem wir zu dem werden, was wir wahrhaft sind.

Die Individuation, dieser vielschichtige und fordernde Gang zur seelischen Ganzheit, ist ein tiefer Ruf in uns. Sie stellt eine Reise der Selbsterkenntnis und Verwandlung dar, in der wir unseren Schatten begegnen, unsere Fähigkeiten annehmen und uns als vollständige und wahrhaftige Individuen offenbaren. In einer zunehmend gespaltenen und ungeordneten Welt ist diese

Suche nach Sinn und Bestimmung von entscheidender Bedeutung.

In diesem Buch werden wir den Archetyp des Helden und seine Beziehung zum Individuationsprozess ergründen. Durch eine eingehende Betrachtung von Mythen, Legenden und Erzählungen verschiedener Kulturen werden wir die universellen Muster der Heldenreise erkunden und untersuchen, wie diese sich in unseren eigenen Erfahrungen widerspiegeln. Wir werden die Phasen der Heldenreise betrachten – vom Aufbruch zum Abenteuer bis zur Rückkehr mit dem Elixier – und wie diese Stufen mit den Herausforderungen und Möglichkeiten unserer eigenen persönlichen Entwicklung zusammenhängen.

Wir werden die Rolle der Archetypen in unserer Psyche erforschen. Wie können wir durch ihre Integration in unser Bewusstsein ihre verwandelnde Kraft für unser Wachstum nutzen? Zudem werden wir betrachten, wie sich der Archetyp des Helden und der Individuationsprozess in der heutigen Welt ausdrücken – in Literatur, Film, Psychologie und Spiritualität. Wir werden sehen, wie diese uralten Weisheiten in unserem Leben weiterklingen und wie wir sie anwenden können, um den Herausforderungen unserer Zeit zu begegnen.

Arquetipo y Sombra

Grundlagen der Analytischen Psychologie Carl Jungs

In der Antike und im Mittelalter war der Glaube an die Seele als eine substantielle Wesenheit weit verbreitet. Diese Vorstellung hat seit den Anfängen der Menschheit Bestand gehabt, und erst in der zweiten Hälfte des neunzehnten Jahrhunderts begann sich eine „Psychologie ohne Seele" zu entwickeln. Der Aufstieg des wissenschaftlichen Materialismus erzeugte Skepsis gegenüber allem, was nicht durch die Sinne wahrnehmbar war, und verhöhnte das, was mit der Metaphysik in Verbindung gebracht wurde. Man forderte sinnliche Evidenz oder physikalische Kausalität, um etwas als „wissenschaftlich" oder wahr zu betrachten.

Dieser Paradigmenwechsel vollzog sich nicht abrupt; seine Entstehung reicht weit zurück. Die Reformation markierte das Ende der spirituellen Inbrunst der Gotik, die durch ihre begrenzte geografische Reichweite und ihre vertikale Weltanschauung gekennzeichnet war und durch die horizontale Expansion der modernen Geisteshaltung abgelöst wurde. Das Bewusstsein strebte nicht länger nach oben, sondern dehnte sich aus in der Erkenntnis der irdischen Welt, getrieben von großen Entdeckungen und Expeditionen.

Der Glaube an die Substantialität des Geistes wich der Überzeugung, dass allein das Materielle substanziell sei. Dieser Übergang, der sich über beinahe vier Jahrhunderte erstreckte, führte dazu, dass die führenden europäischen Denker den Geist als bloß abhängig von der Materie und ihren Ursachen betrachteten.

Dieser Perspektivwechsel wurde jedoch nicht allein durch die Philosophie oder die Naturwissenschaften vorangetrieben.

Obwohl sich einige Intellektuelle widersetzten, fehlte ihnen die Unterstützung, und sie blieben marginalisiert gegenüber der vorherrschenden Strömung, die das Physische über das Geistige stellte. Dieser Wandel kann nicht dem logischen Denken zugeschrieben werden, da die Existenz von Geist oder Materie an sich unerkennbar ist.

Die Ablösung einer auf den Geist zentrierten Metaphysik durch eine auf die Materie zentrierte im neunzehnten Jahrhundert markiert eine Revolution in der menschlichen Weltanschauung. Die empirischen Grenzen beschränken den menschlichen Diskurs, seine Absichten und seine Wahrnehmung von „Bedeutung". Die inneren Phänomene weichen dem Primat des Äußeren und Greifbaren, und man fordert eine materielle Grundlage für jeden Wert.

Dieser Paradigmenwechsel kann nicht allein von der Philosophie her angegangen werden, sondern spiegelt eine emotionale und soziale Tendenz wider, die im Zeitgeist verwurzelt ist. Gegen die vorherrschende Strömung zu denken gilt als unangemessen und gesellschaftlich gefährlich. So wie man früher die göttliche Schöpfung der Welt akzeptierte, akzeptierte man im neunzehnten Jahrhundert die Vorstellung, dass alles aus materiellen Ursachen entspringe.

In diesem Zusammenhang wird der Geist als ein Nebenprodukt der Materie betrachtet – eine Auffassung, die heute als vernünftig und wissenschaftlich gilt. Die Vorstellung von der Substantialität der Seele wird als ketzerisch verworfen.

Man ist zu der Einsicht gelangt, dass die alte Vorstellung von einer substantiellen, göttlichen und unsterblichen Seele, die den Körper lenkt und sich zu unkörperlichen Wesenheiten in Beziehung setzt, eine ungerechtfertigte Annahme darstellt. Ebenso ist der Glaube, dass die Materie den Geist hervorbringe, dass der Mensch sich aus dem Affen entwickelt habe oder dass komplexe Werke des Intellekts aus basalen Trieben wie Hunger oder Liebe hervorgehen, gleichermaßen phantastisch.

Wer oder was ist diese allmächtige Materie? Sie ist ein modernes Abbild eines Schöpfergottes, entkleidet ihres anthropomorphen Charakters und verwandelt in einen allgemeinverständlichen Begriff. Das menschliche Bewusstsein ist in Breite und räumlicher Ausdehnung gewachsen, bedauerlicherweise jedoch nicht in zeitlicher Hinsicht, was es verhindert, die Geschichte vollständig zu würdigen und aus ähnlichen Wandlungen der Vergangenheit zu lernen.

Die Neigung, alles in physikalischen Begriffen zu erklären, ist eine Reaktion auf die horizontale Entwicklung des Bewusstseins in den letzten Jahrhunderten und wirkt der vertikalen Perspektive der Gotik entgegen. Dieser Ansatz ist ein kollektives Phänomen, das im Unbewussten verwurzelt ist, mehr als eine bewusste Wahl. Gleich den Primitiven ist sich der Mensch der Gründe hinter seinen Handlungen nicht bewusst und begreift sie erst im Nachhinein.

Wäre die Menschheit sich des Zeitgeistes bewusst, würde sie verstehen, warum sie dazu neigt, alles physikalisch zu erklären. Sie würde erkennen, dass diese Tendenz eine Reaktion auf frühere, auf den Geist gegründete Erklärungen darstellt. Dies würde dazu führen, die gegenwärtigen Annahmen zu hinterfragen. Der Mensch täuscht sich, wenn er glaubt, er verstehe mehr von der Materie als vom Geist, und überschätzt die physikalische Kausalität als die einzig wahre Erklärung des Lebens. Doch sowohl Materie als auch Geist sind gleichermaßen geheimnisvoll. Nur wenn man dies zugibt, kehrt man zu einem rationalen Gleichgewicht zurück.

Es trifft zu, dass das Bewusstsein eng mit der Gehirntätigkeit und den körperlichen Vorgängen verbunden ist, doch die seelischen Phänomene auf bloße Drüsenfunktionen zu reduzieren ist vereinfachend. Das Bewusstsein ist die grundlegende Voraussetzung des seelischen Lebens, und alle modernen Psychologien studieren trotz ihrer Unterschiede das Bewusstsein, während sie das weite unbewusste Seelenleben ignorieren.

Obwohl es sowohl in der Philosophie als auch in der Psychologie zahlreiche Denkrichtungen gibt, sind beide Disziplinen innig miteinander verknüpft. Die Philosophie befasst sich mit Fragen der Welt im Allgemeinen, während sich die Psychologie auf den Geist konzentriert. Früher war die Psychologie ein Zweig der Philosophie, doch nun tritt sie als eigenständige Disziplin hervor. Dennoch kann keine ohne die andere existieren, und beide nähren die intellektuelle Spekulation über Themen, die ihrer Natur nach komplex und der bloßen empirischen Beobachtung unzugänglich sind.

Die gegenwärtige Tendenz zu physikalischen Grundlagen in der Erklärung führt, wie beobachtet wurde, zu einer „Psychologie ohne Psyche", das heißt, zu der Vorstellung, dass der Geist lediglich ein Produkt biochemischer Prozesse sei. Was eine moderne und wissenschaftliche Psychologie betrifft, die sich auf den Geist als eigenständige Wesenheit gründet, so existiert eine solche schlichtweg nicht. Heutzutage würde niemand es wagen, eine wissenschaftliche Psychologie auf der Prämisse eines unabhängigen Geistes zu errichten, der nicht vom Körper beeinflusst wird. Die Vorstellung eines autonomen Geistes, eines geistigen Weltsystems, das aus sich selbst heraus funktioniert und das einzig angemessene Fundament für den Glauben an autonome und individuelle Seelen darstellt, ist in der heutigen Gesellschaft äußerst unpopulär. Jedoch ist zu erwähnen, dass Carl Jung 1914, während eines Aufenthalts am Bedford College in London, einer gemeinsamen Sitzung der Aristotelischen Gesellschaft, der Mind Association und der British Psychological Society beiwohnte, wo ein Symposium über die Frage abgehalten wurde: „Sind die individuellen Geister in Gott enthalten oder nicht?" Würde jemand in England das wissenschaftliche Ansehen dieser Gesellschaften in Frage stellen, würde er nicht wohlwollend aufgenommen, da ihre Mitglieder herausragende Intellektuelle des Landes sind. Möglicherweise war Jung die einzige Person im Auditorium, die mit Erstaunen Argumenten lauschte, die aus dem dreizehnten Jahrhundert zu stammen schienen. Dieses Beispiel verdeutlicht, dass die Vorstellung eines autonomen Geistes, dessen Existenz als selbstverständlich angenommen wird, nicht vollständig aus ganz Europa verschwunden ist noch sich bloß in ein Relikt des Mittelalters verwandelt hat.

In Anbetracht dessen lässt sich vielleicht die Möglichkeit einer „Psychologie mit der Psyche" erwägen, das heißt, eines Studienfeldes, das auf der Annahme einer autonomen Psyche beruht. Man sollte keine Furcht vor der Unpopularität eines solchen Unterfangens haben, da die Psyche zu postulieren nicht phantastischer ist als die Materie zu postulieren. Da man buchstäblich keine Ahnung hat, wie das Psychische aus physischen Elementen entstehen kann, und dennoch die Realität psychischer Ereignisse nicht leugnen kann, besteht die Freiheit, die Annahmen einmal umzukehren und zu behaupten, dass die Psyche aus einem geistigen Prinzip entspringe, das ebenso unzugänglich für das Verständnis ist wie die Materie. Natürlich wäre dies keine moderne Psychologie, denn modern zu sein bedeutet, eine solche Möglichkeit zu verneinen. Daher muss man, auf Gedeih und Verderb, zu den Lehren der Vorfahren zurückkehren, denn sie waren es, die solche Annahmen trafen. Die antike Anschauung besagte, dass der Geist im Wesentlichen das Leben des Körpers sei, der Lebenshauch oder eine Art Lebenskraft, die bei der Geburt oder nach der Empfängnis räumliche und körperliche Gestalt annahm und den sterbenden Körper nach dem letzten Atemzug wieder verließ. Der Geist selbst galt als eine Wesenheit ohne Ausdehnung, und da er vor der Annahme körperlicher Gestalt existierte und auch danach, betrachtete man ihn als zeitlos und somit unsterblich. Aus der Sicht der modernen wissenschaftlichen Psychologie ist diese Auffassung freilich pure Illusion. Da es jedoch nicht die Absicht ist, sich auf „Metaphysik" einzulassen, auch nicht auf moderne, wird man diese alte Vorstellung einmal vorurteilsfrei prüfen und ihre empirische Rechtfertigung überprüfen.

Die Namen, die Menschen ihren Erfahrungen geben, sind oft sehr aufschlussreich. Welchen Ursprung hat das Wort Seele? Gleich dem englischen Wort „soul" stammt es vom gotischen „saiwala" und vom althochdeutschen „saiwalô", und diese lassen sich mit dem griechischen „aiolos" in Verbindung bringen, was beweglich, bunt, schillernd bedeutet. Das griechische Wort „psyche" bedeutet auch Schmetterling. „Saiwalô" steht andererseits in Beziehung zum altslawischen Wort „sila", das Kraft bedeutet. Aus diesen Verbindungen erhellt sich die ursprüngliche Bedeutung des Wortes Seele: Sie ist Kraft in Bewegung, das heißt, Lebenskraft.

Die lateinischen Wörter „animus", Geist, und „anima", Seele, ähneln dem griechischen „anemos", Wind. Das andere griechische Wort für Wind, „pneuma", bedeutet ebenfalls Geist. Im Gotischen findet sich dasselbe Wort in „us-anan", ausatmen, und im Lateinischen „an-helare", keuchen. Im Althochdeutschen wurde „spiritus sanctus" als „atun", Atem, übersetzt. Im Arabischen ist Wind „riih", und „ruuh" ist Seele, Geist. Eine ganz ähnliche Verbindung besteht mit dem griechischen „psyche", das mit „psycho", atmen, „psychos", kühl, „psychros", kalt, und „phusa", Blasebalg, verwandt ist. Diese Verwandtschaften zeigen deutlich, wie im Lateinischen, Griechischen und Arabischen die der Seele gegebenen Namen mit der Vorstellung von bewegter Luft, dem „kalten Hauch des Geistes", in Beziehung stehen. Und dies ist auch der Grund, weshalb die primitive Anschauung der Seele einen unsichtbaren Atemkörper verleiht.

Es ist unbestreitbar, dass für viele Kulturen der Atem ein Sinnbild des Lebens ist. Er wird eng mit der Lebenskraft assoziiert, ebenso wie die Bewegung und die wirkende Kraft. In einer primitiven Weltanschauung wurde die Seele als Feuer oder Flamme aufgefasst, da auch die Wärme als Anzeichen von Leben gedeutet wurde. Eine eigentümliche, wenngleich nicht seltene Perspektive ist jene, die die Seele mit dem Namen eines Individuums gleichsetzt. Nach dieser Vorstellung repräsentiert der Name die Seele, was zu dem Brauch führt, den Namen eines Vorfahren zu verwenden, um die Ahnenseele auf den Neugeborenen zu übertragen. Daraus lässt sich folgern, dass das Ich-Bewusstsein als eine Manifestation der Seele betrachtet wurde. In bestimmten Kulturen wird die Seele mit dem Schatten in Beziehung gesetzt, sodass es als tödliche Beleidigung gilt, auf jemandes Schatten zu treten. Ebenso wird die Mittagszeit, besonders in südlichen Breitengraden, als bedrohlich empfunden; wenn der Schatten sich verkürzt, deutet man dies als Zeichen von Lebensgefahr. Diese Auffassung vom Schatten spiegelt die Vorstellung von „dem, der hinterher folgt", von den Griechen als synopados ausgedrückt, was eine unfassbare und lebendige Gegenwart bezeichnet und zum Glauben an die Schatten als Seelen der Verstorbenen beitrug.

Diese Vorstellungen bieten einen Einblick, wie der primitive Mensch die Psyche erlebte. Für ihn war die Psyche die Quelle des Lebens, der Hauptantrieb, eine gespenstische Gegenwart mit objektiver Realität. Daher glaubte der Primitive, er könne mit seiner Seele in Verbindung treten; sie manifestierte sich in ihm auf stimmhafte Weise, denn sie war weder er selbst noch sein Bewusstsein. Für den primitiven Menschen war die Psyche nicht, wie für den modernen, der Inbegriff alles

Subjektiven und dem Willen Unterworfenen; im Gegenteil, sie war etwas Objektives, Autonomes, das sein eigenes Leben lebte.

Diese Perspektive findet empirische Rechtfertigung, da sowohl in primitiven als auch in zivilisierten Gesellschaften die psychischen Ereignisse eine beträchtliche objektive Komponente aufweisen. Viele dieser Ereignisse entziehen sich der bewussten Kontrolle. Es ist beispielsweise nicht möglich, Emotionen zu unterdrücken, eine schlechte Stimmung willentlich in eine gute zu verwandeln oder Träume zu kontrollieren. Selbst die klarsten Geister können von Gedanken besessen werden, die den größten Willensanstrengungen widerstehen. Gedächtnislücken können die Person hilflos zurücklassen, und unerwartete Phantasien können jederzeit auftauchen. Man betrachtet den Menschen nur deshalb als Herr seines Geistes, weil er es gern so glauben möchte. In Wirklichkeit hängt er in hohem Maße vom ordnungsgemäßen Funktionieren des Unbewussten ab und muss darauf vertrauen, dass es ihn nicht im Stich lässt. Beim Studium der seelischen Vorgänge neurotischer Menschen wird evident, dass die Psyche nicht mit dem Bewusstsein gleichgesetzt werden kann. Die seelischen Vorgänge der Neurotiker unterscheiden sich kaum von jenen der sogenannten normalen Menschen, was die Frage aufwirft, wer heutzutage als frei von Neurose gelten kann.

Angesichts dessen ist es vernünftig, die alte Auffassung von der Seele als einer objektiven, unabhängigen und somit launenhaften und gefährlichen Realität zuzugeben. Die zusätzliche Annahme, dass dieses geheimnisvolle und bedrohliche Wesen auch die Quelle des Lebens ist, findet Rückhalt in der Erfahrung. Diese Erfahrung zeigt, dass das Gefühl des „Ich", das Ich-Bewusstsein, aus dem unbewussten Leben entspringt. Das kleine Kind besitzt seelisches Leben ohne ein entwickeltes Ich-Bewusstsein, weshalb die ersten Jahre kaum dauerhafte Erinnerungen hinterlassen. Was ist dann die Quelle der Aufblitze von Intelligenz, Begeisterung, Inspiration und Lebensfreude? Der primitive Mensch spürt im Innersten seines Wesens die Quellen des Lebens; er ist zutiefst beeindruckt von der vitalen Aktivität seiner Seele, und darum glaubt er an alle magischen Praktiken, die auf sie Einfluss nehmen können. Deshalb ist für ihn die Seele das Leben selbst. Er meint nicht, er könne sie beherrschen, sondern fühlt sich in jeder Hinsicht von ihr abhängig.

Obwohl die Vorstellung von der Unsterblichkeit der Seele absurd erscheinen mag, ist sie für den primitiven Menschen nichts Außergewöhnliches. Schließlich ist die Seele etwas Einzigartiges. Während alles andere einen Platz im Raum einnimmt, lässt sich die Seele nicht räumlich verorten. Obwohl man annimmt, dass die Gedanken im Kopf wohnen, beginnt man bei den Gefühlen zu zweifeln; es scheint, sie wohnen in der Herzgegend. Die Empfindungen verteilen sich über den ganzen Körper. Obwohl man theoretisiert, dass das Bewusstsein im Kopf residiert, haben einige Stämme eine andere Ansicht, wie die Pueblo-Indianer, die glauben, dass die Gedanken im Herzen wohnen, oder gewisse afrikanische Stämme, die sie im Bauch ansiedeln.

Die Suche nach der Verortung der psychischen Funktionen wird durch die Natur der psychischen Inhalte selbst erschwert, die im Allgemeinen keinen physischen Raum einnehmen, außer im Bereich der Empfindung. Wie ließen sich Gedanken visualisieren? Sind sie klein, groß, dünn, schwer, flüssig, gerade, kreisförmig oder was? Wollte man sich ein nichtörtliches Wesen der vierten Dimension vorstellen, könnte man den Gedanken als Modell nehmen.

Es wäre einfacher, wenn man die Existenz der Psyche schlicht leugnen könnte. Doch der Mensch sieht sich direkten Erfahrungen von etwas gegenüber, das ist, etwas, das in seiner dreidimensionalen, gemessenen und gewogenen Wirklichkeit verwurzelt ist, aber sich in all seinen Aspekten und Teilen merklich von dieser unterscheidet, obwohl es sie auch widerspiegelt. Die Psyche kann als ein mathematischer Punkt und zugleich als ein Universum von Fixsternen betrachtet werden. Es ist nicht verwunderlich, dass einem ungeübten Geist ein derart paradoxes Wesen göttlich erscheint. Wenn es keinen Raum einnimmt, wie kann es ohne Körper existieren? Körper können sterben, doch kann etwas Unsichtbares und Unkörperliches verschwinden? Zudem existierten Leben und Psyche, bevor man „ich" sagen konnte, und wenn dieses „Ich" verschwindet, wie im Schlaf oder in der Bewusstlosigkeit, fahren Leben und Psyche fort, wie man an anderen Menschen und in den eigenen Träumen beobachtet. Warum sollte man angesichts solcher Erfahrungen leugnen, dass die „Seele" in einem Reich jenseits des Körpers wohnt? Man muss zugeben, dass sich in dieser vermeintlichen Superstition ebenso wenig Unsinn findet wie in den Entdeckungen der Vererbungsforschung oder der Grundtriebe.

Man versteht leicht, warum man in der Vergangenheit der Psyche ein höheres, ja sogar göttliches Wissen zuschrieb, wenn man sich erinnert, dass der Mensch seit primitiven Zeiten stets auf Träume und Visionen als Informationsquellen zurückgegriffen hat. Es ist eine Tatsache, dass das Unbewusste unterschwellige Wahrnehmungen enthält, deren Reichweite erstaunlich ist. In Anerkennung dessen nutzten primitive Gesellschaften Träume und Visionen als wichtige Informationsquellen. Uralte und langlebige Zivilisationen wie die hinduistische und die chinesische gründeten sich auf dieses Prinzip und entwickelten eine Disziplin der Selbsterkenntnis, die sowohl in der Philosophie als auch in der Praxis einen hohen Grad an Verfeinerung erreichte.

Die hohe Wertschätzung des Unbewussten als Wissensquelle ist keineswegs Wahnsinn, wie der westliche Rationalismus anzunehmen geneigt ist. Man neigt zu dem Glauben, dass alles Wissen von außen kommt, doch heute weiß man mit Sicherheit, dass das Unbewusste Inhalte birgt, die das Wissen enorm erweitern würden, könnten sie nur bewusst gemacht werden. Die moderne Erforschung des tierischen Instinkts, etwa bei Insekten, hat empirische Befunde geliefert, die zeigen, dass der Mensch, würde er wie bestimmte Insekten handeln, eine höhere Intelligenz als die gegenwärtige besäße. Man kann nicht beweisen, dass Insekten bewusstes Wissen besitzen, doch der gesunde Menschenverstand legt nahe, dass ihre unbewussten Handlungsmuster psychische Funktionen sind. Das menschliche Unbewusste enthält ebenfalls alle von den Vorfahren ererbten Lebens- und Verhaltensmuster, sodass jedes menschliche Kind, bevor es bewusst wird, ein potentielles System adaptiven psychischen Funktionierens besitzt. Zudem ist in dem bewussten Leben des Erwachsenen dieses unbewusste und instinktive Funktionieren stets gegenwärtig und aktiv. In dieser Aktivität nimmt das Unbewusste wahr, hat Absichten und Intuitionen, fühlt und denkt wie der bewusste Geist. Man findet hinreichende Beweise dafür im Feld der Psychopathologie und in der Erforschung der Traumprozesse.

Es gibt nur einen wesentlichen Unterschied zwischen dem bewussten und unbewussten Funktionieren der Psyche. Während das Bewusstsein intensiv und konzentriert, vorübergehend und auf die unmittelbare Gegenwart sowie das unmittelbare Aufmerksamkeitsfeld fokussiert ist, außerdem begrenzt auf die Erfahrung eines Individuums über Jahrzehnte hinweg, ist das Unbewusste diffus im Dunkel, sehr weitreichend und fähig, heterogene Elemente auf paradoxe Weise nebeneinanderzustellen. Neben den unterschwelligen Wahrnehmungen enthält es einen gewaltigen Bestand an akkumulierten hereditären Faktoren, hinterlassen von

Generation um Generation, deren bloße Existenz einen Schritt in der Differenzierung der Spezies markiert. Wäre es erlaubt, das Unbewusste zu personifizieren, könnte man es einen kollektiven Menschen nennen, der die Merkmale beider Geschlechter vereint, Jugend und Alter, Geburt und Tod transzendiert und aufgrund seiner immensen Erfahrung beinahe unsterblich ist. Existierte ein solches Wesen, stünde es jenseits jeglichen zeitlichen Wandels; die Gegenwart bedeutete ihm nicht mehr und nicht weniger als irgendein Jahr der Vergangenheit; es wäre ein Träumer jahrtausendealter Träume und, aufgrund seiner gewaltigen Erfahrung, ein unvergleichlicher Prognostiker. Es hätte das individuelle, familiäre, stammesmäßige und nationale Leben unzählige Male durchlebt und besäße einen scharfen Sinn für den Rhythmus des Wachsens, Blühens und Vergehens.

Bedauerlicherweise – oder vielleicht besser gesagt, glücklicherweise – ist das, was man erlebt, ein Traum. Obwohl es scheint, dass das kollektive Unbewusste, wie es sich in Träumen manifestiert, kein Bewusstsein über seinen eigenen Inhalt besitzt, kann man dessen nicht sicher sein, ebenso wenig wie bei den Insekten. Das kollektive Unbewusste scheint keine persönliche Wesenheit zu sein, sondern vielmehr eine beständige Strömung oder vielleicht ein Ozean von Bildern und Gestalten, die im Bewusstsein während der Träume oder in anomalen Geisteszuständen auftauchen.

Es wäre grotesk, dieses gewaltige Erfahrungssystem der unbewussten Psyche als Illusion zu bezeichnen, da der Körper, greifbar und sichtbar, an sich ein ähnliches System ist. Er bewahrt noch die wahrnehmbaren Spuren der primitiven Evolution und funktioniert zweifelsohne als ein Ganzes mit einer Absicht, andernfalls könnte man nicht überleben. Niemand würde behaupten, dass die vergleichende Anatomie oder Physiologie sinnlos sei. Daher kann man das kollektive

Unbewusste nicht als Illusion verwerfen noch sich weigern, es als wertvolle Wissensquelle anzuerkennen und zu studieren.

Aus einer äußeren Perspektive scheint die Psyche im Wesentlichen ein Spiegelbild der äußeren Ereignisse zu sein, nicht nur von ihnen beeinflusst, sondern auch durch sie hervorgebracht. Zudem scheint es, dass das Unbewusste nur von außen und vom Standpunkt des Bewusstseins aus verstanden werden kann. Es ist wohlbekannt, dass Freud von diesem Ansatz her zu erklären versuchte – ein Bemühen, das nur dann Erfolg haben könnte, wenn das Unbewusste tatsächlich etwas wäre, das zusammen mit der Existenz und dem Bewusstsein des Individuums entsteht. Die Wahrheit ist jedoch, dass das Unbewusste stets als ein potentielles System psychischen Funktionierens gegenwärtig ist, das über Generationen hinweg übermittelt wird. Das Bewusstsein ist ein später Abkömmling der unbewussten Psyche. Es wäre unrichtig, das Leben der Vorfahren mittels ihrer späten Nachkommen erklären zu wollen, und es ist ebenso irrig, das Unbewusste als ein Derivat des Bewusstseins zu betrachten. Man kommt der Wahrheit näher, wenn man diese Vorstellung umkehrt.

Dies war die Ansicht vergangener Zeiten, die stets davon ausgingen, dass die individuelle Seele von einem geistigen Weltsystem abhänge. Sie konnten nicht anders, da sie sich des wertvollen Erfahrungsschatzes bewusst waren, der unter der Schwelle des flüchtigen individuellen Bewusstseins verborgen liegt. Diese Zeiten formulierten nicht nur eine Hypothese über das geistige Weltsystem, sondern nahmen auch ohne Zweifel an, dass dieses System eine Wesenheit mit Willen und Bewusstsein war, ja sogar eine Person, die sie Gott nannten, das Wesen der Wirklichkeit selbst. Für sie war er das realste Wesen, die erste Ursache, durch die allein die Seele verstanden werden konnte. Es gibt eine psychologische Rechtfertigung für diese Annahme, da es angemessen ist, ein beinahe unsterbliches Wesen, dessen

Erfahrung im Vergleich mit der des Menschen nahezu ewig ist, göttlich zu nennen.

Im Vorangegangenen wurde aufgezeigt, wo die Probleme für eine Psychologie entstehen, die nicht alles in physikalischen Begriffen erklären will, sondern auf eine geistige Welt zurückgreift, deren wirkendes Prinzip nicht die Materie und ihre Qualitäten noch irgendein Energiezustand ist, sondern Gott. Die moderne Philosophie könnte dazu verleiten, die Energie oder den élan vital Gott zu nennen und so Geist und Natur in eins zu vereinen. Solange dieses Unterfangen sich in den nebelhaften Höhen der spekulativen Philosophie bewegt, wird kein großer Schaden entstehen. Wendet man diese Vorstellung jedoch auf dem konkreteren Boden der praktischen Psychologie an, wo Erklärungen das alltägliche Verhalten beeinflussen, würde man auf große Schwierigkeiten stoßen. Man bekennt sich nicht zu einer Psychologie, die sich nur akademischen Geschmäckern anpasst, noch sucht man Erklärungen, die für das Leben belanglos sind. Was man braucht, ist eine praktische Psychologie, die greifbare Ergebnisse hervorbringt, die hilft, die Dinge auf eine Weise zu verstehen, die für den Patienten nützlich ist. In der praktischen Psychotherapie bemüht man sich, Menschen auf das Leben vorzubereiten, und man ist nicht befugt, Theorien auszuarbeiten, die den Patienten nicht helfen oder ihnen gar schaden. Hier erhebt sich eine Frage, die oft eine bedeutende Gefahr birgt: die Frage, ob man die Erklärungen auf die Materie oder auf den Geist gründet. Man darf niemals vergessen, dass alles Geistige aus naturalistischer Sicht eine Illusion ist und dass der Geist, um seine eigene Existenz zu sichern, oft eine lästige physische Tatsache verneinen und überwinden muss. Erkennt man nur naturalistische Werte an und erklärt alles in physikalischen Begriffen, wird man die geistige Entwicklung der Patienten entwerten, behindern oder gar zerstören. Und klammert man sich ausschließlich an eine spirituelle Deutung, wird man den Menschen in seinem Recht, als physisches Wesen zu existieren, missdeuten und beschneiden. Nicht wenige Selbstmordfälle während psychotherapeutischer Behandlungen sind auf solche Irrtümer zurückzuführen. Ob die Energie Gott ist oder Gott Energie, kümmert wenig, denn wie kann man das in jedem Fall wissen? Doch um angemessene psychologische Erklärungen anzubieten, muss man dazu in der Lage sein.

Der zeitgenössische Psychologe nimmt keine definierte Position ein, sondern situiert sich zwischen beiden, in einem gefährlichen Gleichgewicht zwischen „dies und das", eine Lage, die einen oberflächlichen Opportunismus begünstigen könnte. Dies ist zweifellos die Gefahr der coincidentia oppositorum, der intellektuellen Befreiung der Gegensätze. Welches Ergebnis könnte entstehen, wenn man widersprüchlichen Postulaten gleichen Wert beimisst, außer einer gestaltlosen und richtungslosen Ungewissheit? Im Gegensatz dazu lässt sich deutlich der Vorteil eines eindeutigen Erklärungsprinzips erkennen. Dieses bietet einen Bezugspunkt, der orientieren kann. Es ist unbestreitbar, dass man sich einem äußerst komplizierten Dilemma gegenübersieht. Man benötigt ein Erklärungsprinzip, das in der Wirklichkeit verwurzelt ist, doch der moderne Psychologe kann nicht mehr ausschließlich an den physischen Aspekt der Wirklichkeit glauben, nachdem er die Bedeutung des geistigen Aspekts erkannt hat. Ebenso wenig kann er sich allein auf das Geistige gründen, denn er kann die relative Gültigkeit einer physischen Deutung nicht ignorieren.

Die folgende Gedankenlinie legt einen Versuch dar, dieses Problem zu lösen. Der Konflikt zwischen Natur und Geist spiegelt die dem psychischen Wesen des Menschen innewohnende Paradoxie wider. Dies offenbart einen materiellen und einen geistigen Aspekt, die sich zu widersprechen scheinen, solange man die Natur des seelischen Lebens nicht begreift. Immer wenn man mit dem begrenzten menschlichen Verständnis über etwas urteilen muss, das man nicht erfasst hat oder nicht erfassen kann, dann muss man – wenn man ehrlich ist – bereit sein, sich zu widersprechen und dieses Etwas in seine antithetischen Teile zu zerlegen, um es irgendwie angehen zu können. Der Konflikt zwischen den materiellen und geistigen Aspekten des Lebens zeigt schlicht, dass das Psychische letztlich etwas Unbegreifliches ist. Zweifellos bilden die psychischen Ereignisse die einzige unmittelbare Erfahrung. Alles, was man erfährt, ist psychischer Natur. Selbst der körperliche Schmerz ist ein psychisches Ereignis, das Teil der Erfahrung ist. Die Sinneseindrücke präsentieren zwar eine Welt greifbarer, raumeinnehmender Objekte, sind aber in Wirklichkeit psychische Bilder, und nur diese bilden die unmittelbare Erfahrung, da sie die direkten Objekte des Bewusstseins sind. Sogar die eigene Psyche verwandelt und verzerrt die Wirklichkeit derart, dass man zu künstlichen Mitteln greifen muss, um die wahre Beschaffenheit der Dinge außerhalb seiner selbst zu bestimmen. Dabei entdeckt man, dass ein Ton in Wirklichkeit eine Luftschwingung bestimmter Frequenz ist oder dass eine Farbe eine Lichtwelle bestimmter Länge ist. Der Mensch ist derart in psychische Bilder eingetaucht, dass er nicht in das Wesen der Dinge außerhalb seiner selbst vordringen kann. Alles Wissen ist durch die Psyche bedingt, die, da sie das einzig Unmittelbare ist, in höchstem Maße real ist. Hier liegt eine Wirklichkeit, auf die der Psychologe sich berufen kann, nämlich die psychische Realität.

Vertieft man sich in die Bedeutung dieses Begriffs, scheint es, dass gewisse psychische Inhalte oder Bilder aus einer materiellen Umgebung stammen, zu der auch der Körper gehört, während andere, nicht weniger real, aus einer geistigen Quelle zu kommen scheinen, die vom physischen Umfeld sehr verschieden ist. Ob man sich das Auto vorstellt, das man zu kaufen wünscht, oder ob man versucht, sich den gegenwärtigen Zustand der Seele eines verstorbenen Vaters zu vergegenwärtigen, ob eine äußere

Tatsache oder ein Gedanke den Geist beschäftigt, beides sind psychische Ereignisse. Der einzige Unterschied liegt darin, dass sich ein psychisches Ereignis auf die physische Welt bezieht und das andere auf die geistige Welt. Modifiziert man den Begriff der Wirklichkeit, um zuzugeben, dass alle psychischen Ereignisse real sind – und jede andere Verwendung des Begriffs ist ungültig –, so löst dies den Konflikt zwischen Materie und Geist als widersprüchliche Erklärungsprinzipien. Jedes wird zu einer bloßen Bezeichnung für die spezifische Quelle der psychischen Inhalte, die im Bewusstseinsfeld auftauchen. Wenn Feuer brennt, hinterfragt man die Realität des Feuers nicht, doch wenn die Furcht vor einem Gespenst quält, tröstet man sich mit dem Gedanken, es sei nur eine Illusion. Doch ebenso wie das Feuer das psychische Bild eines physischen Prozesses ist, dessen Natur man nicht kennt, ist die Furcht vor dem Gespenst ein psychisches Bild geistigen Ursprungs; sie ist ebenso real wie das Feuer, da die Furcht ebenso real ist wie der vom Feuer verursachte Schmerz. Was den dem Gespensterfurcht zugrunde liegenden geistigen Prozess betrifft, so ist er ebenso unbekannt wie die letzte Natur der Materie. Und ebenso wie man niemals versuchen würde, die Natur des Feuers zu erklären, ohne auf die Begriffe der Chemie und Physik zurückzugreifen, würde man auch nicht versuchen, die Furcht vor Gespenstern zu erklären, ohne auf geistige Prozesse Bezug zu nehmen.

Die Tatsache, dass alle unmittelbare Erfahrung psychischer Natur ist, erklärt, warum der primitive Mensch das Erscheinen von Gespenstern und die Wirkungen der Magie auf eine Ebene mit physischen Geschehnissen stellt. Er hat seine naiven Erfahrungen noch nicht in ihre antithetischen Teile zerlegt. In seiner Welt durchdringen sich Geist und Materie noch, und seine Götter wandeln noch durch Wald und Feld. Er gleicht einem Kind, halb geboren, noch eingeschlossen in einem Traumzustand innerhalb seiner eigenen Psyche und der Welt, wie sie wirklich ist, eine Welt, die noch nicht durch die

Verständnisschwierigkeiten verzerrt ist, die eine werdende Intelligenz heimsuchen. Als die primitive Welt sich in Geist und Natur auflöste, rettete der Westen die Natur für sich. Er neigte dazu, an die Natur zu glauben, und verstrickte sich nur noch mehr in sie mit jedem schmerzvollen Bemühen, geistig zu werden. Der Osten hingegen nahm den Geist als das Seine und erklärte die Materie zur bloßen Illusion (Maya), wobei er weiterhin im asiatischen Schmutz und Elend träumte. Da es aber nur eine Erde und eine Menschheit gibt, können Osten und Westen die Menschheit nicht in zwei verschiedene Hälften teilen. Die psychische Realität existiert in ihrer ursprünglichen Einheit und wartet auf den Fortschritt des Menschen zu einer Bewusstseinsebene, auf der er nicht länger an einen Teil glaubt und den anderen verneint, sondern beide als konstitutive Elemente einer einzigen Psyche anerkennt.

Man kann die Vorstellung der psychischen Realität als die bedeutendste Errungenschaft der modernen Psychologie bezeichnen, obwohl sie kaum als solche anerkannt wird. Es scheint nur eine Frage der Zeit, bis diese Vorstellung allgemein akzeptiert wird. Sie muss akzeptiert werden, denn nur sie erlaubt es, den psychischen Manifestationen in ihrer ganzen Vielfalt und Einzigartigkeit gerecht zu werden. Ohne diese Vorstellung ist es unvermeidlich, dass man die psychischen Erfahrungen auf eine Weise erklärt, die der Hälfte von ihnen Gewalt antut, während man mit ihr jener Seite der psychischen Erfahrung, die sich in Aberglaube und Mythologie, Religion und Philosophie ausdrückt, gerecht werden kann. Und dieser Aspekt des seelischen Lebens darf nicht unterschätzt werden. Die Wahrheit, die sich auf das Zeugnis der Sinne beruft, mag die Vernunft befriedigen, bietet aber nichts, was die Gefühle bewegt und sie ausdrückt, indem sie dem menschlichen Leben einen Sinn verleiht. Doch am häufigsten ist das Gefühl entscheidend in Fragen von Gut und Böse, und wenn das Gefühl der Vernunft nicht zu Hilfe kommt, ist diese gewöhnlich machtlos. Haben etwa Vernunft und gute Absichten vor dem Weltkrieg bewahrt, oder haben sie jemals vor irgendeinem anderen katastrophalen Unsinn bewahrt? Ist irgendeine der großen geistigen und sozialen Revolutionen aus dem Vernunftdenken hervorgegangen, etwa die Verwandlung der griechisch-römischen Welt in das Zeitalter des Feudalismus oder die explosive Ausbreitung der islamischen Kultur?

Als Arzt liegt die Pflicht natürlich nicht darin, sich direkt mit diesen weltlichen Fragen zu befassen, sondern mit den Kranken. Bis vor kurzem ging die Medizin von der Annahme aus, dass die Krankheit an sich behandelt und geheilt werden müsse; nun jedoch vernimmt man Stimmen, die erklären, diese Ansicht sei irrig, und die Behandlung der kranken Person fordern, nicht der Krankheit. Dieselbe Forderung erhebt sich bei der Behandlung des seelischen Leidens. Immer mehr wendet sich die Aufmerksamkeit von der sichtbaren Krankheit ab und richtet sich auf den Menschen in seiner Ganzheit. Man ist zu der Einsicht gelangt, dass das seelische Leiden kein definitiv lokalisiertes, scharf abgegrenztes Phänomen ist, sondern vielmehr das Symptom einer von der gesamten Persönlichkeit eingenommenen falschen Haltung. Daher kann man keine vollständige Heilung als Ergebnis einer auf das Problem selbst beschränkten Behandlung erwarten, sondern nur von einer Behandlung der Persönlichkeit als Ganzem.

Ich erinnere mich an einen diesbezüglich sehr lehrreichen Fall, den Carl Jung behandelte. Es handelte sich um einen hochintelligenten jungen Mann, der nach einem ernsthaften Studium der medizinischen Literatur eine detaillierte Analyse seiner eigenen Neurose ausgearbeitet hatte. Er brachte Jung seine Schlussfolgerungen in Form einer präzisen und gut geschriebenen Monographie, die zur Veröffentlichung geeignet war, und bat ihn, das Manuskript zu lesen und ihm zu sagen, warum er nicht geheilt sei. Er müsste es sein gemäß dem Verdikt der Wissenschaft, wie er sie verstand. Nachdem Jung seine Monographie gelesen hatte, musste er ihm zugestehen, dass er, wenn es sich nur um eine Frage des Verstehens der kausalen Zusammenhänge einer Neurose handelte, wahrhaftig geheilt sein müsste. Da er es nicht war, vermutete er, dass es daran lag, dass seine Haltung zum Leben grundlegend falsch war, obwohl er zugeben musste, dass seine Symptome ihn nicht verrieten. Beim Lesen der Darstellung seines Lebens bemerkte Jung, dass er häufig den Winter in St. Moritz oder Nizza verbrachte. Er fragte ihn dann, wer diese Urlaube bezahlte, und erfuhr, dass eine arme Schullehrerin, die ihn liebte, sich grausam seiner beraubt hatte, um ihm diese Aufenthalte an Vergnügungsorten zu ermöglichen. Sein Mangel an Gewissen war die Ursache seiner Neurose, und es ist nicht schwer zu sehen, warum ihm das wissenschaftliche Verständnis nicht half. Sein fundamentaler Irrtum lag in seiner moralischen Haltung. Jungs Sichtweise der Sache erschien ihm skandalös unwissenschaftlich, weil Moral nichts mit Wissenschaft zu tun habe. Er nahm an, dass er durch Berufung auf wissenschaftliches Denken die Unmoral auflösen könnte, die er selbst nicht verdauen konnte. Er gab nicht einmal zu, dass ein Konflikt existierte, weil seine Geliebte ihm das Geld aus eigenem Willen gab.

Man mag die wissenschaftliche Haltung einnehmen, die man wünscht, doch es ist unleugbar, dass die meisten zivilisierten Menschen ein solches Verhalten nicht dulden können. Die moralische Haltung ist ein realer Faktor im Leben, dem der Psychologe Beachtung schenken muss, wenn er schwerwiegende Fehler vermeiden will. Er muss auch berücksichtigen, dass für viele Menschen gewisse religiöse Überzeugungen, obwohl sie nicht auf Vernunft gegründet sind, eine vitale Notwendigkeit darstellen. Diese Überzeugungen sind ebenfalls psychologische Realitäten, die Krankheiten verursachen oder heilen können. Häufig hörte Jung Patienten ausrufen: „Wenn ich nur wüsste, dass mein Leben irgendeinen

Sinn und Zweck hat, dann hätte ich diese nervösen Probleme nicht". Reichtum, gesellschaftliche Stellung oder deren Fehlen ändern diese Wirklichkeit nicht, da äußere Umstände dem Leben keinen Sinn verleihen. Es ist vielmehr eine Frage der irrationalen Notwendigkeit dessen, was man ein geistiges Leben nennen könnte, das nicht durch Universitäten, Bibliotheken oder gar Kirchen befriedigt werden kann. Sie können nicht akzeptieren, was diese Institutionen bieten, weil es nur ihre Köpfe erreicht und ihre Herzen nicht bewegt. In diesen Fällen ist es von vitaler Bedeutung, dass der Arzt die geistigen Faktoren in ihrem wahren Licht erkennt, und das Unbewusste des Patienten kann bei dieser Notwendigkeit durch die Hervorbringung unverkennbar religiöser Träume helfen. Die geistige Quelle solcher Inhalte nicht zu erkennen bedeutet eine fehlerhafte Behandlung und ein Scheitern.

Allgemeine Vorstellungen geistiger Natur sind unerlässliche Bestandteile des seelischen Lebens. Man kann sie bei allen Völkern beobachten, deren Bewusstseinsebene es ihnen erlaubt, in gewissem Grade artikuliert zu sein. Daher muss die relative Abwesenheit oder Verneinung dieser Vorstellungen seitens eines zivilisierten Volkes als Zeichen von Degeneration betrachtet werden. Während sich die Psychologie bisher hauptsächlich auf die seelischen Vorgänge aus der Perspektive physischer Kausalität konzentriert hat, wird die zukünftige Aufgabe darin bestehen, ihre geistigen Determinanten zu erforschen. Das Verständnis des geistigen Aspekts der Psyche steckt jedoch noch in den Kinderschuhen. Es ist, als befände sich die Naturgeschichte des Geistes im selben Stadium, in dem sich die Naturwissenschaft im dreizehnten Jahrhundert befand. Man beginnt gerade erst, geistige Erfahrungen wissenschaftlich zu erfassen.

Wenn die moderne Psychologie sich rühmen kann, etwas entdeckt zu haben, dann ist es, dass sie die Hülle gelüftet hat, welche dem Forscher den biologischen Aspekt der menschlichen Psyche verbarg. Die gegenwärtige Lage lässt sich mit der der Medizin im sechzehnten Jahrhundert vergleichen, als man begann, die Anatomie zu studieren, aber noch keine Ahnung von der Physiologie hatte. Der geistige Aspekt der Psyche bleibt bruchstückhaft. Man weiß, dass es geistige Transformationsprozesse in der Psyche gibt, die Initiationsriten primitiver Völker oder durch die Praxis des hinduistischen Yoga hervorgerufenen Zuständen zugrunde liegen, doch ihre Gesetzmäßigkeiten oder spezifischen Regeln sind noch nicht bestimmt worden. Man weiß nur, dass viele Neurosen aus einer Störung in diesen Prozessen entstehen. Die psychologische Forschung hat noch nicht alle Schleier gelüftet, die das vollständige Bild der menschlichen Psyche bedecken; sie bleibt ebenso unzugänglich und dunkel wie alle tiefen Geheimnisse des Lebens. Man kann nur von dem sprechen, was man versucht hat und was man in Zukunft zu tun hofft, um dieses große Rätsel zu lösen.

Nachdem wir nun die Grundlagen der Analytischen Psychologie Jungs erkundet haben, einschließlich Schlüsselbegriffe wie das kollektive Unbewusste, die Archetypen und die Individuation, sind wir bereit, uns in einen der universellsten und bedeutsamsten Archetypen zu vertiefen: den Archetyp des Helden. Im folgenden Kapitel werden wir im Einzelnen untersuchen, wie sich dieser Archetyp in Mythen, Träumen und der psychologischen Reise der Individuation manifestiert.

Der Archetyp des Helden und seine unbewussten Wurzeln

Nachdem die Grundlagen der jungianischen Psychologie im vorangegangenen Kapitel gelegt wurden, ist es nun an der Zeit, in die faszinierende Welt des Heldenarchetyps einzutauchen. Dieser Archetyp, tief im kollektiven Unbewussten verwurzelt, manifestiert sich in einem weiten Spektrum von Mythen, Legenden und Träumen der verschiedensten Kulturen durch die Geschichte hindurch.

In diesem Kapitel wird die Personifizierung der Libido in ihren mannigfaltigen Gestalten erkundet. Die Symbolik gibt ihren unpersönlichen und neutralen Charakter auf, wie er den astralen und meteorologischen Symbolen eigen ist, und nimmt menschliche Form an: die Gestalt eines Wesens, das zwischen Trauer und Freude schwankt, gleich der Sonne, die ihren Zenit erreicht und sich dann in die tiefste Nacht versenkt, nur um in neuem Glanz wiedergeboren zu werden. So wie die Sonne eine festgelegte Bahn verfolgt – vom Morgen bis zum Mittag aufsteigend, um dann gen Abend zu sinken und in die Nacht einzutauchen – so folgt auch die Menschheit einem Pfad, der von unwandelbaren Gesetzen bestimmt wird. Wenn sie ihren Kreislauf vollendet, versinkt sie in der Dunkelheit, um in einem neuen Morgen, in einer neuen Generation, wiedergeboren zu werden.

Der symbolische Übergang von der Sonne zum Menschen ist natürlich und verständlich. Carl Jung beschreibt den Fall einer Patientin, die eine hypnagoge Phantasie erlebte, ein „hypnagogisches Gedicht", und bietet Einzelheiten über die Umstände, die der Entstehung dieser Phantasie zugrunde lagen. Die Patientin legte sich nach einer Nacht voller Sorgen und Ängste gegen halb zwölf schlafen. Trotz der Erschöpfung fühlte sie sich erregt und war außerstande einzuschlafen. In der Dunkelheit des Zimmers schloss sie die Augen und verspürte ein Gefühl der Unmittelbarkeit, ein Gefühl allgemeiner Entspannung, während sie sich so passiv wie möglich verhielt. Vor ihren Augen begannen Linien, Funken und leuchtende Spiralen zu erscheinen, gefolgt von einem kaleidoskopischen Wirbel trivialer jüngster Ereignisse.

Bedauerlicherweise sind die Gründe für die Sorgen und Ängste der Patientin unbekannt. Dieser Mangel an Informationen über die Zeitspanne von vier Jahren zwischen ihrer ersten Phantasie und der hier beschriebenen ist bemerkenswert. Diese Lücke im Wissen kann jedoch ihre Vorteile haben, da sie es ermöglicht, das Interesse auf die universelle Anwendbarkeit der Phantasie zu richten, anstatt sich in der Analyse des persönlichen Schicksals der Patientin zu verlieren. Dies befreit von der mühseligen Detailarbeit und erlaubt, sich auf den weiteren Zusammenhang zu konzentrieren, der offenbart, wie jeder neurotische Konflikt mit dem menschlichen Schicksal als Ganzem verknüpft ist.

Der von der Patientin beschriebene Zustand ähnelt dem Vorläufer des absichtlichen Somnambulismus, wie er oft von spiritistischen Medien beschrieben wird. Es wird eine gewisse Neigung vorausgesetzt, diesen nächtlichen Stimmen zu lauschen; andernfalls würden so subtile und kaum wahrnehmbare innere Erfahrungen unbemerkt bleiben. In diesem Lauschen erkennt man eine Strömung der Libido, die sich nach innen wendet und zu fließen beginnt zu einem noch unsichtbaren und geheimnisvollen Ziel. Es scheint, als habe die Libido plötzlich ein Objekt in den Tiefen des Unbewussten entdeckt, das sie machtvoll anzieht. Das Leben des Menschen, von Natur aus nach außen gerichtet, lässt eine solche Introversion normalerweise nicht zu. Daher muss man einen gewissen außergewöhnlichen Zustand annehmen – etwa das Fehlen äußerer Objekte – der das Individuum zwingt, einen Ersatz in der eigenen Seele zu suchen.

Es ist schwer vorstellbar, dass diese Welt, so reich an Möglichkeiten, zu arm geworden sein sollte, um ein der menschlichen Liebe würdiges Objekt zu bieten. Dennoch ist es die Unfähigkeit zu lieben, die der Menschheit ihre Möglichkeiten raubt. Diese Welt ist nicht leer für jene, die ihre Libido auf Objekte zu richten wissen und sie lebendig und schön zu machen verstehen, denn die Schönheit liegt in dem Gefühl, das wir ihnen verleihen. Was zur Schaffung eines Ersatzes für sich selbst führt, ist nicht der äußere Mangel an Objekten, sondern die Unfähigkeit, etwas außerhalb seiner selbst liebevoll einzubeziehen.

Mögen die Schwierigkeiten des Lebens und die Widrigkeiten noch so bedrückend sein, sie könnten niemals die Hingabe der Libido verhindern. Ja, diese Schwierigkeiten können sogar zu verstärkten Anstrengungen anregen und die gesamte Libido in Wirklichkeit verwandeln. Die wirklichen Schwierigkeiten allein könnten jedoch niemals die Libido dazu bringen, dauerhaft so weit zurückzuweichen, dass eine Neurose entsteht. Damit dies geschieht, bedarf es eines Konflikts – er ist die Vorbedingung jeder Neurose.

Der Widerstand, der sich der Liebe entgegenstellt, ist der einzige, der die Macht besitzt, jene pathogene Introversion hervorzubringen, die der Ausgangspunkt aller psychogenen Störungen ist. Der Widerstand gegen die Liebe erzeugt die Unfähigkeit zu lieben. Die normale Libido ergießt sich beständig in die wirkliche Welt, während der Widerstand, dynamisch betrachtet, wie eine zur Quelle zurückströmende Flut wirkt. Ein Teil der Seele begehrt das äußere Objekt, während ein anderer Teil in die subjektive Welt der Phantasie versinkt.

Diese Zweiheit des Willens, von Bleuler „Ambitendenz" genannt, ist ein allgemein vorhandener Zustand, in dem selbst der primitivste motorische Impuls im Gegensatz steht. Diese normale Ambivalenz führt niemals zur Hemmung der gewünschten Handlung, sondern ist eine unerlässliche Voraussetzung für deren Vollkommenheit und Koordination.

Der Widerstand entspringt einem abnormen Dritten, das zu dieser Zweiheit des Willens hinzukommt. Dieses dritte Element löst die normalerweise vereinten Gegensätze und verwandelt sie in getrennte Tendenzen, wodurch Wille und Unwille entstehen, die einander beeinträchtigen. Diese Disharmonie resultiert aus der ursprünglichen Harmonie. Es ist nicht Aufgabe dieses Kapitels, zu ergründen, woher dieses unbekannte dritte Element stammt und was es ist. Im Falle der Patienten jedoch offenbart sich Freuds „Kernkomplex" als das Problem des Inzests. Die sexuelle Libido, die zu den Eltern zurückstrebt, manifestiert sich als die inzestuöse Tendenz.

Die Trägheit der Menschheit, die jedes Objekt der Vergangenheit für immer festhält, mag der Grund sein, weshalb dieser Weg zum Inzest so leicht beschritten wird. Dieses Festhalten an der Vergangenheit offenbart sich als ein passives Verharren der Libido bei ihrem ersten Objekt der Kindheit. Diese Trägheit ist ebenfalls eine Leidenschaft, wie La Rochefoucauld brillant zum Ausdruck gebracht hat:

„Von allen Leidenschaften ist uns die Trägheit am wenigsten bekannt: Sie ist die glühendste und bösartigste von allen, obwohl ihre Gewalt unmerklich sein mag und die Wunden, die sie verursacht, verborgen bleiben können. Wenn wir ihre Macht aufmerksam betrachten, werden wir sehen, dass sie sich bei allen Gelegenheiten zur Herrin über unsere Gefühle, unsere Interessen und unsere Freuden macht. Sie ist der Anker, der die Macht besitzt, die größten Schiffe anzuhalten; sie ist eine

Windstille, gefährlicher für die wichtigsten Angelegenheiten als die Felsen und der schlimmste Sturm. Die Ruhe der Trägheit ist ein geheimer Zauber der Seele, der plötzlich die glühendsten Bestrebungen und die festesten Entschlüsse anhält. Um die wahre Vorstellung von dieser Leidenschaft zu geben, muss man schließlich sagen, dass die Trägheit wie eine Seligkeit der Seele ist, die sie über alle ihre Verluste hinwegtröstet und den Platz all ihrer Besitztümer einnimmt."

Diese gefährliche Leidenschaft, die beim primitiven Menschen über allen anderen steht, manifestiert sich unter der bedrohlichen Maske des Inzestsymbols. Vor ihm muss die Inzestangst zurückweichen, und es muss überwunden werden – zunächst im Bild der „schrecklichen Mutter". Diese Gestalt ist die Mutter zahlreicher Übel, unter denen die neurotischen Störungen einen herausragenden Platz einnehmen. Besonders aus den Dämpfen der zurückgehaltenen Reste der Libido steigen schädliche Bilder auf, die die Wirklichkeit derart verdunkeln, dass die Anpassung nahezu unmöglich wird.

Es soll hier jedoch nicht weiter auf die Grundlagen der inzestuösen Phantasien eingegangen werden. Der vorläufige Hinweis auf eine rein psychologische Auffassung des Inzestproblems mag genügen. Was hier von Interesse ist, ist festzustellen, ob der Widerstand, der bei der Patientin zur Introversion führt, bewusst ist oder nicht. Wäre es eine äußere Schwierigkeit, würde die Libido gewaltsam aufgestaut und brächte einen Strom von Phantasien hervor, die als konkrete Pläne zur Überwindung der Hindernisse betrachtet werden könnten. Es wären sehr praktische Ideen, die darauf abzielen, den Weg zu wirklichen Lösungen zu ebnen.

Der zuvor beschriebene passive Zustand passt jedoch überhaupt nicht zu einem wirklichen äußeren Hindernis. Er deutet gerade durch seine passive Hingegebenheit auf eine

Tendenz hin, die ohne Zweifel die wirklichen Lösungen verachtet und die phantasierten Ersatzmittel vorzieht. Letztlich handelt es sich um einen inneren Konflikt, ähnlich jenen, die den beiden ersten unbewussten Schöpfungen zugrunde lagen.

Daher muss man schließen, dass das äußere Objekt nicht geliebt werden kann, weil eine vorherrschende Menge an Libido ein Phantasieobjekt bevorzugt, das als Kompensation für die fehlende Wirklichkeit aus den Tiefen des Unbewussten hervorgeholt werden muss.

Die visionären Phänomene, die sich in den ersten Stadien der Introversion einstellen, zählen zu den bekannten Erscheinungen der hypnagogen Vision. Sie bilden, wie in einer früheren Arbeit dargelegt wurde, die Grundlage der wahren Visionen, jener symbolischen Selbstoffenbarungen der Libido, wie man es nun ausdrücken kann.

Die Patientin fährt fort, ihre Erfahrung zu beschreiben:

„Dann hatte ich den Eindruck, dass eine Mitteilung unmittelbar bevorstand. Es schien mir, als erklängen in mir die Worte: ‚Rede, Herr, denn deine Magd hört; öffne meine Ohren'."

Diese Passage beschreibt die Absicht sehr deutlich; der Ausdruck „Mitteilung" ist sogar ein gängiger Begriff in spiritistischen Kreisen. Die biblischen Worte enthalten eine klare Anrufung oder „Gebet", das heißt, ein Verlangen (Libido), das sich auf das Göttliche richtet (der unbewusste Komplex). Das Gebet bezieht sich auf Samuel i:3, wo Samuel dreimal in der Nacht von Gott gerufen wurde, aber glaubte, es sei Eli, der ihn rief, bis dieser ihm mitteilte, dass Gott selbst es war, der sprach, und dass er antworten solle, wenn sein Name erneut gerufen würde: „Rede, Herr, denn dein Knecht hört!"

Die Patientin verwendet diese Worte in umgekehrter Weise, nämlich um Gott herbeizurufen. Damit richtet sie ihre Wünsche, ihre Libido, auf die Tiefen ihres Unbewussten.

Es ist bekannt, dass die Menschen, obwohl sie durch die Unterschiede in den Inhalten ihres Bewusstseins stark voneinander getrennt sind, in ihrer unbewussten Psychologie sehr ähnlich sind. Es ist ein bedeutsamer Eindruck für jene, die in der praktischen Psychoanalyse arbeiten, wenn sie erkennen, wie einheitlich die typischen unbewussten Komplexe sind. Der Unterschied entsteht hauptsächlich durch die Individualisierung. Diese Tatsache verleiht einem wesentlichen Teil der Philosophien Schopenhauers und Hartmanns eine tiefe psychologische Rechtfertigung. Die sehr offensichtliche Einheitlichkeit des unbewussten Mechanismus dient als psychologische Grundlage für diese philosophischen Anschauungen.

Das Unbewusste enthält die differenzierten Reste früherer psychologischer Funktionen, die durch die individuelle Differenzierung überwunden wurden. Die Reaktionen und Produkte der tierischen Psyche sind von einer allgemein diffusen Einheitlichkeit und Festigkeit, die beim Menschen nur in Spuren zu entdecken sind. Der Mensch erscheint als etwas außerordentlich Individuelles im Gegensatz zu den Tieren.

Dies könnte eine bedeutende Täuschung sein, da man dazu neigt, sich nur auf die Unterschiede zwischen den Dingen zu konzentrieren. Dies ist für die psychologische Anpassung notwendig, ohne die es unmöglich wäre. Man hat jedoch Schwierigkeiten, die Ähnlichkeiten zwischen den Dingen zu erkennen, mit denen man im täglichen Leben zu tun hat. Diese Erkenntnis fällt bei Dingen leichter, die weiter entfernt liegen.

Für einen Europäer beispielsweise ist es nahezu unmöglich, zwischen den Gesichtern in einer chinesischen

Menschenmenge zu unterscheiden, obwohl die Chinesen ebenso individuelle Gesichtszüge besitzen wie die Europäer. Wenn man jedoch unter Chinesen lebt, verringert sich allmählich der Eindruck ihrer Einheitlichkeit, und man beginnt, sie als Individuen wahrzunehmen. Individualität ist eine bedingte Wirklichkeit, die zwar von erheblicher praktischer Bedeutung ist, aber nicht grundlegend für eine Wissenschaft, die sich in erster Linie auf allgemeine und universell evidente Tatsachen stützt.

Der individuelle Inhalt des Bewusstseins ist für die Psychologie besonders herausfordernd, da er das allgemein Gültige bis zur Unkenntlichkeit verschleiert. Das Wesen des Bewusstseins ist der Anpassungsprozess, der sich in den kleinsten Einzelheiten vollzieht. Das Unbewusste hingegen ist allgemein diffus und verbindet die Individuen untereinander und mit den Völkern der Vergangenheit. Daher ist das Unbewusste, da es allgemeiner ist als das Individuum, der hauptsächliche Gegenstand einer wahren Psychologie, die nicht nur psychophysisch sein will.

Vom biologischen Standpunkt aus könnte der Mensch als Individuum in Frage gestellt werden, da er nur als Teil einer rassischen Masse Bedeutung hat. Vom ethischen Standpunkt aus jedoch besitzt der Mensch eine individuelle Tendenz, die ihn von der Masse trennt. Dies hat zur Entwicklung der Persönlichkeit und zum Heldenkult geführt, der sich im modernen individualistischen Kult der Persönlichkeiten manifestiert. Dies spiegelt sich in den Versuchen der rationalistischen Theologie wider, Jesus als göttlichen Rest zu bewahren.

Trotzdem lieben die Menschen nicht den sichtbaren Gott, wie er ist, sondern sie lieben die Ideen, die sie auf ihn projizieren – das heißt ihr Unbewusstes, das ein gemeinsames Erbe aller Menschen ist. Dieses zeitweilige Zurückziehen auf sich selbst, das eine Regression zur kindlichen Bindung an den Vater einschließt, scheint innerhalb gewisser Grenzen eine günstige Wirkung auf den psychologischen Zustand des Individuums zu haben. Im Allgemeinen können sowohl die Übertragung als auch die Introversion geeignete Reaktionsmethoden gegen die Komplexe sein, als Mittel, vor ihnen in die Wirklichkeit zu fliehen oder sich durch sie von der Wirklichkeit zu trennen.

Nachdem die allgemeinen Zwecke des Gebets erkundet wurden, ist man bereit, tiefer in die Vision der Patientin einzutauchen. Nach dem Gebet erschien „der Kopf einer Sphinx mit einem ägyptischen Kopfschmuck", der schnell verschwand, was die Patientin verwirrte und sie kurz erwachen ließ. Diese Vision erinnert an die zuvor erwähnte Phantasie der ägyptischen Statue, deren starre Gebärde als Phänomen der sogenannten funktionalen Kategorie Sinn ergibt. Das Wort „Sphinx" impliziert in der zivilisierten Kultur ein Rätsel, ein verwirrendes Geschöpf, das Rätsel aufgibt, wie die Sphinx des Ödipus, die die Unausweichlichkeit seines Schicksals symbolisiert. Die Sphinx repräsentiert eine halb-theriomorphe Form des „Mutterbildes", auch bekannt als die „schreckliche Mutter", die ihre Wurzeln in der Mythologie hat.

Hier stellt sich eine Frage: Warum wird auf die Sphinx des Ödipus angespielt, wenn es außer dem Wort „Sphinx" keine Rechtfertigung dafür im Bericht gibt? Da das Material der Patientin keine subjektiven Details über diese Vision enthält, ist eine individuelle Deutung ausgeschlossen. Um diese Vision zu verstehen, ist es daher notwendig, auf verfügbares ethnographisches Material zurückzugreifen und anzunehmen, dass das Unbewusste des heutigen Menschen seine Symbole auf dieselbe Weise formt wie in ferner Vergangenheit.

Die Gestalt der Sphinx in ihrer traditionellen Form ist ein halb menschliches, halb tierisches Geschöpf, dessen Deutung auf solche phantastischen Gebilde angewendet werden muss. Sie bezieht sich auf theriomorphe Darstellungen der Libido, die in Träumen und neurotischen Phantasien häufig vorkommen. Diese Mischwesen symbolisieren die verdrängte Sexualität, deren Wurzeln auf das Inzestproblem und die ersten moralischen Widerstände gegen die Sexualität zurückgehen. Die theriomorphen Symbole neigen dazu, den Vater und die Mutter darzustellen, wobei die Sphinx ein Spiegel der Angst vor der Mutter ist.

In der Legende des Ödipus repräsentiert die Sphinx die Angst vor der Mutter, und ihre Überwindung durch Ödipus führt dazu, dass er Jokaste, seine Mutter, heiratet. Die Genealogie der Sphinx ist voller Anspielungen auf das Inzestproblem und die sexuelle Verdrängung. Diese Materialien ermöglichen es, die Menge an Libido zu verstehen, die dem Symbol der Sphinx Ursprung gab und eine inzestuöse Menge an Libido darstellt, die von der Bindung an die Mutter gelöst ist. Es ist jedoch ratsam, mit Schlussfolgerungen zu warten, bis die folgenden Visionen untersucht wurden.

Nachdem die Patientin ihre Konzentration wiedererlangt hatte, entwickelte sich die Vision weiter:

„Plötzlich erschien ein Azteke, in allen Einzelheiten völlig deutlich; mit offenen Händen, großen Fingern und dem Kopf im Profil, geschmückt mit einem Kopfschmuck ähnlich den Federornamenten der amerikanischen Indianer. Insgesamt erinnerte er auf irgendeine Weise an mexikanische Skulpturen."

An dieser Stelle wird der alte ägyptische Charakter der Sphinx durch die amerikanische Antike ersetzt, durch den Azteken. Die wesentliche Idee ist weder Ägypten noch Mexiko, da beide nicht austauschbar sind; vielmehr ist es der subjektive Faktor, den die Patientin aus ihrer eigenen Vergangenheit hervorbringt. In der Analyse amerikanischer Patienten wurde häufig beobachtet, dass bestimmte unbewusste Komplexe, nämlich die verdrängte Sexualität, durch das Symbol eines Schwarzen oder eines Indianers repräsentiert werden.

Wenn beispielsweise ein Europäer in seinem Traum erzählt: „Dann kam ein zerlumpter und schmutziger Kerl", handelt es sich bei Amerikanern und bei jenen, die in den Tropen leben, um einen Schwarzen. Wenn es bei Europäern ein Landstreicher oder ein Verbrecher ist, ist es bei Amerikanern ein Schwarzer oder ein Indianer, der die eigene verdrängte sexuelle Persönlichkeit des Individuums darstellt und als minderwertig betrachtet wird.

Nun ist es relevant, diese Vision im Detail zu untersuchen, da es mehrere bemerkenswerte Aspekte gibt. Der Federschmuck beispielsweise, der sicherlich aus Adlerfedern bestand, hat eine magische Bedeutung. Indem er sich mit Federn schmückt, nimmt der Held den solaren Charakter des Adlers an, und die Federkrone entspricht auch den Strahlen der Sonne. Die historische Bedeutung, sich mit der Sonne zu identifizieren, wurde bereits zuvor behandelt.

Darüber hinaus fällt die Beschreibung der Hand auf, die als „offen" und mit „großen Fingern" betont wird. Es ist bedeutsam, dass die Betonung auf der Hand und nicht auf dem Gesichtsausdruck liegt, da die Geste der Hand in vielen Zusammenhängen bedeutsam ist. Obwohl hier die spezifischen Details nicht bekannt sind, ist es erwähnenswert, eine parallele Phantasie zu nennen, die ebenfalls die Hände betont. Ein hypnagoger Patient sah seine Mutter an eine Wand gemalt, mit einer erhobenen Hand, offen und mit großen Fingern, die an die Finger eines Frosches mit Saugscheiben an den Enden erinnerten, und assoziierte dieses Bild dann mit dem Penis. Diese phallische Assoziation bezieht sich auf die generative Rolle der

Hand bei der Feuererzeugung, und es ist bedeutsam, dass es sich um die Hand der Mutter handelt.

Es ist interessant zu bemerken, dass die Vision des Azteken die Sphinx ersetzt und auf parallele Phantasien hinweist, wo die phallische Hand der Mutter gehört. Darüber hinaus wird die Verbindung mit dem Alten, das oft das „Kindliche" symbolisiert, durch die eigene Erfahrung der Patientin bestätigt, die sich in ihrer Kindheit besonders für aztekische Fragmente und die Geschichte Perus und der Inkas interessierte.

Durch die Analysen über Kinder, die diskutiert wurden, hat man ein Verständnis für die kindliche Welt gewonnen und jene Interessen und Zweifel identifiziert, die Eltern häufig beunruhigen, da sie für ihre Kinder lange Zeit im Mittelpunkt der Aufmerksamkeit stehen. Daher kann man folgern, dass Verweise auf antike Figuren oft mit den Eltern in Verbindung stehen, was darauf hindeutet, dass diese aztekische Figur irgendeine elterliche Gestalt darstellen könnte. Die Hinweise führen hauptsächlich zur Mutter, was im Fall einer jungen Amerikanerin nicht überrascht, angesichts der bemerkenswerten Präsenz des Mutterkomplexes in den Vereinigten Staaten. Dieser wird angetrieben durch die Distanzierung vom Vater und den besonderen sozialen Status der Frau im Land, der eine Form von Männlichkeit unter den fähigeren Frauen fördert.

Anschließend erlebte die Patientin das Gefühl, dass sich allmählich ein Name formte und mit diesem Azteken assoziiert wurde, der ihn als „Sohn eines Inka aus Peru" identifizierte, genannt „Chi-wan-to-pel". Dieser Name, wie sie angibt, weckt Erinnerungen an ihre Kindheit. Das Benennen, ähnlich dem Akt der Taufe, ist entscheidend für die Formung der Persönlichkeit, da seit der Antike geglaubt wird, dass der Name eine magische Kraft besitzt, die Geister beschwören kann. Das Wissen um jemandes Namen verleiht in verschiedenen Mythologien eine Art

Macht über diese Person. Ein Beispiel ist das Märchen von „Rumpelstilzchen" und der ägyptische Mythos, in dem Isis Macht über den Sonnengott Re erlangt, indem sie seinen wahren Namen erfährt. Daher bedeutet das Zuweisen eines Namens, Macht und eine definierte Identität zu verleihen.

Was den Namen „Chi-wan-to-pel" betrifft, assoziiert die Patientin ihn mit dem imposanten „Popocatépetl", einem Namen, der geprägte Schulerinnerungen wachruft und oft in der Traumanalyse oder in Phantasien wiederauftaucht, beladen mit alten Schulwitzen. Obwohl es trivial erscheinen mag, ist es relevant zu erforschen, warum diese Erinnerungen bestehen bleiben und warum speziell „Popocatépetl" anstelle anderer ebenso bedeutsamer Namen gewählt wird.

Jung teilte eine Anekdote über einen Patienten mit, der sich seit seiner Kindheit den Akt der Defäkation als Vulkanausbruch vorstellte. Dies zeigt, wie die Begriffe für Naturphänomene oft aus direkter Beobachtung und persönlicher Erfahrung abgeleitet werden, ohne einen anfänglichen poetischen Fokus. Der Begriff „Sternschnuppe" beispielsweise wird in verschiedenen Kulturen sehr wörtlich beschrieben, was die Tendenz widerspiegelt, Ausdrücke aus dem alltäglichen Leben zu verwenden, um Naturphänomene zu erklären. Dieser pragmatische und direkte Ansatz hebt hervor, wie Ausdrücke aus den unmittelbarsten und zugänglichsten Erfahrungen geformt werden.

Es ist rätselhaft, warum die mystische Gestalt Chiwantopels, die die Patientin mit einem Geistführer eines Mediums vergleicht, mit einem so umstrittenen Thema wie einem spezifischen Teil des menschlichen Körpers assoziiert wird. Um dieses Rätsel zu entwirren, ist es entscheidend zu erkennen, dass beim Zugriff auf Inhalte des Unbewussten oft zuerst jene vergessenen kindlichen Materialien auftauchen. Daher ist es notwendig, die Perspektive jener Zeit einzunehmen, als diese Materialien noch vorhanden und aktiv waren. Wenn ein hochgeschätztes Objekt unbewusst mit dem Anus verbunden wird, muss man dies als eine hohe Wertschätzung interpretieren.

Die Frage besteht darin, ob diese Assoziation mit der kindlichen Psychologie übereinstimmt. Bevor diese Frage angegangen wird, ist es wichtig hervorzuheben, dass die anale Region eng mit der Verehrung verbunden ist, wie verschiedene Traditionen und kulturelle Erzählungen illustrieren, die auf den ersten Blick überraschen könnten.

Jung erwähnte den Fall einer Patientin, die großen Respekt vor ihrem Vater zeigte und ihn sich würdevoll im Badezimmer sitzend vorstellte, während die Passanten ihn enthusiastisch grüßten. Dies zeigt, dass die Assoziation mit analen Aspekten keineswegs eine hohe Wertschätzung verhindert. Kulturelle und religiöse Beispiele deuten darauf hin, dass das Verachtenswerteste eng mit dem Wertvollsten verbunden sein kann, wie in der symbolischen Verbindung zwischen Kot und Gold zu beobachten ist.

Jung teilte auch den Fall eines jungen, tief religiösen Patienten, der von der gekreuzigten Gestalt am Boden eines mit blauen Blumen geschmückten Nachttopfes träumte und sie auf eine Weise darstellte, die blasphemisch erscheinen könnte. Dieser Kontrast unterstreicht, dass die Wertschätzungen in der Kindheit sich erheblich von denen im Erwachsenenalter unterscheiden. Kinder messen dem Akt der Defäkation und seinen Produkten eine Wichtigkeit und ein Interesse bei, die außerhalb der Hypochondrie im Erwachsenenalter nur unter sehr spezifischen Umständen repliziert würden.

Dieses Interesse wird besser verstanden, wenn man erkennt, dass Kinder sehr früh diese Akte mit Schöpfung und Produktion assoziieren, eine Theorie, die sie mit der

Fortpflanzung in Verbindung bringen und die sich in ihren Spielen und Phantasien manifestiert.

Ein Mädchen beispielsweise stellte sich vor, dass aus einem Riss in der Badezimmerwand eine Fee auftauchte, die ihr Wünsche erfüllte. Dieser „Ort" wird somit zu einem Raum der Träumerei und Schöpfung, was zeigt, wie das Alltäglichste eine tiefe Bedeutung in der kindlichen Psyche erlangen kann. Selbst in der Pathologie fand Jung Beispiele von Individuen, die sich in ihrem Größenwahn vorstellten, die Welt auf eine Weise zu erschaffen, die diese kindlichen Assoziationen widerspiegelte.

Schließlich erwähnte Jung den Fall einer Patientin, die unter tragischen Umständen von ihrer Familie getrennt worden war und durch eine scheinbar verstörende Handlung – sich mit Exkrementen zu bedecken – einen Versuch der affektiven Wiederverbindung zeigte. Dieser Akt, zunächst als Beleidigung interpretiert, kann aus kindlicher Perspektive als Ausdruck von Zuneigung und Willkommen verstanden werden, was unterstreicht, wie Wertschätzungen und Bedeutungen je nach psychologischem und kulturellem Kontext enorm variieren können.

Die Konzeption Chiwantopels, verstanden als eine Manifestation des Unbewussten, wird gemäß den vorherigen Erklärungen als ein Akt der Selbsterzeugung, Produktion oder persönlichen Erfindung interpretiert. Diese Gestalt symbolisiert eine Form der Schöpfung oder menschlichen Geburt durch einen analogen Prozess, der an alte Überzeugungen erinnert, wo die ersten Menschen aus Exkrementen, Töpfererde oder Lehm geformt wurden. Der lateinische Begriff „lutum", der gemeinhin als „Schlamm" oder „feuchte Erde" übersetzt wird, kann sich auch auf Schmutz beziehen und wird von Plautus in abwertenden Kontexten verwendet, wo er es mit „Abschaum" gleichsetzt.

Das Konzept der analen Geburt evoziert gleichermaßen die Idee der Regression oder Rückkehr, wie im Mythos von Deukalion und Pyrrha. Nach der Sintflut erhielten sie den orakelhaften Befehl, „die Knochen ihrer großen Mutter" hinter sich zu werfen, was zur Geburt der Menschheit aus den geworfenen Steinen führte. Auf ähnliche Weise entstanden die Daktyloi der Tradition zufolge aus dem Staub, den die Nymphe Anchiale hinter sich streute. Darüber hinaus werden in der Volkskultur Exkremente oft mit Humor assoziiert und als eine Art Monument oder Zeugnis betrachtet, besonders in Anekdoten, die ihre Verwendung als Richtungsmarkierungen oder Meilensteine hervorheben.

Es ist interessant, dass die Patientin das plötzliche Auftauchen eines anderen Namens in ihrem Bewusstsein erwähnt: A-ha-ma-ra-ma, der Assoziationen mit dem Assyrischen weckt. Sie reflektiert über eine mögliche Verbindung mit „Asurabama, Hersteller von Keilschriftziegeln", was auf die Tontafeln als dauerhafte Zeugnisse der antiken Geschichte verweist. Die Betonung darauf, dass die Ziegel „keilförmig" sind, könnte in einem weiteren Sinne als „keilförmige Ziegel" interpretiert werden. Dies legt eine Lesart nahe, die über die bloße physische Beschreibung hinausgeht, um die von der Patientin vorgeschlagene symbolische Interpretation zu umfassen und so mit der Thematik der Schöpfung und des historischen Gedächtnisses durch grundlegende und alltägliche Elemente zu verbinden, die in Objekte von dauerhaftem Wert transformiert wurden.

Die Patientin erwähnt, dass sie neben dem Namen „Asurabama" auch „Ahasuerus" oder „Ahasverus" in Betracht zog. Diese Phantasie führt zu einem sehr unterschiedlichen Aspekt des Dilemmas der unbewussten Persönlichkeit. Während die früheren Materialien einen Hinweis auf die kindliche Schöpfungstheorie gaben, bietet diese Phantasie eine Einsicht in die Dynamik der unbewussten Persönlichkeitsschöpfung. Ahasver, wie bekannt, ist der Ewige Jude; er zeichnet sich durch eine endlose und rastlose Reise bis zum Ende der Welt aus. Die Tatsache, dass die Patientin gerade diesen Namen in Betracht gezogen hat, gibt Anlass, dieser Spur zu folgen.

Die Legende von Ahasver, deren erste literarische Spuren aus dem 13. Jahrhundert stammen, scheint einen westlichen Ursprung zu haben und gehört zu jenen Vorstellungen, die eine unzerstörbare Lebenskraft besitzen. Die Gestalt des Ewigen Juden ist Gegenstand umfangreicherer literarischer Bearbeitung gewesen als die Gestalt des Faust, und fast dieses gesamte Werk gehört dem vergangenen Jahrhundert an. Selbst wenn die Gestalt nicht Ahasver genannt wird, ist sie noch unter anderem Namen präsent – vielleicht als Graf von St. Germain, der rätselhafte Rosenkreuzer, dessen Unsterblichkeit gesichert war und dessen zeitweiliger Wohnsitz (die Erde) ebenso bekannt war.

Obwohl die Berichte über Ahasver nicht weiter als bis ins 13. Jahrhundert zurückreichen, könnte die mündliche Überlieferung einen älteren Ursprung haben, und es ist nicht unmöglich, dass eine Verbindung zum Orient besteht. Es gibt die parallele Gestalt von Chidr oder „al Chadir", dem „ewig jungen Chidher", gefeiert in einem Lied von Rückert. Die Legende ist rein islamisch. Die Besonderheit ist jedoch, dass Chidher nicht nur ein Heiliger ist, sondern in sufischen Kreisen sogar eine göttliche Bedeutung erlangt. Angesichts der streng monotheistischen Natur des Islam könnte man Chidher als eine vorislamische arabische Gottheit betrachten, die von der neuen Religion kaum offiziell anerkannt wurde, aber aus politischen Gründen toleriert worden sein könnte. Es gibt jedoch keine Beweise, die dies stützen.

Die frühesten Verweise auf Chidher finden sich in den Kommentaren zum Koran, Buchâri und Tabare, sowie in einem

Kommentar zu einer bemerkenswerten Passage der achtzehnten Sure des Korans.

Die achtzehnte Sure trägt den Titel „Die Höhle", in Bezug auf die sieben Schläfer, die der Legende nach dort 309 Jahre ruhten und so der Verfolgung entkamen und in einer neuen Ära erwachten. Ihre Geschichte wird in Sure XVIII erzählt und ist mit verschiedenen Reflexionen verbunden. Die Idee der Wunscherfüllung der Legende ist klar. Das mystische Material derselben ist das unveränderliche Modell des Sonnenlaufs. Die Sonne geht periodisch unter, stirbt aber nicht. Sie verbirgt sich im Schoß des Meeres oder in einer unterirdischen Höhle, und am Morgen wird sie „wiedergeboren", vollständig.

Die symbolische Sprache, die dieses astronomische Ereignis beschreibt, ist deutlich: Die Sonne kehrt in den Schoß der Mutter zurück und wird nach einer Zeit wiedergeboren. Natürlich ist dieses Ereignis im Wesentlichen ein inzestuöser Akt, von dem in der Mythologie noch klare Spuren vorhanden sind. Eine der auffälligsten ist die Tatsache, dass die sterbenden und auferstehenden Götter Liebhaber ihrer eigenen Mütter sind oder sich durch sie selbst zeugen. Christus als „fleischgewordener Gott" hat sich durch Maria selbst empfangen; Mithras hat dasselbe getan. Diese Götter sind eindeutig Sonnengötter, da die Sonne dies ebenfalls tut, um sich zu erneuern.

Natürlich sollte man nicht annehmen, dass die Astronomie diesen Gottesvorstellungen voranging; der Prozess verlief, wie immer, umgekehrt. Es ist sogar wahr, dass die primitiven magischen Amulette der Wiedergeburt, die Taufe und abergläubischen Gebräuche aller Art, die mit der Heilung der Kranken zusammenhängen, in den Himmel projiziert wurden. Diese Jünglinge wurden aus der Höhle (dem Schoß der Mutter

Erde) geboren, wie die Sonnengötter, in eine neue Ära, und besiegten so den Tod. In diesem Sinne waren sie unsterblich.

Es ist interessant zu beobachten, wie der Koran nach langen ethischen Überlegungen im Verlauf derselben Sure zu folgender Passage gelangt, die für den Ursprung des Chidher-Mythos von besonderer Bedeutung ist. Aus diesem Grund wird der Koran hier wörtlich zitiert:

„Gedenke, als Moses zu seinem Diener sprach: ‚Ich werde nicht aufhören, bis ich die Vereinigung der beiden Meere erreiche, oder ich werde achtzig Jahre lang weiterreisen'.

„Als sie aber die Vereinigung erreichten, vergaßen sie den Fisch, und dieser folgte seinem Weg ins Meer nach seinem Belieben.

„Und als sie weitergingen, sprach Moses zu seinem Diener: ‚Bring uns unser Morgenmahl, denn wahrlich haben wir auf dieser unserer Reise Ermüdung gefunden'.

„Er sprach: ‚Was denkst du? Als wir bei dem Felsen verweilten, vergaß ich den Fisch, und Satan war es, der mich ihn vergessen ließ, damit ich ihn nicht erwähne, und dieser ging auf erstaunliche Weise ins Meer'.

„Er sprach: ‚Das ist es, wonach wir gesucht haben'. Dann kehrten beide auf ihren Spuren zurück.

„Danach fanden sie einen unserer Diener, dem wir Barmherzigkeit gewährt und den wir mit Wissen ausgestattet hatten.

„Moses sprach zu ihm: ‚Darf ich dir folgen, damit du mich einen Teil der Rechtschaffenheit lehrst, die dir gelehrt wurde?'

„Er antwortete: ‚Wahrlich, du wirst nicht die Geduld mit mir ertragen können.

„‚Wie könntest du Geduld haben in Angelegenheiten, deren Bedeutung du nicht verstehst?'"

– Übersetzung von Rodwell, Seite 188.

Moses begleitet den geheimnisvollen Diener Gottes, der verschiedene Handlungen vollzieht, die Moses nicht verstehen kann. Schließlich verabschiedet sich der Unbekannte von Moses und spricht zu ihm:

„Sie werden dich über Dhulkarnein (den mit den zwei Hörnern) befragen. Sag ihnen: ‚Ich werde euch etwas über ihn erzählen'.

„Wahrlich, wir gründeten seine Macht auf Erden und gaben ihm die Mittel, alle Ziele zu erreichen, und so fuhr er fort.

„Bis er, als er an den Ort gelangte, wo die Sonne untergeht, fand, dass sie in einem schlammigen Meer unterging, und in seiner Nähe fand er ein Volk..."

Dann folgt eine moralische Reflexion; danach geht die Erzählung weiter:

„Er folgte seinem Weg, bis er an den Ort gelangte, wo die Sonne aufgeht...".

Wenn man den unbekannten Diener Gottes in dieser Passage identifizieren möchte, offenbart sich, dass es Dhulkarnein ist – Alexander, die Sonne. Er geht zum Ort des Untergangs und zum Ort des Aufgangs. Die Erklärung über den unbekannten Diener Gottes findet sich in den Kommentaren einer gut definierten Legende. Dieser Diener ist Chidher, bekannt als „der Grüne", der rastlose Wanderer, der über Hunderte und

Tausende von Jahren durch Länder und Meere reist und der Mentor und Ratgeber frommer Menschen ist. Er besitzt göttliche Weisheit und ist unsterblich.

Die Autorität von Tabari verbindet Chidher mit Dhulkarnein; es wird gesagt, dass Chidher die „Quelle des Lebens" erreichte, indem er Alexander folgte, und beide unwissentlich daraus tranken und so Unsterblichkeit erlangten. Darüber hinaus identifizieren die alten Kommentatoren Chidher mit Elias, der nicht starb, sondern in einem feurigen Wagen in den Himmel entrückt wurde. Elias ist Helios.

Es ist wichtig zu bemerken, dass Ahasver ebenfalls seinen Ursprung in einer dunklen Passage der christlichen Schriften hat. Diese Passage findet sich in Matthäus xvi:28. Zunächst wird die Szene erwähnt, in der Christus Petrus als den Felsen benennt, auf dem er seine Kirche bauen wird, und ihm Autorität verleiht. Dann folgt die Prophezeiung vom Tod Christi, und danach kommt die Passage:

„Wahrlich, ich sage euch: Es sind einige unter denen, die hier stehen, die den Tod nicht schmecken werden, bis sie den Menschensohn kommen sehen in seinem Reich".

Diese Passage wird von der Szene der Verklärung gefolgt:

„Und er wurde vor ihnen verklärt; und sein Angesicht leuchtete wie die Sonne, und seine Kleider wurden weiß wie das Licht.

„Und siehe, es erschienen ihnen Moses und Elias, die mit ihm redeten.

„Da antwortete Petrus und sprach zu Jesus: ‚Herr, es ist gut, dass wir hier sind; wenn du willst, so lass uns hier drei Hütten machen: eine für dich, eine für Moses und eine für Elias'".

Aus diesen Passagen geht hervor, dass Christus auf derselben Ebene steht wie Elias, ohne sich mit ihm zu identifizieren, obwohl die Leute ihn dafür halten. Die Himmelfahrt stellt Christus in dieselbe Position wie Elias. Die Prophezeiung Christi deutet darauf hin, dass es außer ihm einen oder mehrere Unsterbliche gibt, die nicht sterben werden bis zur Parusie. Nach Johannes xxi:22 wird Johannes der Täufer als einer dieser Unsterblichen betrachtet, und in der Legende ist er tatsächlich nicht tot, sondern schläft im Boden bis zur Parusie, und sein Atem lässt den Staub um sein Grab wirbeln.

Wie man sehen kann, gibt es Verbindungen von Christus über Elias bis zu Chidher und Ahasver. Gemäß einer Erzählung dieser Legende führte Dhulkarnein seinen Freund Chidher zur „Quelle des Lebens", damit er von der Unsterblichkeit trinke. Alexander badete ebenfalls im Strom des Lebens und vollzog Waschungsrituale. Wie zuvor erwähnt, wird Johannes der Täufer nach Matthäus xvii:12 als Elias identifiziert und ist daher hauptsächlich identisch mit Chidher.

Es ist wichtig hervorzuheben, dass in der arabischen Legende Chidher eher als Gefährte oder Begleiter erscheint: Chidher mit Dhulkarnein oder mit Elias, „wie sie", oder mit ihnen identifiziert. Es sind zwei ähnliche, aber unterschiedliche Gestalten. Diese analoge Situation findet sich in der christlichen Legende in der Szene am Jordan, wo Johannes Christus zur „Quelle des Lebens" führt. Christus ist dort untergeordnet, während Johannes überlegen ist, ähnlich wie Dhulkarnein und Chidher oder Chidher und Moses oder Elias.

Dieser Parallelismus erklärt sich am besten durch den Vergleich mit den Mithras-Mysterien, wo der esoterische Inhalt durch Denkmäler offenbart wird. In diesen mithräischen Reliefs krönt Mithras Helios und verleiht ihm göttliche Macht, was an die Beziehung zwischen Christus und Petrus erinnert. Petrus hat durch sein Symbol, den Hahn, den Charakter eines Sonnengottes. Nach der Himmelfahrt Christi ist er der sichtbare Pontifex der Gottheit und wird zur großen römischen Gottheit (Sol invictus), verkörpert im Papst. Die Beziehung zwischen Mithras und Helios entspricht der zwischen Christus und Petrus.

Christus ist als die Sonne der sichtbare Gott, während der Papst als Nachfolger der römischen Cäsaren solis invicti comes ist. Die untergehende Sonne benennt einen Nachfolger, den sie mit der Macht der Sonne bekleidet. Dhulkarnein gewährt Chidher das ewige Leben, der seine Weisheit an Moses weitergibt. Es gibt sogar einen Bericht, wo der vergessliche Diener des Josua aus der Quelle des Lebens trinkt, unsterblich wird und als Strafe ins Meer geworfen wird – ein weiteres Motiv des Sonnenmythos, die „Meerfahrt".

Das ursprüngliche Symbol, das die jährliche Rückkehr der Sonne zur Wintersonnenwende darstellt, ist die Ziege, Zeichen des Fisches, der αἰγωκέρως. Die Sonne steigt wie eine Ziege auf den höchsten Berg und taucht dann wie ein Fisch ins Wasser. Der Fisch symbolisiert das Kind, da es vor der Geburt wie ein Fisch im Wasser lebt, und die Sonne wird, wenn sie ins Meer taucht, sowohl zum Kind als auch zum Fisch. Der Fisch ist jedoch auch ein phallisches Symbol und ein Symbol der Weiblichkeit. Kurz gesagt, der Fisch ist ein Symbol der Libido und scheint hauptsächlich für deren Erneuerung zu stehen.

Die Reise von Moses mit seinem Diener ist eine Lebensreise von achtzig Jahren. Während dieser Reise altern sie und verlieren ihre Lebenskraft (Libido), das heißt, sie verlieren den Fisch, der „auf wunderbare Weise seinen Weg ins Meer nimmt", was den Sonnenuntergang symbolisiert. Als beide ihren Verlust bemerken, entdecken sie Chidher an dem Ort, wo die „Quelle des Lebens" ist (wo der tote Fisch wiederbelebt wurde und sich ins Meer stürzte), in seinen Mantel gehüllt und auf dem

Boden sitzend. Nach einer anderen Version saß er auf einer Insel im Meer oder an „dem feuchtesten Ort der Erde", was seine Geburt aus den mütterlichen Tiefen andeutet.

Wo der Fisch verschwand, wurde Chidher geboren, „der Grüne", als „Sohn der tiefen Wasser", mit verhülltem Haupt, ein Verkünder göttlicher Weisheit; ähnlich dem alten babylonischen Oannes-Ea, in Fischgestalt dargestellt, der täglich als Fisch aus dem Meer kam, um dem Volk Weisheit zu lehren. Sein Name wurde mit dem des Johannes in Verbindung gebracht. Mit dem erneuerten Aufgang der Sonne verwandelte sich alles, was in der Dunkelheit als Wassertier oder Fisch lebte, in das leuchtende brennende Firmament des Tages.

Die Reise von Gilgamesch spiegelt ebenfalls dieses Motiv der Dioskuren wider: sterblich und unsterblich, untergehende Sonne und aufgehende Sonne. Gilgamesch reist auf seiner Suche nach Unsterblichkeit über Meere, um den weisen Utnapischtim (Noah) zu finden, der das Geheimnis kannte, die Wasser des Todes zu überqueren. Gilgamesch taucht ins Meer, um ein magisches Kraut zu suchen, das ihn ins Land der Menschen zurückbringen wird, aber bei der Rückkehr stiehlt ihm eine Schlange die Pflanze (der Fisch kehrt ins Meer zurück). Bei seiner Rückkehr begleitet ihn jedoch ein unsterblicher Seemann, der durch einen Fluch von Utnapischtim verbannt wurde. Dieser verbannte Unsterbliche wird zum Vorbild für Ahasver, wie Jensen bemerkte.

Erneut projiziert sich dieses Motiv der Dioskuren vom Helden aus und spiegelt die Dualität zwischen dem Sterblichen und dem Unsterblichen wider, zwischen der untergehenden Sonne und der aufgehenden Sonne.

Das Sacrificium Mithriacum, das Opfer des Stiers, wird üblicherweise flankiert dargestellt von den Dadophoren, Cautes und Cautopates, wobei einer eine Fackel hochhält und der andere die Fackel gesenkt hält. Diese beiden Brüder offenbaren ihre Natur durch die symbolische Position der Fackeln. Cumont bringt sie in Verbindung mit den sepulkralen „Eroten", Genien, die mit umgekehrten Fackeln dargestellt werden, mit einer traditionellen Bedeutung, die nahelegt, dass einer den Tod und der andere das Leben darstellt.

Es ist interessant, die Ähnlichkeit zwischen dem Sacrificium Mithriacum, wo der geopferte Stier von den Dadophoren flankiert wird, und dem christlichen Opfer des Lammes zu bemerken. Bei der Kreuzigung sieht man ebenfalls eine ähnliche Darstellung, mit dem Gekreuzigten, der traditionell von zwei Schächern begleitet wird, von denen einer ins Paradies aufsteigt und der andere in die Hölle hinabsteigt. Diese Idee des Sterblichen und des Unsterblichen scheint auch im christlichen Kult übernommen worden zu sein.

Die semitischen Götter werden oft flankiert von zwei Paredri dargestellt, wie zum Beispiel Baal von Edessa, begleitet von Aziz und Monimoz. Dies hängt mit der Idee der Trinität im Christentum zusammen, wo Christus in seiner Einheit mit dem Vater und dem Heiligen Geist betrachtet werden muss. Die beiden Schächer, die Christus bei der Kreuzigung begleiten, sind ebenfalls innerlich mit ihm verbunden.

Die Dadophoren werden als von der Hauptgestalt des Mithras abgeleitet betrachtet, der einen dreifachen mysteriösen Charakter besitzt. Dieses Konzept der Trinität findet sich auch in anderen Traditionen, wie in der Feier eines Festes, das dem „dreifachen Mithras" gewidmet ist, gemäß einem Bericht von Dionysius Areopagita. Darüber hinaus erwähnt Plutarch eine ähnliche Idee über Ormuzd. Diese Vorstellung der Trinität als drei verschiedene Zustände der Einheit ist ebenfalls ein christliches Konzept.

Die Symbolik des Sacrificium Mithriacum mit den Tagundnachtgleichen-Zeichen Stier und Skorpion zeigt deutlich, dass sich die Opferszene hauptsächlich auf den Zyklus der Sonne bezieht, mit der aufgehenden Sonne, die zur Sommersonnenwende geopfert wird, und der untergehenden Sonne. Diese Darstellung wird mit den Dioskuren verglichen, die ebenfalls die Dualität zwischen dem Sterblichen und dem Unsterblichen repräsentieren.

Letztlich ist all diese Sonnenmythologie eine psychologische Projektion in den Himmel, die die Dualität innerhalb des Menschen zwischen dem Sterblichen und dem Unsterblichen widerspiegelt. Die Götter repräsentieren den unsterblichen Teil, der irgendwo unter den Menschen wohnt, wie Chidher oder St. Germain. Dieser Vergleich mit der Sonne lehrt, dass die Götter die Libido sind, jener Teil des Menschen, der unsterblich ist und die Bindung darstellt, die als Spezies verbindet.

Da das Göttliche im Menschen die Libido ist, sollte es nicht überraschen, dass man in der antiken Theologie Darstellungen findet, die Gott eine dreifaltige Gestalt verleihen. Dieses Konzept des τριπλάσιον Θεόν wurde aus der phallischen Symbolik übernommen, deren Ursprünglichkeit unbestreitbar ist. Die männlichen Genitalien sind die Grundlage dieser Trinität. Es ist eine anatomische Tatsache, dass ein Hoden gewöhnlich etwas höher liegt als der andere, und es ist auch ein sehr alter, wenn auch noch fortbestehender Aberglaube, dass ein Hoden einen Jungen und der andere ein Mädchen erzeugt.

Ein spätbabylonisches Flachrelief aus der Sammlung von Lajard scheint mit dieser Ansicht übereinzustimmen. In der Mitte des Bildes befindet sich ein androgyner Gott (männliches und weibliches Gesicht); auf der rechten, männlichen Seite ist eine Schlange mit einem Sonnenhalo um den Kopf; auf der linken, weiblichen Seite ist ebenfalls eine Schlange, mit dem Mond über ihrem Kopf. Über dem Kopf des Gottes befinden sich drei Sterne. Diese Anordnung scheint die Trinität der Darstellung zu bestätigen, wobei die Sonnenschlange auf der rechten Seite das Männliche und die auf der linken Seite das Weibliche (symbolisiert durch den Mond) repräsentiert.

Dieses Bild besitzt eine offensichtliche sexuelle Symbolik, die die sexuelle Bedeutung des Ganzen hervorhebt. Auf der männlichen Seite befindet sich eine Raute, Symbol der weiblichen Genitalien, während auf der weiblichen Seite ein Rad oder eine Felge ist. Ein Rad bezieht sich immer auf die Sonne, aber die Speichen sind verdickt und an den Enden vergrößert, was eine phallische Symbolik nahelegt.

Es ist bemerkenswert, dass sowohl das Sacrificium Mithriacum als auch das christliche Opfer des Lammes Ähnlichkeiten aufweisen. Bei der Kreuzigung ist die Darstellung des Gekreuzigten, flankiert von Johannes und Maria, eng mit diesen Ideen verbunden, ebenso wie der Gekreuzigte mit den Schächern. So entsteht neben der Sonne immer wieder der viel primitivere Vergleich der Libido mit dem Phallus.

Der Dadophor Cautopates, der Mithras repräsentiert, wird auch mit dem Hahn und dem Pinienzapfen dargestellt, Attribute des phrygischen Gottes Men, eng verbunden mit Attis, dem Sohn und Geliebten der Kybele. Diese Gestalten haben eine tiefe Verbindung mit der Mutter, was wieder zum Ursprung dieser inzestuösen religionsschaffenden Libido führt. Diese Assoziation des Helden mit der Mutter ist ein wiederkehrendes Motiv in den Mythen und spiegelt das unstillbare Verlangen des Unbewussten auf der Suche nach der verlorenen Mutter wider.

Das Umherwandern dieser Helden hat ebenfalls eine deutliche symbolische Bedeutung und repräsentiert die Sehnsucht und das rastlose Verlangen, das die verlorene Mutter sucht. Diese Assoziation mit der Sonne lässt diese Helden der wandernden Sonne gleichen und rechtfertigt somit, dass der Heldenmythos ein Sonnenmythos ist. Doch darüber hinaus ist der Heldenmythos letztlich der Mythos des eigenen leidenden Unbewussten, das nach den tiefsten Quellen des Seins verlangt, besonders nach der Gemeinschaft mit dem unendlichen Leben, repräsentiert durch die mütterliche Gestalt.

Hier müssen die Worte des Meisters geteilt werden, der in die tiefsten Wurzeln der faustischen Sehnsüchte eingedrungen ist:

„Ohne Absicht enthülle ich ein höheres Geheimnis. In der Einsamkeit thronen die Göttinnen, ohne Raum um sie herum, weder Ort noch Zeit, die sie begrenzen. Sie auch nur zu erwähnen ist peinlich. Sie sind DIE MÜTTER.

„Göttinnen, euch Sterblichen unbekannt, von uns unwillkürlich genannt. Um sie zu erreichen, müsst ihr in die Tiefen hinabsteigen. Es ist eure eigene Schuld, dass wir ihre Hilfe erbitten.

„Wo befindet sich der Weg?

„Es gibt keinen Weg zum Unerreichbaren, niemals beschritten, einen Pfad zum Unfassbaren, niemals erfleht. Seid ihr bereit? Es gibt keine Schlösser noch Riegel zu öffnen. Ihr werdet durch unendliche Einsamkeiten getrieben werden. Habt ihr es gewagt, Einöden und Wüsten zu durchqueren? Seid ihr bis zum fernsten Ende des Ozeans geschwommen? Und habt ihr dort den grenzenlosen Raum geschaut, obwohl der lauernde Tod euch Furcht eingeflößt hat? Ihr hattet etwas im Dämmerlicht des ruhigen Meeres gesehen: die schwimmenden Delphine. Ihr hattet die fliegenden Wolken gesehen, die Sonne, den Mond und die Sterne. Aber nichts werdet ihr in der unendlichen Leere sehen.

Ihr werdet eure Schritte nicht hören noch einen stabilen Ort finden, um die Füße auszuruhen.

„Nehmt also diesen Schlüssel. Der Schlüssel wird euch zum wahren Ort unter allen anderen führen. Folgt ihm. Er wird euch zu den Müttern führen.

„Steigt hinab, oder man könnte sagen: steigt auf. Alles ist dasselbe. Entflieht dem Geschaffenen zu formlosen Gestalten in befreiten Räumen. Erfreut euch an dem, was längst vergangen ist. Dort versammelt sich die Menge wie Wolken, die sich über Wolken entfalten. Erhebt dann den Arm mit dem Schlüssel, den ihr haltet.

„Schließlich wird euch ein brennender Dreifuß anzeigen, dass dort der tiefste Grund wohnt. Dann werden euch die Mütter ihr Licht zeigen, einige sitzend, andere stehend oder in Bewegung, nach ihrem Willen. Gestaltung, Verwandlung, die ewige Neuschöpfung des Ewigen Geistes: die Gestalten aller Geschöpfe schweben frei. Sie werden euch nicht sehen, denn sie sehen nur Trugbilder. Also bereitet das Herz vor, denn die Gefahr ist groß. Wendet euch dem Dreifuß zu, bevor ihr zweifelt, und berührt ihn mit dem Schlüssel".

Die Symbolik des Opfers im Heldenmythos

Nach diesem ausführlichen Exkurs ist es an der Zeit, zur Betrachtung jenes Falles zurückzukehren, den Carl Jung behandelte. Hier lässt sich die Frage nach der Bedeutung von Siegfrieds Sehnsucht nach Brünhilde angehen. Diese Sehnsucht verkörpert den Konflikt der Libido, sich zugleich von der Mutter zu entfernen und ihr nahezukommen. Dieses Paradox lässt sich wie folgt verstehen: Solange die Libido sich mit Fantasien begnügt, bleibt sie im Innersten an die Mutter gebunden. Wenn das Verlangen des Patienten dem magischen Kreis des inzestuösen und schädlichen Objekts zu entfliehen sucht, ohne dabei die Wirklichkeit zu finden, bleibt das Objekt unwiderruflich die Mutter. Erst durch die Überwindung der Hindernisse der Realität gelingt die Befreiung von der Mutter, die dem Schöpferischen unerschöpfliche Lebensquelle ist, dem Feigen, Ängstlichen und Trägen jedoch der Tod.

Wer mit der Psychoanalyse vertraut ist, weiß, wie verbreitet es unter Neurotikern ist, sich über ihre Eltern zu beklagen. Obwohl diese Klagen und Vorwürfe oft durch gewöhnliche menschliche Unzulänglichkeiten gerechtfertigt scheinen, handelt es sich vielfach um Vorwürfe, die sie sich selbst machen müssten. Vorwurf und Hass sind vergebliche Versuche, sich scheinbar von den Eltern zu befreien, sind aber in Wahrheit Ausdruck des eigenen hindernden Verlangens nach den Eltern.

Die Patientin schleudert durch ihre Figur Chiwantopel eine Reihe von Beschimpfungen gegen die eigene Familie. Man kann daraus schließen, dass sie all diese Neigungen aufgeben muss, da sie ein nicht erkanntes Verlangen bergen. Dieser Held, wortreich aber tatenarm, gibt sich vergeblichen Sehnsüchten hin und verkörpert die Libido, die ihr Schicksal nicht erfüllt hat und im Reich der Mutter kreist, ohne trotz aller Sehnsucht etwas zu erreichen. Nur wer den Mut zum Lebenswillen besitzt und das Heldentum, ihn zu verwirklichen, vermag diesen Bannkreis zu durchbrechen.

Könnte dieser junge, sehnsüchtige Held Chiwantopel seinem Dasein ein Ende setzen, würde er vermutlich als mutiger Mann auf der Suche nach dem wirklichen Leben wiederauferstehen. Diese Notwendigkeit drängt sich der Träumerin als weiser Rat und Hinweis des Unbewussten in ihrem folgenden Monolog auf, in dem sie schmerzlich klagt:

„Auf der ganzen Welt gibt es nicht einen einzigen. Ich habe bei hundert Stämmen gesucht. Ich habe hundert Monde beobachtet, seit ich begann. Ist es möglich, dass es kein einziges Wesen gibt, das meine Seele kennt? Ja, beim allmächtigen Gott, ja. Aber zehntausend Monde werden wachsen und abnehmen, bevor diese reine Seele geboren wird. Und aus einer anderen Welt werden ihre Eltern in diese kommen. Sie wird helle Haut und Haare haben. Sie wird den Schmerz kennen, bevor ihre Mutter sie gebiert. Das Leid wird sie begleiten; auch sie wird suchen und niemanden finden, der sie versteht. Die Versuchung wird ihre Seele oft heimsuchen, doch sie wird nicht nachgeben. In ihren Träumen werde ich zu ihr kommen, und sie wird verstehen. Ich habe meinen Leib unberührt bewahrt. Ich kam zehntausend Monde vor ihrer Zeit, und sie wird zehntausend Monde zu spät kommen. Aber sie wird verstehen. Nur einmal in zehntausend Monden wird eine Seele wie die ihre geboren".

In diesem Augenblick kriecht eine grüne Schlange aus dem Gebüsch, gleitet auf ihn zu und beißt ihm in den Arm; dann greift sie das Pferd an, das zuerst zusammenbricht. Daraufhin verabschiedet sich Chiwantopel von seinem Pferd:

„Leb wohl, treuer Bruder. Geh ein in die Ruhe. Ich habe dich geliebt, und du hast mir gut gedient. Leb wohl. Bald werde ich dir folgen". Dann wendet er sich an die Schlange: „Ich danke dir, Schwesterchen. Du hast meinen Wanderungen ein Ende gesetzt".

Daraufhin weint Chiwantopel in seinem Leiden und spricht sein Gebet:

„Allmächtiger Gott, nimm mich bald zu dir. Ich habe versucht, dich zu erkennen und deinem Gesetz zu folgen. Oh, lass nicht zu, dass mein Leib verwese und verfaule und den Geiern zur Speise werde". In der Ferne erblickt man einen rauchenden Krater, und man hört das Dröhnen eines Erdbebens, gefolgt von einem Erdenstoß.

Chiwantopel weint im Delirium des Schmerzes, während die Erde seinen Körper bedeckt:

„Ich habe meinen Leib unberührt bewahrt. Ach! Sie versteht. Ja-ni-wa-ma, Ja-ni-wa-ma, du, die mich versteht".

Die Prophezeiung Chiwantopels ist eine Wiederholung von Longfellows Gedicht „Hiawatha", wo der Dichter dem Sentimentalismus nicht entgehen konnte. Am Ende der Heldenfahrt bringt Hiawatha den Erlöser der Weißen in Gestalt vornehmer Vertreter der christlichen Religion und Moral. Mit dieser Prophezeiung setzt die Patientin ihre Persönlichkeit erneut in enge Beziehung zum Helden und ist tatsächlich das eigentliche Objekt von Chiwantopels Sehnsucht. Zweifellos hätte der Held sie geheiratet, wenn er in ihrer Zeit gelebt hätte, doch bedauerlicherweise kommt er zu spät. Diese Verbindung bestätigt die frühere Aussage, dass die Libido im Kreis wandert. Die Patientin liebt sich selbst; das heißt, sie wird, wie der Held, von jemandem gesucht, der zu spät kommt. Dieses Motiv des Zu-spät-Kommens ist charakteristisch für die kindliche Liebe: Vater und Mutter lassen sich nicht überholen. Die Trennung der beiden Persönlichkeiten durch zehntausend Monde ist ein erfüllter Wunsch; damit wird die inzestuöse Beziehung wirksam aufgehoben. Diese weiße Heldin wird suchen, ohne verstanden zu werden (sie wird nicht verstanden, weil sie sich selbst nicht richtig verstehen kann), und sie wird nichts finden. Aber wenigstens in den Träumen werden sie sich begegnen, „und sie wird verstehen".

Der nächste Satz des Textes lautet: „Ich habe meinen Leib unberührt bewahrt". Diese stolze Behauptung, die naturgemäß nur eine Frau aussprechen kann, bestätigt erneut die Tatsache, dass all die Unternehmungen nichts als Träume gewesen sind, dass der Leib „unberührt" geblieben ist. Wenn der Held die Heldin in Träumen besucht, wird klar, was damit gemeint ist. Diese Behauptung des Helden, unberührt geblieben zu sein, bezieht sich auf den missglückten Anschlag auf sein Leben im vorherigen Kapitel (der Jäger mit dem Pfeil) und erklärt deutlich, was dieser Überfall wirklich bedeutete: die Ablehnung der Koitusfantasie. Hier meldet sich der Wunsch des Unbewussten erneut, nachdem der Held ihn beim ersten Mal verdrängt hatte, und spricht schmerzhaft und hysterisch diesen Monolog: „Die Versuchung wird ihre Seele oft heimsuchen, doch sie wird nicht nachgeben". Diese derart kühne Behauptung zwingt das Unbewusste, noblesse oblige, zu einer gewaltigen infantilen Größenwahn, was stets geschieht, wenn die Libido durch ähnliche Umstände zu Regressionen gedrängt wird. „Nur einmal in zehntausend Monden wird eine Seele wie die meine geboren!" Hier dehnt sich das unbewusste Ich bis zu einem gewaltigen Grad aus, offensichtlich um mit seiner Prahlerei einen großen Teil der vernachlässigten Lebenspflicht zu überdecken. Doch die Strafe folgt auf dem Fuß. Wer sich zu sehr darauf etwas einbildet, in der Schlacht des Lebens keine Wunde erlitten zu haben, setzt sich dem Verdacht aus, nur mit Worten gekämpft zu haben, während er in Wahrheit weit entfernt von der Feuerlinie geblieben ist.

Dieser Geist ist genau das Gegenteil vom Stolz jener wilden Frauen, die mit Genugtuung auf die unzähligen Narben hinweisen, die ihnen ihre Männer im sexuellen Kampf um die Vorherrschaft zugefügt haben. Dem entsprechend und in logischer Fortsetzung davon wird alles Folgende in bildlicher Sprache ausgedrückt. Das orgiastische „Occide moriturus" begegnet in seiner Vermischung mit dem verwegenen Lachen des dionysischen Rausches hier, in beklagenswerter Verkleidung, einem sentimentalen szenischen Schwindel, würdig unserer posthumen Ausgabe der „christlichen Moral". Anstelle des positiven Phallus erscheint der negative, der das Pferd des Helden (seine libido animalis) nicht zur Befriedigung führt, sondern in den ewigen Frieden, der auch das Schicksal des Helden ist. Dieses Ende bedeutet, dass die Mutter, dargestellt als Rachen des Todes, die Libido der Tochter verschlingt. Daher ergibt sich anstelle von Leben und zeugender Entfaltung nur eine fantastische Selbstverpflichtung. Dieses schwache und ruhmlose Ende hat keinerlei erhebende oder erleuchtende Bedeutung, solange es lediglich als Lösung eines individuellen erotischen Konflikts betrachtet wird. Die Tatsache, dass die Symbole, unter denen die Lösung stattfindet, tatsächlich einen bedeutsamen Aspekt haben, offenbart, dass hinter der individuellen Maske, hinter dem Schleier der „Individuation", eine archaische Idee steht, deren strenge und ernste Züge es verwehren, die sexuelle Bedeutung der Symbolik der Patientin als allein ausreichend zu betrachten.

Die sexuellen Fantasien des Neurotikers und die exquisite sexuelle Sprache der Träume sind regressive Erscheinungen. Die Sexualität des Unbewussten ist nicht das, was sie zu sein scheint; sie ist nichts als ein Symbol, ein Gedanke klar wie der Tag, eine Entscheidung, ein Schritt vorwärts zu jedem Lebensziel, aber ausgedrückt in der unwirklichen sexuellen Sprache des Unbewussten und in der Denkform einer früheren Stufe; eine Auferstehung der früheren Anpassungsweisen. Wenn das

Unbewusste den negativ ausgedrückten Wunsch nach Koitus hervorhebt, zeigt es, wie der primitive Mensch unter ähnlichen Umständen handelte. Die Anpassungsweise, die dem heutigen Menschen unbewusst ist, wird von Individuen ausgeführt, deren Handlungen über die Ernährung hinausgehen und sich auf die Sexualität konzentrieren, gekennzeichnet durch Gewalt und Grausamkeit.

Die Gestalt Chiwantopels mit seinem Gefährten, dem Lamm, verkörpert einen Teil der Libido der Träumerin, der an die Mutter gebunden ist (und daher männlich); sie spiegelt ihre kindliche Persönlichkeit wider, die noch unfähig ist, die Notwendigkeit zu begreifen, die Eltern hinter sich zu lassen, um das vollständige Schicksal der Persönlichkeit zu erfüllen. Wie Nietzsche sagte: „Du nennst dich frei? Deinen herrschenden Gedanken will ich hören und nicht, dass du einem Joche entronnen bist. Bist du einer, der ein Joch von sich werfen durfte?"

Wenn Chiwantopel stirbt, erfüllt sich ein Wunsch: Der kindliche Held, der sich von der mütterlichen Fürsorge nicht lösen kann, verstirbt. Dieses Ereignis markiert einen großen Fortschritt sowohl für die innere als auch für die äußere Freiheit, indem die Mutter-Tochter-Bindung durchbrochen wird. Dennoch besteht im Menschen der Wunsch fort, allzu lange Kind zu bleiben, und er würde lieber den Lauf der Zeit anhalten, um die ewige Jugend zu bewahren, als dem Tod und der Verwesung im Grab zu begegnen.

Das ewige Müßiggehen nährt die Todesfurcht, die Klage über das Gewesene und die vergebliche Nostalgie. Obwohl man in der Nostalgie vorübergehend vergessen kann, dass die Zeit unaufhaltsam fortschreitet, erinnern die Zeichen des Alterns daran, dass der Lauf der Zeit nicht stillsteht. Nicht einmal der

Wunsch, den Leib unversehrt zu bewahren, vermag das unerbittliche Gesetz des Alterns und des Todes aufzuhalten.

Wer den Anforderungen des Lebens auszuweichen versucht, erreicht nichts und verdammt sich zu vorzeitigem Altern und Tod, verschärft durch die Leere und Sinnlosigkeit seiner Existenz. Wenn die Libido nicht in ein fortschreitendes Leben gelenkt wird, das bereit ist, Risiken und Verluste auf sich zu nehmen, versenkt sie sich in ihre eigenen Tiefen und grübelt über die Unsterblichkeit allen Lebens und die Sehnsucht nach Wiedergeburt.

Hölderlin veranschaulicht diesen Weg in seiner Dichtung und seinem Leben. Lassen wir den Dichter durch sein Lied sprechen:

„An die Rose.

Im ewigen Mutterschoß

Süße Königin der Auen,

Noch die lebende und hohe

Natur trägt dich und mich.

Röschen klein, der Sturm gewaltige Macht

Entblättert uns und wandelt uns;

Doch der unsterbliche Keim wird sich erheben

Zu neuen Blumen, wunderbar".

Verschiedene Deutungen lassen sich über die zentrale Metapher dieses Gedichts anstellen. Die Rose verkörpert die Liebe zu einer Frau (symbolisiert durch Goethes „Heidenröslein"). Diese Blume, die im Garten der Jungen sprießt, symbolisiert gleichermaßen die Libido. Wenn der Dichter davon träumt, sich neben der Rose im Schoß der Mutter Natur zu finden, begegnet sein Verlangen sinnbildlich der mütterlichen Gestalt. Dieses Szenario ist ein Raum beständigen Keimens und Wiedergebärens, ein Thema, das bereits im Hymnus Hierosgamos (Ilias XIV) zu finden ist und von den Vermählungen im idyllischen Westen spricht, das heißt, der Verschmelzung mit und in der Mutter. In naiver Weise legt Plutarch dieses Thema im Mythos von Osiris und Isis dar, die sich im Mutterschoß vereinen. Hölderlin sieht darin ein göttliches Privileg, das Genießen einer ewigen Kindheit. So drückt er es in Hyperion aus:

„Unsterblich, wie ein Kindlein im Traum,

atmen die himmlischen Wesen;

beschützt in reinen Knospen

blühen ihre Seelen ohne Unterlass,

Und ihre heiteren Blicke

schauen mit Gelassenheit

eine ewige Stille".

Diese Betrachtung veranschaulicht die Vorstellung göttlicher Glückseligkeit. Hölderlin vermochte sich niemals von dieser ersten und höchsten Freude zu lösen, deren Erinnerung ihn von der greifbaren Wirklichkeit entfernte. Das Gedicht deutet auch auf das alte Leitmotiv der Zwillinge im Mutterschoß hin, ein ursprüngliches Thema. Frobenius erzählt, wie die große Schlange, aus einer kleineren in einem hohlen Baum hervorgehend und durch eine Metamorphose, schließlich alle Menschen verschlingt und nur eine schwangere Frau übrig lässt. Diese gräbt eine Grube, bedeckt sie mit einem Stein und gebiert

Zwillinge, die künftige Drachenbesieger sein werden und den Helden in doppelter Gestalt darstellen.

Zudem berichtet ein von Frobenius gesammelter afrikanischer Mythos, wie Obatala, der Himmel, und Odudua, die Erde, zu Beginn der Zeiten vereint in einem Kürbis ruhten.

Die Vorstellung, „in einer reinen Knospe" zu verweilen, findet sich bereits bei Plutarch, der erwähnt, dass die Sonne am Morgen aus einer Blütenknospe geboren wird. Ähnlich entspringt Brahma einer Knospe, die auch das erste Menschenpaar in Assam hervorbringt.

Menschheit.

(Ein unvollendetes Gedicht.)

„Frisch aus den Wassern entstiegen, oh Erde,

deine alten Gipfel und verstreute Düfte,

Während die ersten grünen Inseln, bedeckt mit jungen Wäldern, Wonne aushauchen

Durch die Mailuft über dem Ozean.

„Und der Sonnengott schaut von oben mit Freude

Auf die ersten Bäume und Blumen;

Lachende Kinder seiner Jugend, aus dir geboren;

Auf der schönsten der Inseln...

- - - - -

ruhte dein schönster Sohn unter den Reben;

Nach friedvoller Nacht; im Morgengrauen,

Ein Kind, von dir geboren, oh Erde!

Und das Kind blickt vertraut

Zu seinem Vater, Helios,

Und, die süßen Trauben kostend,

Sammelt es den heiligen Weinstock für seine Amme,

Bald wächst es; die Tiere

Fürchten es, denn es ist anders als sie:

Dieser Mensch; nicht wie du, Vater,

Denn die edle Seele des Vaters

kühn vereinigt sich mit deinen Freuden,

Und mit deiner Trauer, oh Erde,

Könnte sie der ewigen Natur gleichen,

Der Mutter der Götter, der furchtbaren Mutter.

„Ach! Darum, oh Erde,

Sein Hochmut entfernt ihn von deinem Schoß,

Und vergeblich sind deine Gaben, die zärtlichsten;

Stets schlägt das stolze Herz zu hoch.

„Fort von der süßen Aue ihrer Ufer

Muss der Mensch zu den blütenlosen Wassern gehen,

Und obwohl seine Wälder von goldenen Früchten glänzen,

Wie die Sternennacht, noch gräbt er,

Gräbt Höhlen in die Berge und sucht in den Minen,

Fern von den heiligen Strahlen seines Vaters,

Auch dem Sonnengott untreu,

Der die Schwachen verachtet und über Sorgen spottet.

„Ach! freier sind die Vögel des Waldes:

Obgleich die Brust des Menschen gewaltiger und stolzer wogt,

Sein Stolz verwandelt sich in Furcht, und die zarten Blüten seines Friedens blühen nicht lange".

Dieses Gedicht offenbart den Beginn der Entzweiung zwischen dem Dichter und der Natur und markiert seine Entfernung von der Wirklichkeit und dem gegenwärtigen natürlichen Leben. Bemerkenswert ist, wie der Dichter die Wahl des Weinstocks als Amme durch das Kind hervorhebt, eine Anspielung, die uns zu Dionysos zurückführt und in der Antike verwurzelt ist. In den Segnungen, die Jakob Juda erteilt, heißt es im Buch Genesis (Kapitel 49, Vers 11):

„Er bindet sein Füllen an den Weinstock und das Junge seiner Eselin an die Edelrebe".

Man findet einen gnostischen Edelstein, der eine Eselin zeigt, die ihr Fohlen unter dem Zeichen des Krebses säugt, begleitet von der Inschrift D.N.I.H.Y.X.P.S.: Dominus Noster Jesus Christus, ergänzt durch Dei filius. Justin der Märtyrer weist mit Missbilligung auf die deutlichen Verbindungen zwischen christlichen und dionysischen Traditionen hin, wie das Weinwunder, bei dem der Esel eine herausragende Rolle spielt. In den mediterranen Kulturen besitzt der Esel einen anderen als bloß ökonomischen Wert und gilt als Segen, wie in Jakobs Aussage über Issachar (Genesis, Kap. xlix, Vers 14):

„Issachar ist ein knochiger Esel, der zwischen zwei Bürden lagert".

Diese Sichtweise ist zutiefst orientalisch, wo die aufgehende Sonne mit einem Kalb oder, in anderen Kulturen, mit einem Eselsfohlen assoziiert wird, dem der Weinstock als Amme dient. Daher die Symbolik in Jakobs Segen für Juda:

„Seine Augen rot vom Wein, und seine Zähne weiß von Milch".

Das falsche Kruzifix vom Palatin mit Eselskopf verweist auf einen bedeutsamen Hintergrund.

An die Natur.

„Während ich um dich herum spielte, mich in deinem Schleier verzögernd,

Und, wie eine Knospe, an dir hing,

fühlte ich noch immer dein Herz an jedem Ort

Widerhallen über meinem bebenden und anhänglichen Herzen.

Während ich mit Glauben und schmerzlicher Sehnsucht

dein Bild suchte, leuchtend und entfaltet,

Fand ich einen Platz für all meine brennenden Leidenschaften und für meine Liebe ein Universum.

„Mein Herz wandte sich vor allem der Sonne zu,

wahrnehmend ihren mächtigen Einfluss;

Ich betrachtete die Sterne als kleine Brüder,

und den Frühling als Gottes Melodie;

Und jede Brise, sei es im Garten oder im Obstwald,

War Trägerin deines Geistes, und dieselbe süße Freude

Trieb die Quellen meines Herzens mit Schönheit an –

Das waren goldene Tage ohne Makel.

„In jedem Tal, wo der Frühling sich frisch anfühlt,

Wo der jüngste Strauch und Zweig sich grün färbt,

Wo die Kräuter sich um die Felsen versammeln,

Und die Äste den Himmel zwischen sich erblicken lassen,

Dort fand ich mich, verzückt in jeder Blume

Mit berauschender und hinreißender Freude,

Und, gebadet von goldenem Regen,

Von oben stiegen die Wolken zu mir herab.

„Oft, wie ein umherirrender und müder Fluss

Sich danach sehnt, in die stille Seligkeit des Ozeans zu münden,

Weinte ich und verlor mich für immer

In der Fülle deiner Liebe, oh Erde!

Dann, mit dem ganzen Drang meines Wesens...

Lief ich hinaus aus der langsamen Erstarrung der Zeit,

Wie ein Pilger, der heimkehrt, fliehend...

In die Arme einer berauschenden Ewigkeit.

„Gesegnet seien die goldenen Träume der Kindheit, ihre Kraft

Verbarg das düstere Elend des Lebens:

Alle reichen Keime des Herzens blühtet ihr;

Dinge, die ich nicht erreichen konnte, ihr gabt sie mir!

In deiner Schönheit und deinem Licht, oh Natur,

Frei von Sorgen und ohne Zwang,

Erreichte die fruchtbare Liebe königliche Würde,

So reich wie Arkadiens Ernten.

„Jener, der mich erzog, liegt tot und zerrissen,

Tot liegt die jugendliche Welt, die meine Zuflucht war;

Und diese Brust, die einst Himmel barg,

Liegt tot und trocken wie ein gepflügtes Feld.

Dennoch singen meine Frühlingsschmerzen und kleiden

Mit ihrem freundlichen Trost alle Trauer...

Doch der Morgen meines Lebens ist vollendet

Und der Frühling ist aus meinem Herzen entschwunden...

„Schatten sind nun jene Dinge, die wir einst liebten;

Die Liebe selbst muss schwinden und kann nicht bleiben;

Denn die goldenen Träume der Jugend sind verflogen,

Selbst die freundliche Natur ist dahingeschwunden.

Herz, armes Herz, jene Tage könnten dir niemals offenbaren –

Wie fern deine Heimat liegt, und wo sie ruht...

Nun, leider, wirst du es nie wieder erfahren.

Es sei denn, ein Traum genügt".

Palinodie.

„Was umhüllt mich, Erde, in deinem dunkelgrünen, bergenden Mantel?

Was flüstert ihr mir, Winde, welche Neuigkeiten bringt ihr?

Ein Rauschen breitet sich zwischen den Baumkronen aus...

- - - - -

„Warum bewegt ihr meine Seele?

Warum weckt ihr in mir vergangene Erinnerungen, wohlwollende Wesen?

Oh, vergebt, lasst diese Reste ruhen; verspottet nicht

Die Asche meiner vergangenen Freuden...

„Oh, verwandelt eure ewigen Wesen

Und verjüngt euch über dem Alten in eurem neuen Zeitalter.

Und wenn ihr den Sterblichen gleichen wollt,

Für euch werden die neuen Generationen erblühen.

Und die jungen Helden werden erstrahlen;

Und, süßer als zuvor,

Wird der Morgen sich auf die Wangen der Glücklichen legen;

Und ihr werdet hören, verzaubert,

Die Melodien der Unbeschwerten..."

„Ach, einst strömten lebendige Wellen von Melodien

zu mir von jedem Strauch;

Und selbst die himmlischen Wesen beobachteten mich,

Ihre Blicke strahlten Glückseligkeit aus."

Der Verlust des Segens der Kindheit und mit ihm der Jugend hat der Natur ihren goldenen Glanz geraubt und die Zukunft als hoffnungslosen Abgrund hinterlassen. Doch was der Natur wirklich ihren Zauber nimmt und dem Leben seine Zufriedenheit, ist das Gift der Nostalgie, das sich eindrängt, um in die eigenen Tiefen zu versinken:

Empedokles.

„Du sehnst dich nach Leben, und aus der Erde bricht ein frommes Feuer, strahlend und brennend, aus ihrem Kern;

Und mit einem bebenden Verlangen

schleudert es dich in die Flammen des Ätna.

„So, aus der Laune einer Königin,

lösen sich die Perlen im Wein auf, halte sie nicht auf!

Hast du nicht deine Schätze geworfen, Dichter,

in den strahlenden und sprudelnden Kelch?

„Noch bist du mir verehrt, wie die Kraft der Erde,

Die dich entriss, bezaubernde Mörderin...

Und ich wäre dem Helden in die Tiefen gefolgt,

wenn nicht die Liebe mich zurückgehalten hätte".

Dieses Gedicht offenbart eine tiefe Sehnsucht, in den mütterlichen Schoß zurückzukehren.

Es sehnt sich danach, im Kelch geopfert zu werden, sich im Wein wie die Perlen aufzulösen (der „Krater" der Wiedergeburt), doch die Liebe hält es im Licht des Tages zurück. Die Libido findet noch einen Grund, weshalb es sich zu leben lohnt. Verlöre sie jedoch diesen Grund, würde die Libido in den unterirdischen Bereich versinken, in die wiedergebärende Mutter:

Totenklage.

(Unvollendetes Gedicht.)

„Jeden Tag durchschreite ich einen anderen Pfad.

Manchmal zum grünen Wald, ein andermal zur frischen Quelle;

Oder zu den Felsen, wo die Rosen blühen.

Von der Hügelspitze betrachte ich die Erde,

Doch nirgendwo, Schönheit, nirgendwo im Licht finde ich dich;

Und im Wind verwehen meine Worte,

Die heiligen Worte, die wir einst teilten.

„Ja, du bist fern, oh göttliches Antlitz!

Und die Melodie deines Daseins entfernt sich von mir,

Sie ist nicht mehr zu hören. Und, ach, wo sind

Deine bezaubernden Lieder, die mein Herz besänftigten

mit himmlischem Frieden?

Wie lange, wie lange!

Die Jugend ist gealtert; dieselbe Erde, die mir einst zulächelte,

hat sich verwandelt.

„Oh, leb wohl! Die Seele eines jeden Tages verabschiedet sich, und beim Gehen wendet sie sich dir zu...

Und über dir weint

Das Auge, das sich aufhellend mehr

hinabschaut,

Dorthin, wo du verweilst".

Dies deutet klar auf einen Abschied hin, eine Sehnsucht nach der verlorenen Jugend, jener Zeit der Freiheit, die man durch eine tiefe Abneigung gegen jede Pflicht und Mühe ohne unmittelbare Belohnung durch Vergnügen festhalten möchte. Die langfristige mühsame Arbeit für ein fernes Ziel stimmt nicht mit der Natur eines Kindes oder des primitiven Menschen überein. Es ist schwer zu sagen, ob man dies Faulheit nennen könnte, doch teilt es gewiss Merkmale mit ihr, da die Psyche in einer primitiven Phase, sei sie kindlich oder archaisch, eine extreme Trägheit und Unverantwortlichkeit sowohl im Handeln als auch im Nicht-Handeln zeigt.

Die letzte Strophe kündigt ein widri-ges Geschick an, einen Blick zu einem anderen Land, dem fernen Ufer der Morgen- oder Abenddämmerung; die Liebe hält den Dichter nicht mehr zurück, die Bande zur Welt lösen sich auf, und er ruft nach mütterlichem Beistand:

Achill.

„Oh, göttlicher Sohn der Götter! Weil du deine Geliebte verlorst

Begabst du dich zur felsigen Küste und riefst zum weiten Meer,

Bis die Tiefen des heiligen Abgrunds widerhallten und das Echo deines Schmerzes,

Aus dem Innersten deines Wesens. Unten, fern vom Getümmel der Schiffe,

Tief unter den Wellen, in einer stillen Höhle,

wohnte die schöne Thetis, deine Beschützerin, die Meeresgöttin,

Mutter der Jugend; die mächtige Göttin,

Die dich mit Liebe am steinigen Ufer ihrer Insel pflegte; sie, die dich zum Helden machte

Mit der Kraft ihrer Bäder und dem gewaltigen Gesang des Meeres.

Und die Mutter hörte betrübt den Ruf ihres Sohnes,

Und erhob sich, gleich einer Wolke, vom Meeresbett,

Linderte mit sanften Umarmungen seinen Schmerz;

Und er lauschte, während sie tröstend versprach, sein Leid zu erleichtern.

„Sohn der Götter! Oh, wäre ich wie du, dann würde ich vertrauensvoll

Die Himmlischen anrufen, dass sie meinen verborgenen Schmerz hörten.

Doch niemals werde ich es sehen, ich werde das Unglück ertragen

Als hätte es mir nie gehört, obwohl es mich mit Tränen daran erinnert.

Oh, Wohltäter! Und dennoch erhört ihr die geringsten Bitten der Sterblichen.

Ach, mit welcher Hingabe und Inbrunst verehrte ich euch, heiliges Licht,

Seit ich lebe, die Erde und ihre Quellen und Wälder,

Vater Äther, und mein Herz fühlte euch ringsum, so glühend und rein –

Oh, lindert mein Leiden, Gütige,

Damit meine Seele nicht erlischt, nicht vorzeitig verstummt;

Damit ich leben kann und euch danken, oh Himmlische Mächte,

Mit frohen Liedern während all meiner hastigen Tage.

Dankbar für die Gaben der Vergangenheit, für die Freuden einer entschwundenen Jugend –

Und dann, bitte, nehmt mich auf, den Einsamen,

Mit Gnade, unter euch".

Diese Gedichte schildern auf eindringliche Weise die fortschreitende Loslösung vom Leben, die sich allmählich in den mütterlichen Abgrund des Seins versenkt. Der apokalyptische Gesang von Patmos hallt eigentümlich mit diesen Sehnsuchtsrufen wider und tritt hervor als eine düstere Gegenwart, gehüllt in den Nebel der Tiefen und die aufsteigenden Wolken des Wahnsinns, die von der Mutter gezeugt werden. Hier erstehen die alten Mythen wieder auf und symbolisieren Tod und Auferstehung des Lebens, vergleichbar dem Kreislauf der Sonne. Dieses Phänomen lässt sich häufig bei jenen beobachten, die mit solchen inneren Konflikten ringen.

Bedeutsame Auszüge aus Patmos umfassen:

„Nah ist der Gott

Und schwer zu fassen;

Wo aber Gefahr ist,

Wächst das Rettende auch".

Dies deutet darauf hin, dass die Libido in die Tiefe versunken ist, an den Ort großer Gefahr (Faust, Zweiter Teil, Mütterszene). Dort ist es, „wo der Gott nah ist"; in jenen Abgründen vermag der Einzelne die innere Sonne zu entdecken, seine wahre solare und sich selbst erneuernde Natur, verborgen im Mutterschoß, wie die Sonne sich in der Nacht verbirgt:

„... In den Abgründen

Wohnen die Adler, in der Finsternis;

Und tapfer und frisch

Kreuzen die Söhne der Alpen über den Abgrund

Auf leichten und schwankenden Brücken".

Diese düstere und gespenstische Passage beschreibt, wie der Adler, Sonnensymbol, in den Schatten haust – die verborgene Libido –, während die Bewohner der Berge, möglicherweise Gottheiten („Ihr, die ihr im Lichte wandelt"), die Sonne darstellen, die den Himmel durchquert, so wie der Adler über den Tiefen schwebt:

„... Die Gipfel der Zeit erheben sich

Ringsum und darüber;

Und die Geliebten, obwohl nahe,

Wohnen auf tief getrennten Bergen.

Gewähre uns Wasser der Unschuld

Und Flügel wahren Wissens,

Um hinüberzugehen und zurückzukehren".

Das Bild spiegelt die Gipfel und die Zeit wider, beeinflusst von der wandernden Sonne über den Bergen; die Nähe und gleichzeitige Trennung der Liebenden deutet auf ein Dasein in der Unterwelt hin, wo man mit allem Geliebten vereint ist, aber das Wiedersehen nicht genießen kann, denn alles ist Schatten, unwirklich und ohne Leben. Der Absteigende trinkt dann von den Wassern der Unschuld, dem Elixier der Jugend, um Flügel zu erlangen, die es ihm ermöglichen, sich erneut zum Leben zu erheben, wie die geflügelte Sonne, die als Schwan aus dem Wasser emporsteigt („Flügel, um hinüberzugehen und zurückzukehren"):

„... So sprach ich, und plötzlich trug ein Genius

Mich schneller, als ich es mir vorstellte,

Und weiter, als ich es erhoffte,

Von meiner Heimat fort.

Die Nacht kam

Während ich in der Dämmerung vorwärtsdrängte.

Der dunkle Wald

Und die sehnenden Bäche meines Landes

Verschwanden hinter mir...

Und ich erkannte das Land nicht mehr".

Nach den düsteren Anfangsworten, in denen der Dichter vorhersagt, was kommen wird, beginnt die Reise der Sonne („nächtliche Meerfahrt") nach Osten, auf der Suche nach dem Aufstieg, eindringend in das Mysterium der Ewigkeit und der Wiedergeburt. Dies ist ein Traum, den auch Nietzsche hegte und mit bedeutungsschweren Worten formulierte:

„Oh, wie sehne ich mich nach der Ewigkeit und nach dem Ehering der Ringe, dem Ring der Wiederkehr! Noch habe ich nicht die Frau gefunden, von der ich Kinder haben möchte, wenn nicht diese Frau, die ich liebe; denn ich liebe dich, oh Ewigkeit!"

Hölderlin spiegelt dasselbe Verlangen durch ein wunderschönes Symbol wider, dessen Bestandteile uns bereits vertraut sind:

„... Doch bald, in frischem Glanz

Geheimnisvoll,

Blühend in goldenem Rauch

Mit den raschen Schritten der Sonne,

Tausend Gipfel beduftend,

Trat Asien hervor!

Und, geblendet,

Suchte ich einen, den ich kannte;

Denn mir waren fremd die weiten Wege,

Von wo Tmolos

Den goldenen Paktolos sendet,

Und Taurus und Messagis sich erheben –

Und die Gärten quellen über von Blumen.

Doch in den Höhen des Lichts

Leuchtet der silberne Schnee, ein stilles Feuer;

Und, als Zeichen ewigen Lebens,

An unzerbrechlichen Mauern

Wächst der alte Efeu.

Und getragen von Säulen lebendiger Zedern und Lorbeer

Stehen die feierlichen, göttlich erbauten Paläste".

Dieses Symbol besitzt einen apokalyptischen Charakter und stellt die mütterliche Stadt im Land der ewigen Jugend dar, umgeben vom Grün und den Blumen eines ewigen Frühlings. Der Dichter identifiziert sich hier mit Johannes, der auf Patmos wohnte, der in Gemeinschaft mit „der Sonne des Allerhöchsten" stand und ihr von Angesicht zu Angesicht begegnete:

„Dort, im Geheimnis des Weinstocks, trafen sie sich,

Dort, zur Stunde des Heiligen Mahles, versammelten sie sich,

Und – die Nähe des Todes spürend in seinem stillen und weiten Geist,

Sprach der Herr, seine letzte Liebe ausgießend,

Und dann verschied er.

Vieles könnte über jenen Moment gesagt werden.

Wie sein triumphierender Blick,

Der freudigste von allen,

Von seinen Jüngern bezeugt wurde, selbst im letzten Augenblick.

- - - - -

Darum sandte er ihnen den Geist,

Und das Haus erbebte, feierlich;

Und mit fernem Donner

Brach der göttliche Sturm über den geneigten Häuptern los

Wo, in Betrachtung versunken,

Die Helden des Todes sich versammelten...

Als er nun, in seinem Abschied,

Ihnen ein letztes Mal erschien,

Dann erlosch der wahre Tag, der Tag der Sonne,

Und das leuchtende Zepter, geschmiedet aus seinen Strahlen,

Zerbrach und litt wie ein Gott.

Doch er wird wiederkehren und erneut erstrahlen

Wenn die bestimmte Zeit gekommen ist".

Die zentralen Elemente dieser Texte sind der Opfertod und die Auferstehung Christi, dargestellt als Selbstaufopferung der Sonne, die ihr eigenes Zepter zerbricht, die befruchtenden

Strahlen, im vollen Vertrauen auf ihre Wiedergeburt. Bezüglich des „Zepters der Strahlen" ist Folgendes bemerkenswert: Eine Patientin von Spielrein äußerte: „Gott durchdringt die Erde mit seinen Strahlen", wobei die Erde sinnbildlich als Frau gedeutet wird. Diese Patientin nahm auch den Sonnenstrahl auf mythologische Weise wahr, als stoffliche Wesenheit: „Jesus Christus bewies mir seine Liebe, indem er mit einem Sonnenstrahl gegen das Fenster schlug". Diese Auffassung des Sonnenstrahls als feste Substanz wurde auch bei anderen Patienten mit Demenz beobachtet, was auf eine phallische Konnotation dieses Symbols hinweist, das mit dem Helden verbunden ist. Thors Hammer, der beim Aufschlagen auf die Erde tief in sie eindringt und darin gefangen bleibt, ist vergleichbar mit dem Fuß des Kaineus. Dieser Hammer, in der Erde als Schatz verwahrt, taucht im Laufe der Zeit allmählich wieder an die Oberfläche („der Schatz blüht"), und symbolisiert die Wiedergeburt aus der Erde.

In verschiedenen Darstellungen hält Mithras in seinen Händen einen eigentümlichen Gegenstand, den Cumont mit einem halb gefüllten Rohr verglich. Dieterich deutet aufgrund von Papyrustexten an, dass dieser Gegenstand die Schulter des Stiers ist, das Sternbild des Bären, das indirekt eine phallische Bedeutung besitzt, da es jener Teil ist, der Pelops fehlt. Nach seinem Opfer und der Zerstückelung durch seinen Vater Tantalos wurde Pelops wieder zusammengesetzt, wobei die fehlende Schulter durch eine aus Elfenbein ersetzt wurde – eine Parallele zur Ersetzung des verlorenen Phallus des Osiris. Die Zeremonie, in der Mithras die Schulter des Stiers über Sol hält, seinem Sohn und Stellvertreter, kann als Weihe oder Initiation betrachtet werden.

Das Schlagen mit dem Hammer, das eine zeugende und fruchtbare Funktion darstellt, erhält sich in der Volkskultur und in bestimmten Ritualen als Symbol der Fruchtbarkeit. Diese

Bedeutung spiegelt sich auch in der körperlichen Züchtigung wider, die in manchen Fällen eine sexuelle Reaktion hervorrufen kann. So wird das Schlagen mit Zeugung und Fruchtbarkeit assoziiert und ist eine Variante des ursprünglichen phallischen Rituals. Andere phallische Symbole umfassen den gespaltenen Huf des Teufels, Simsons Eselskiefer und die Keule des Herakles, die vom mütterlichen Olivenbaum abgeleitet ist.

Der Zauberstab und das Zepter sind ebenfalls Ausdehnungen dieser Symbolik, wobei das Zepter (σκῆτρον) sich etymologisch auf Begriffe bezieht, die Stock, Sturmwind und Schulterblatt bedeuten, und erneut Sonne und Phallus mit Symbolen von Macht und Zeugung verbinden.

Hölderlins Reise von Asien zu den Rätseln des Christentums in seiner Dichtung offenbart, mehr als ein erster oberflächlicher Blick vermuten lässt, einen tiefen und scharfsinnigen Gedankenfaden. Dieser Faden ist der Übergang in den Tod und das Jenseits als persönliches Opfer des Helden auf der Suche nach der Ewigkeit. In jenem kritischen Augenblick, unter einer verhüllten Sonne, wenn die Liebe zu erlöschen scheint, wartet der Mensch mit einer rätselhaften Freude auf die Wiedergeburt allen Daseins:

„... Und die Seligkeit war

Von nun an

In liebender Finsternis zu leben und zu schauen

Wie die reinen Augen das ewige

Abgrund der Weisheit halten".

Im Schoß jener Abgründe wohnt die Weisheit, die mütterliche Weisheit. Mit ihr zu verschmelzen ermöglicht den Zugang zum Verständnis der verborgensten Geheimnisse, zur

Erkundung der ältesten Schichten der Zeit, bewahrt in der Seele. Hölderlin erblickt in seinem Wahn erneut die Herrlichkeit dessen, was er in jener Tiefe geschaut hat, entscheidet sich jedoch im Gegensatz zu Faust dagegen, seine Erkenntnisse ans Tageslicht zu bringen.

„Und es ist nicht Tragödie, dass einige

Sich verirren und niemals sich finden, und dass die Worte

Den wahren Klang verhüllen;

Denn jede fromme Tat spiegelt die unsrige wider;

Doch nicht alles ist das Werk des Höchsten –

Der Abgrund birgt zwei Schneiden,

Und das lebendige Feuer des Ätna...

Besäße ich die Kraft

Ein Bild zu schmieden und den Geist zu schauen –

Ihn zu betrachten, wie er war".

Er lässt uns jedoch eine Hoffnung ahnen, verdichtet in kurzen Worten:

„Er erweckt die Toten;

Jene, frei von Ketten und Banden,

Die Unversehrten.

... Und wenn die Himmlischen

Nun, wie ich ahne, mich lieben

... Zart ist ihr Zeichen

Am nächtlichen Firmament. Und einer bleibt unter ihm

Sein ganzes Dasein, denn Christus schlägt noch immer".

Gleich Gilgamesch, der nach Erlangung der magischen Pflanze aus dem Westen von einer dämonischen Schlange seines Schatzes beraubt wurde, endet Hölderlins Gedicht in einem herzzerreißenden Klagelied und offenbart, dass es nach seinem Abstieg in die Schatten weder Triumph noch Auferstehung geben wird:

„... Ehrlos

Reißt uns eine Macht das Herz aus der Brust

Durch Opfer, die die Himmlischen fordern".

Diese Offenbarung, dass man auf das regressive Verlangen (das inzestuöse Begehren) verzichten muss, bevor die „Himmlischen" uns das Opfer entreißen und mit ihm unsere ganze Leidenschaft, kam dem Dichter zu spät. So erscheint es mir als weiser Rat, den das Unbewusste der Patientin erteilt: den kindlichen Helden zu opfern. Dieses Opfer vollzieht sich, nach der naheliegendsten Deutung, durch eine vollständige Hingabe an das Leben, wo alle unbewussten Wünsche, die mit der Familie verbunden sind, nach außen, auf die menschliche Begegnung hin, projiziert werden müssen. Es ist für das Wohl des erwachsenen Individuums wesentlich, das in seiner Kindheit lediglich ein Atom in einem rotierenden System war, zum Mittelpunkt eines neuen Systems zu werden. Dass dieser Schritt das persönliche sexuelle Problem mit sich bringt oder zumindest energisch angehen muss, liegt auf der Hand, denn sonst bleibt das unbefriedigte Verlangen unvermeidlich in inzestuösen Bindungen fixiert und verhindert die individuelle Freiheit in grundlegenden Belangen. Erinnern wir uns daran, dass die Lehre Christi den Menschen ohne Umschweife von seiner Familie löst, und im Gespräch mit Nikodemus sehen wir Christi Bemühen, das inzestuöse Verlangen zu mobilisieren. Beide Bestrebungen verfolgen dasselbe Ziel: die Befreiung des Menschen; der Jude von seiner außergewöhnlichen Familienbindung, die nicht zu höherer Entwicklung führt, sondern zu größerer Schwäche und unkontrollierterem inzestuösem Empfinden, fand Ausgleich im obligatorischen Zeremoniell des Kultes und in der religiösen Furcht vor dem unbegreiflichen Jehova. Wenn der Mensch, nicht gehemmt durch irgendein Gesetz oder durch die Wut von Fanatikern oder Propheten, seinem inzestuösen Verlangen freien Lauf lässt, ohne es auf höhere Zwecke umzulenken, bleibt er dem unbewussten Trieb unterworfen. Denn der Trieb ist das unbewusste Verlangen. (Freud.) Er wird von der Libido εἱμαρμένη beherrscht, und sein Schicksal entgleitet seinen Händen; seine Geschicke, Τύχαι καὶ Μοῖραι, sind von den Sternen vorherbestimmt. Sein unbewusstes inzestuöses Verlangen, manifestiert in seiner primitivsten Form, beschränkt den Menschen in seiner Liebesweise auf einen primitiven Zustand der Hemmungslosigkeit und Unterwerfung unter die Emotionen. Das war die psychologische Situation der Antike im Übergang, und der Erlöser und Heiler jener Zeit war jener, der sich bemühte, den Menschen zur Sublimierung des inzestuösen Verlangens zu führen. Die Abschaffung der Sklaverei war eine notwendige Bedingung für diese Sublimierung, da die Antike die Pflicht zur Arbeit noch nicht erkannte, noch Arbeit als Pflicht, als soziale Notwendigkeit von entscheidender Bedeutung. Sklaverei war Zwangsarbeit, das Äquivalent der ebenso schädlichen Zwanghaftigkeit des Verlangens der Privilegierten. Erst die Pflicht des Einzelnen zur Arbeit ermöglichte auf lange Sicht jene regelmäßige „Drainage" des Unbewussten, das von der kontinuierlichen Regression des Verlangens gesättigt war. Müßiggang ist aller Laster Anfang, weil in einem Zustand träger

Lethargie das Verlangen reichlich Gelegenheit hat, in sich selbst zu versinken und durch regressiv reaktivierte inzestuöse Bindungen Zwangsverpflichtungen zu schaffen. Die beste Befreiung ist regelmäßige Arbeit. Arbeit ist jedoch nur erlösend, wenn sie frei verrichtet wird, ohne jedweden kindlichen Zwang. In diesem Sinne erweist sich das religiöse Zeremoniell als eine Form organisierter Untätigkeit und zugleich als Vorläufer der modernen Arbeit.

Die Vision der Patientin befasst sich mit dem Problem des Opfers der kindlichen Sehnsucht zunächst als einem persönlichen Problem. Betrachten wir jedoch die Art ihrer Darstellung, so wird uns bewusst, dass es sich auch um ein universelles Problem der Menschheit handelt. Die verwendeten Symbole, die Schlange, die das Pferd tötet, und der Held, der sich freiwillig opfert, sind Archetypen religiöser Fantasien und Mythen, die aus dem Unbewussten aufsteigen.

Insofern die Welt und alles, was sie enthält, im Prinzip ein Gedanke sind, dem „Substanz" durch die empirische Notwendigkeit derselben zugeschrieben wird, führt das Opfer des regressiven Verlangens zur Erschaffung der Welt; und aus psychologischer Sicht zum Universum als Ganzem. Für den, der zurückblickt, ist die Welt, selbst der weite Sternenhimmel, die Mutter, die sich über ihn neigt und ihn vollständig umgibt, und aus dem Verzicht auf diese Vorstellung und die Sehnsucht danach entsteht das Weltbild. Aus diesem so einfachen Konzept, das uns vielleicht nur deshalb fremd erscheint, weil es vom Prinzip des Verlangens und nicht vom Prinzip der Realität her konzipiert ist, ergibt sich die Bedeutung des kosmischen Opfers. Ein deutliches Beispiel ist das Opfer der babylonischen Urmutter Tiâmat, der Drache, deren Körper dazu bestimmt ist, Himmel und Erde zu bilden. Dieser Gedanke findet seinen vollkommensten Ausdruck in der ältesten hinduistischen

Philosophie, nämlich in den Hymnen des Rigveda. Im Rigveda 10:81,4 fragt der Vers:

„Welcher Baum war es, welches Holz brachte ihn hervor, mit dem sie Erde und Himmel formten?

Ihr Weisen, sinnt in eurem Innern darüber nach, auf welchem Baum er sich stützte, als er alle Dinge begründete".

Viçvakarman, der Allschöpfer, der die Welt aus dem unbekannten Baum schmiedete, tat dies auf folgende Weise:

„Jener, der sich opfernd in alle Wesen verschmolz

Als weiser Opfernder, unser Vater, der,

Segnungen durch Gebet suchend

Seine Herkunft verbergend,

Sich in diese bescheidene Welt vertiefte,

Was und wer diente ihm

Als Nahrung und Stütze?"

Der Rigveda 10:90 antwortet auf diese Fragen. Purusha ist das Urwesen, das

„... die Erde gänzlich bedeckte und

sich zehn Finger darüber hinaus erstreckte".

Purusha wird als eine Art platonischer Weltseele beschrieben, die die Welt von außen umhüllt. Über Purusha heißt es:

„Bei seiner Geburt bedeckte er die Erde

Von vorn, von hinten und von allen Seiten".

Die mütterliche Symbolik in der Gestalt Purushas ist deutlich, da er sowohl das Bild der Mutter als auch das Verlangen des Kindes nach ihr verkörpert. Von dieser Grundlage ausgehend entfaltet sich die gesamte Erzählung kohärent:

„Wie ein Opfertier auf dem Stroh

So wurde Purusha geweiht,

Der auf dem Stroh geboren wurde,

Dem Götter, Weise und Lichtwesen

Versammelt, im Opfer darbrachten".

Dieser Vers fällt durch seine Originalität auf; der Versuch, ihn der logischen Strenge anzupassen, wäre ein Gewaltakt gegen sein Wesen. Er präsentiert eine Fantasie, in der neben den Göttern auch gewöhnliche „Weise" am Opfer des Urwesens teilnehmen, obgleich neben diesem Wesen vor dem Opfer nichts existierte, wie wir gleich sehen werden. Deutet man dies als das große Geheimnis des mütterlichen Opfers, ergibt alles einen Sinn:

„Vom großen universellen Opfer

wurde das tropfende Fett gesammelt.

Daraus entstanden die Geschöpfe der Luft,

Die Tiere, sowohl wilde als auch zahme.

Vom selben universellen Opfer

wurden die Richas und Sama-Hymnen geboren;

Aus ihm gingen die Versmaße hervor,

Und aus ihm wurde der Yajus geboren.

„Aus seinem Geist entsprang der Mond

Und aus dem Auge die Sonne;

Aus seinem Mund wurden Indra und Agni geboren,

Und aus seinem Atem Vâyu.

„Aus dem Nabel entsprang die Luft;

Aus dem Schädel bildete sich der Himmel;

Die Erde aus seinen Füßen, und aus seinen Ohren

Die Regionen. So wurden die Welten geformt".

Eindeutig stehen wir vor einer psychologischen, nicht physischen Kosmogonie. Die Welt entsteht, wenn der Mensch sie entdeckt, was geschieht, indem er die mütterliche Gestalt opfert; das heißt, indem er sich von der unbewussten Umgebung, die durch die Mutter repräsentiert wird, befreit. Was dieses Entdecken antreibt, lässt sich als Freuds „Inzestschranke" deuten. Das Inzestverbot beendet das kindliche Verlangen nach der nährenden Mutter und zwingt die Libido, die sich zunehmend sexualisiert, ein biologisches Ziel zu suchen. Von der Mutter durch das Inzestverbot getrennt, sucht die Libido sexuelle Ersatzobjekte. In diesem erweiterten Sinne und ausgedrückt durch die allegorische Sprache des „Inzestverbots", „Mutter" usw., muss die paradoxe Aussage Freuds verstanden werden: „Ursprünglich kannten wir nur sexuelle Objekte". Diese Aussage bezieht sich auf den Denkakt, der dynamisch aus der Libido hervorgeht, die angesichts der „Inzestschranke" vom ursprünglichen Objekt abwich und mit den ersten sexuellen

Regungen aktiviert wurde. Die Inzestschranke zwingt die sexuelle Libido, sich von den Eltern zu desidentifizieren, und wird durch das Fehlen eines geeigneten Ziels introvertiert. Es ist diese Libido, die das Individuum antreibt, sich allmählich von seiner Familie zu entfernen. Gäbe es diese Notwendigkeit nicht, bliebe die Familie auf unbestimmte Zeit vereint. So vermeidet der Neurotiker die volle erotische Erfahrung, um in seiner Kindheit zu verharren. Die Fantasien entstehen aus der Introversion der sexuellen Libido. Da die ersten kindlichen Fantasien keinen bewussten Plan bilden und direkt aus dem Unbewussten aufsteigen, ist es wahrscheinlich, dass die ersten fantastischen Manifestationen Akte der Regression sind, die zu einer präsexuellen Stufe zurückkehren, wie verschiedene Hinweise nahelegen. Hier erlangt die Libido die universelle Anwendbarkeit zurück, die sie vor der sexuellen Differenzierung besaß. Ohne ein geeignetes Objekt für die regressive Libido existieren nur Ersatzobjekte, die stets ein unerfülltes Verlangen nach einem dem sexuellen ähnlicheren Objekt hinterlassen. Dieses verborgene Verlangen ist in Wahrheit ein Inzestverlangen. Das unbewusste unbefriedigte Verlangen erzeugt unzählige sekundäre Objekte, Symbole des Urobjekts, der Mutter (wie der Rigveda den Weltenschöpfer beschreibt, „seine Herkunft verbergend", sich in die Dinge integrierend). Aus dieser ursprünglich sexuellen Libido gehen Denken und Fantasien hervor, als entsexualisierte Manifestationen.

Aus der Perspektive der Libido betrachtet, berührt der Begriff „Inzestschranke" nur eine Facette der Angelegenheit. Es ist jedoch möglich, ihn aus einer anderen Perspektive zu betrachten.

Die Phase der noch nicht entwickelten Sexualität, um das dritte oder vierte Lebensjahr herum, fällt aus äußerer Sicht mit dem Moment zusammen, in dem das Kind den größten Anforderungen der realen Welt begegnet. Es kann bereits gehen, sprechen und selbstständig Tätigkeiten ausführen. Es sieht sich einer Welt voller unbegrenzter Möglichkeiten gegenüber, fühlt sich aber in seinem Handeln durch seine Abhängigkeit von der Mutter beschränkt. An diesem entscheidenden Punkt muss die Welt den Platz der Mutter einnehmen. Die Vergangenheit tritt als größter Widerstand gegen diesen Wandel auf, wie es stets geschieht, wenn ein neuer Anpassungsprozess beginnt. Trotz Anstrengungen und bewusster Entscheidungen stellt das Unbewusste (die Vergangenheit) stets Widerstände auf. Gerade in dieser kritischen Phase der sexuellen Entwicklung erleben wir das Erwachen des Denkens. Die Herausforderung für das Kind besteht darin, die Welt und die weite Wirklichkeit jenseits des Subjektiven zu entdecken, was bedeutet, sich von der Mutter zu lösen; jeder Schritt in die Welt ist ein Schritt weg von ihr. Alles Regressive im Menschen widersetzt sich diesem Wandel, und erhebliche Anstrengungen werden gegen diese Anpassung unternommen. Daher sieht diese Periode auch das Auftreten der ersten klar definierten Neurosen. Die Tendenz dieses Alters steht der der Dementia praecox diametral entgegen. Während das Kind die Welt erobern und die Mutter hinter sich lassen will (ein notwendiges Ergebnis), versucht der Patient mit Dementia praecox, die Welt aufzugeben, um die kindliche Subjektivität zurückzugewinnen. In der Dementia praecox wird die jüngste Anpassung an die Realität durch eine archaischere Anpassungsform ersetzt; das heißt, die neue Weltauffassung wird durch eine alte Sicht ersetzt. Wenn das Kind seine Aufgabe, sich der Realität anzupassen, aufgibt oder erhebliche Schwierigkeiten in diesem Aspekt findet, dann ist es plausibel, dass die jüngsten Anpassungsmethoden durch archaische ersetzt werden. Daher könnten durch die Regression bei Kindern alte Denkformen wiederaufleben, die der Gehirndifferenzierung angeboren sind.

Basierend auf noch unveröffentlichtem Material scheint die kindliche Fantasie einen ausgeprägt archaischen Charakter und universelle Anwendbarkeit zu besitzen, ähnlich den Produkten der Dementia praecox. Es wäre nicht verwunderlich, wenn durch die Regression in dieses Alter Assoziationen von Elementen und Analogien reaktiviert würden, die die archaische Weltauffassung bildeten. Bei der Untersuchung der Natur dieser Elemente zeigt ein Blick auf die Mythopsychologie, dass die archaische Weltidee hauptsächlich ein sexueller Anthropomorphismus war. In der unbewussten kindlichen Fantasie spielen diese Aspekte eine herausragende Rolle, wie vereinzelte Beispiele belegen. So wie der Sexualismus in den Neurosen nicht wörtlich interpretiert werden darf, sondern als regressive Fantasie und symbolische Kompensation einer fehlgeschlagenen jüngsten Anpassung, ist der Sexualismus in der frühen kindlichen Fantasie, besonders das Inzestproblem, ein regressives Produkt der Wiedergeburt archaischer Funktionsweisen, die über die gegenwärtige Realität hinausgehen. Aus diesem Grund bin ich in dieser Arbeit bewusst vage bezüglich des Inzestproblems geblieben. Dies liegt daran, dass ich nicht den Eindruck erwecken möchte, es handle sich um eine bloße sexuelle Neigung zu den Eltern. Die Wirklichkeit ist weitaus komplexer, wie meine Untersuchungen zeigen. Der Inzest hatte wahrscheinlich niemals eine besonders wichtige Bedeutung als solcher, da die Vereinigung mit einer alten Frau kaum der Paarung mit einer jungen Frau vorgezogen werden könnte. Die Mutter erlangte inzestuöse Bedeutung nur psychologisch. So waren die inzestuösen Verbindungen der Antike nicht Frucht der Liebe, sondern von Aberglauben, der mit den hier behandelten mythischen Vorstellungen verbunden war. Diese Verbindungen waren eher eine künstliche als natürliche Anordnung, entspringend eher einer theoretischen als biologischen Neigung. Die Verwirrung der alten Barbaren bei der Wahl ihrer Sexualpartner kann nicht mit unseren heutigen psychologischen Standards der Liebe beurteilt werden. Der Inzest der halbtierhaften Ära ist nicht vergleichbar mit der

Bedeutung der Inzestfantasie bei zivilisierten Menschen. Diese Diskrepanz deutet darauf hin, dass das Inzestverbot, selbst in relativ primitiven Kulturen vorhanden, sich mehr auf mythische Vorstellungen als auf biologischen Schaden bezieht; daher konzentriert sich das ethnische Verbot fast immer auf die Mutter und selten auf den Vater. Das Inzestverbot kann somit als Ergebnis einer Regression und als Manifestation einer libidinösen Furcht gesehen werden, die regressiv zur Mutter zurückweicht. Es ist schwer oder unmöglich, den Ursprung dieser Furcht zu bestimmen. Ich wage nur anzudeuten, dass es sich um eine primitive Trennung der Gegensätze handeln könnte, die im Lebenswillen verborgen sind: der Wille zum Leben und zum Tod. Es bleibt unklar, welche Anpassung der primitive Mensch durch Introversion und Regression zu den Eltern zu vermeiden suchte; jedoch lässt sich in Analogie zur Psyche im Allgemeinen vermuten, dass die Libido, die das ursprüngliche Gleichgewicht zwischen Sein und Nichtsein störte, sich auf den Versuch konzentriert hatte, eine besonders schwierige Anpassung zu vollziehen, vor der sie selbst heute zurückweicht.

Nach diesem ausführlichen Exkurs kehren wir zum Thema des Rigveda-Gesangs zurück. Die Reflexion und die Wahrnehmung der Welt entstanden als Antwort auf eine strenge Wirklichkeit. Erst nachdem der Mensch, zurückweichend, sich erneut in der schützenden Macht der väterlichen Gestalt verankert hat, tritt er ins Dasein, gehüllt in einen kindlichen Traum, durchdrungen von magischem Aberglauben. Dieser Prozess des „Denkens" bedeutet, dass er durch das zaghafte Opfer des Besten seiner selbst und durch die Sicherung der Gunst der unsichtbaren Kräfte allmählich zu größerer Autorität gelangt, während er sich von seinem regressiven Impuls und der ursprünglichen Zwietracht seines Wesens befreit.

Der Rigveda 10, 90, schließt mit einem Vers von großer Bedeutung, der auch für die christlichen Mysterien Relevanz besitzt:

„Die Götter huldigten dem Opfer, indem sie Opfer darbrachten: Dies waren die ersten heiligen Gesetze,

Die Mächtigen erreichten die himmlischen Höhen, wo die Sâdhyas, Gottheiten von einst, verweilen".

Durch das Opfer wurde eine Fülle von Macht erreicht, die sich bis zur Macht der „Väter" erstreckt. So erlangt das Opfer auch die Bedeutung eines psychologischen Reifeprozesses.

Ebenso wie die Welt durch das Opfer entstand, indem man auf die rückwärtsgewandte mütterliche Libido verzichtete, entsteht nach den Lehren der Upanishaden durch erneutes Opfer, speziell durch das geopferte Pferd, dem in den Upanishaden kosmische Bedeutung beigemessen wird, ein neuer menschlicher Zustand, den man als unsterblich bezeichnen kann. Der Brihadâranyaka-Upanishad 1: 1 erläutert die Bedeutung des geopferten Pferdes:

„Om!

„1. Die Morgendämmerung ist wahrlich das Haupt des Opferpferdes, die Sonne sein Auge, der Wind sein Atem, sein Maul das alles verzehrende Feuer; das Jahr ist der Leib des Opferpferdes. Der Himmel ist sein Rücken, die Atmosphäre seine Leibeshöhle, die Erde das Gewölbe seines Bauches; die Pole sind seine Seiten, der Raum zwischen den Polen seine Rippen; die Jahreszeiten seine Glieder, die Monate und Halbmonde seine Gelenke, der Tag und die Nacht seine Füße, die Sterne seine Knochen, die Wolken sein Fleisch, die Nahrung, die es verdaut, sind die Wüsten; die Flüsse seine Adern; Leber und Lungen die Berge; die Kräuter und Bäume sein Haar; die aufgehende Sonne ist sein vorderer Teil, die untergehende Sonne sein hinterer Teil. Wenn es die Zähne zeigt, ist es der Blitz; wenn es zittert, ist es der Donner; wenn es uriniert, ist es der Regen; seine Stimme ist die Rede.

„2. Der Tag ist wahrlich für das Pferd als Opferschale entstanden, die vor ihm steht; seine Wiege liegt im Weltmeer des Ostens; die Nacht ist für es als Opferschale entstanden, die hinter ihm steht; ihre Wiege liegt im Weltmeer des Abends; diese beiden Schalen entstanden, um das Pferd zu umgeben. Als Lastträger zeugte es die Götter, als Kämpfer brachte es die Gandharvas hervor, als Läufer die Dämonen, als Pferd die Menschheit. Der Ozean ist sein Verwandter, der Ozean seine Wiege".

Deussen betont, dass das Pferdeopfer eine symbolische Entsagung des Universums darstellt. Dieser Akt impliziert, dass man durch das Opfer des Pferdes bildlich das Weltall opfert und vernichtet, eine Vorstellung, die Schopenhauer betrachtete und die Schreber als Gedanken eines gestörten Geistes interpretierte. In der Beschreibung steht das Pferd zwischen zwei heiligen Gefäßen und verkörpert den Sonnenzyklus vom Morgen zum Abend sowie die Übertragung vitaler Energie in den Kosmos. Zuvor erwähnten wir, dass zur Erschaffung der Welt das Opfer der „Mutterlibido" notwendig war; nun wird die Zerstörung der Welt durch das beständige Opfer derselben Energie erreicht, die zuvor mit der mütterlichen Gestalt verbunden war. Das Pferd wird somit zum Symbol dieser Lebensenergie und verstärkt seine Verbindung zum mütterlichen Aspekt. Dieses Opfer führt zu einem Zustand der Innenschau, der an die Zeit vor der Welterschaffung erinnert. Die Platzierung des Pferdes zwischen zwei Gefäßen, die die Dualität der Mutter als Schöpferin und Verzehrerin symbolisieren, suggeriert das Bild des im Ei eingeschlossenen Lebens, wobei die Gefäße das Pferd sinnbildlich „umarmen".

Der Brihadâranyaka-Upanishad 3:3 veranschaulicht diese Vorstellung, indem er erzählt, wie die Nachkommen Parikshits, von Iâjñavalkya befragt, aus derselben Quelle stammen wie jene, die das Pferdeopfer vollziehen, wobei die Welt als ein von den Sonnenläufen begrenzter und von Erde und Ozean umgebener Raum symbolisiert wird. Die Existenz eines engen Raums zwischen den Weltgrenzen wird mit der Reise der Seelen assoziiert, die von Indra in Gestalt eines Falken zum Opferort geführt werden, in einer Verschmelzung von Philosophie und Mythologie, die offenbart, wie philosophisches Nachdenken aus der Mythologie hervorgeht und durch die Konfrontation mit der Wirklichkeit zu einer geläuterteren Form erhoben wird.

Die Erzählung über das Pferd im Drama der Patientin hebt, ebenso wie der frühe Tod Eabanis, des Freundes Gilgameschs, die Bedeutung des Tieropfers in der Mythologie hervor und verknüpft das geopferte Tier eng mit der Heldenfigur und der Gottheit. Dieses Opfer symbolisiert den Verzicht auf die tierische Natur, ein Thema, das in der Legende von Atis tiefgehend erforscht wird, der in einem Anfall von Wahnsinn, hervorgerufen durch seine mütterliche Liebe, sich unter einer Kiefer selbst kastriert und so auf seine tierische Vitalität verzichtet. Diese Tat mündet in einer tiefen Verbindung mit der Erde, symbolisiert durch die Verwandlung seines Blutes in Veilchen und die spätere Verehrung der Kiefer als Repräsentation des Atis. Dieser Mythos hebt zusammen mit anderen ähnlichen Erzählungen die Symbolik des Opfers und des Verzichts als zentrale Elemente in der mythologischen Erzählung hervor, wo das Tieropfer und in weiterer Folge das Opfer der eigenen tierischen Natur zum Akt der Hingabe und spirituellen Verwandlung wird.

Eine Mithras ähnliche Gestalt ist der Urmensch Gayomard. Der Erzählung zufolge wurde er zusammen mit einem Stier erschaffen, und beide lebten sechstausend Jahre in glücklichem Zustand. Als jedoch die Welt in den Zyklus des siebten Tierkreiszeichens, der Waage, eintrat, entstand das böse Prinzip. Die Waage ist astrologisch mit Venus verbunden, die als positiv gilt, sodass das böse Prinzip unter die Herrschaft der Liebesgöttin geriet, was zum Tod von Gayomard und seinem Stier nach dreißig Jahren führte. Aus dem toten Stier sollen fünfundfünfzig Getreidearten und zwölf Arten heilsamer Pflanzen entstanden sein. Das Sperma des Stiers läuterte sich im Mond, während das von Gayomard sich mit der Sonne verband, was möglicherweise auf eine weibliche Symbolik des Stiers hindeutet.

Das Opfer des Stiers und seine Beziehung zum Feuer lässt sich auch in der chinesischen Tradition beobachten, wo der Herdgeist, verbunden mit dem Feuer, als weiblich gilt. Dieses Konzept spiegelt sich in Ritualen wider, bei denen Holz verbrannt wird, um verstorbene Köchinnen zu ehren, die als „alte Frauen" bezeichnet werden. Im Laufe der Zeit entwickelt sich der alte weibliche Feuergeist zum Küchengott, der als Vermittler zwischen Familie und göttlicher Welt fungiert.

Gayomard wird mit der Vernichtung des Dämons der bösen Gelüste in Verbindung gebracht, und seine Auferstehung ähnelt der Niederlage Satans in der Offenbarung des Johannes. Es wird spekuliert, dass Zarathustra, dessen Name „goldener Stern" bedeuten könnte, Mithras gleichzusetzen sei. Dieser Name ist verwandt mit „Mihr" im Neupersischen, was „Sonne und Liebe" bedeutet.

In der Mythologie des Zagreus gelten der Stier und der Gott als identisch, was das Stieropfer auch zu einem Gottesopfer macht, wenn auch auf primitiverer Ebene. Das Tiersymbol repräsentiert einen Teil des Helden, der symbolisch auf seine tierische Natur verzichtet, indem er den Stier opfert. Die Gesichtsausdruck Mithras' beim Töten des Stiers spiegelt eine

Mischung aus Qual und Ekstase wider, ähnlich der Miene des Gekreuzigten von Guido Reni.

Ein zu Mithras paralleles Wesen ist Gayomard, der Urmensch. Es wird erzählt, dass er zusammen mit seinem Stier erschaffen wurde und beide sechstausend Jahre in glücklichem Zustand lebten. Als jedoch die Welt in den Zyklus des siebten Tierkreiszeichens, der Waage, eintrat, entstand das böse Prinzip. Die Waage gilt astrologisch als positives Domizil der Venus, was das böse Prinzip unter den Einfluss der Liebesgöttin stellte und so nach dreißig Jahren die Vernichtung von Gayomard und seinem Stier auslöste. Aus dem Tod des Stiers entstanden fünfundfünfzig Getreidearten, zwölf Arten heilsamer Pflanzen und anderes. Das Sperma des Stiers läuterte sich angeblich im Mond, während das von Gayomard sich in der Sonne läuterte, was möglicherweise auf eine weibliche Konnotation des Stiers hindeutet.

Die Seele des Stiers, bekannt als Gosh oder Drvâçpa, wurde als weibliche Gottheit verehrt. Anfänglich wurde sie aus Misstrauen nicht als Göttin der Herden akzeptiert, bis die Ankunft Zarathustras angekündigt wurde, was dem Bericht des hinduistischen Purâna über die Verheißung der Ankunft Krishnas auf Erden ähnelt. Der Mythos von Gayomard spiegelt die primitive Vorstellung einer männlich-weiblichen Gottheit wider, die sich selbst zeugt.

Das Feuer besitzt, ebenso wie der geopferte Stier, eine weibliche Natur bei den Chinesen, wie vom Philosophen Tschwang-Tse ausgedrückt. Der Herdgeist, repräsentiert durch das Feuer, gilt als Seele verstorbener Köchinnen, die man „alte Frauen" nennt. Dieser alte weibliche Feuergeist entwickelt sich später zum Küchengott und wird so zu einer Art Logos.

Aus dem Sperma des Stiers sollen die Stammeltern des Viehs und 272 Arten nützlicher Tiere hervorgegangen sein.

Zudem wird berichtet, dass Gayomard den Dév Azûr, den Dämon der bösen Gelüste, vernichtete, wobei seine vollständige Auslöschung erst später erfolgte. In einer anderen Version heißt es, Angromainyus und die Schlange seien zurückgelassen worden, um am Ende von Ahuramazda vernichtet zu werden.

Was Mithras betrifft, vermuten einige, sein Name könnte „goldener Stern" bedeuten und mit Mihr verwandt sein, was im Neupersischen „Sonne und Liebe" bedeutet.

Im Mythos von Zagreus zeigt sich, dass der Stier dem Gott selbst entspricht, was das Stieropfer zu einem göttlichen Opfer in primitiver Stufe macht. Das Opfer symbolisiert den Verzicht auf die tierische Natur, ausgedrückt im Bild des Mithras, der den Stier mit ekstatischem und qualvollem Ausdruck opfert.

Die Antlitze des Tauroctonos zeigen in verschiedenen Darstellungen eine beinahe weibliche Schönheit und einen Ausdruck der Trauer, was auf eine tiefe Verbindung mit der Symbolik des Opfers hindeutet.

In der Antike stellte vielleicht das jährliche Opfer der schönsten Jungfrau an den Drachen das höchste symbolische Ideal dar. Dieser Akt besänftigte den Zorn der „schrecklichen Mutter", indem man ihr die Libido des Mannes, verkörpert in der geopferten Frau, darbrachte. Weniger extreme Beispiele umfassten das Opfer des Erstgeborenen und wertvoller Haustiere. Eine weitere ideale Form war die Selbstkastration zu Ehren der göttlichen Mutter, praktiziert im Kult der Dea Siria, wobei die Beschneidung eine gemilderte Variante darstellt. Diese Opfer, wenn sie symbolisch vollkommen sind, repräsentieren die Abwendung der Libido von der Mutter und bedeuten einen symbolischen Tod, um das Leben zurückzugewinnen. Durch das Opfer sucht der Mensch sich von der Todesfurcht zu befreien und sich mit der zerstörenden Mutter zu versöhnen.

In späteren Religionen, wo der Held zur zentralen göttlichen Gestalt wird, opfert er sich freiwillig als Priester und Erneuerer des Lebens. Da der Held jedoch imaginär ist und sein Opfer ein transzendentales Mysterium mit tieferer Bedeutung als der bloße Opferakt, nimmt diese Entwicklung der Symbolik oft die Idee des Menschenopfers wieder auf, teils durch unbewusste Fantasien, die aus der Tiefe aufsteigen, teils durch die höhere Natur der religiösen Libido, die einen volleren und gleichwertigeren Ausdruck verlangt.

Die enge Beziehung zwischen Mithras und dem Stier ist bemerkenswert. In den christlichen Mysterien ist es der Held selbst, der sich freiwillig zum Opfer darbietet. Der Held, wie erläutert, verkörpert die kindliche Persönlichkeit, die nach der Mutter verlangt. So wie Mithras dieses Verlangen (die Libido) opfert, gibt sich Christus dem Tod hin, sowohl freiwillig als auch unfreiwillig.

In mithräischen Denkmälern findet man oft ein eigentümliches Symbol: einen von einer Schlange umschlungenen Kelch, manchmal mit einem Löwen, der ihr gegenübersteht. Beide scheinen um den Kelch zu kämpfen, der die Mutter repräsentiert, während die Schlange die defensive Abwehr und der Löwe die dominierende Kraft symbolisiert. Es ist ein Kampf um die Mutter, und die Schlange nimmt oft am Stieropfer teil, indem sie sich dem aus der Wunde strömenden Blut zuwendet, was nahelegt, dass das Leben des Stiers (das Blut) zugunsten der Schlange geopfert wird.

Dieser Antagonismus zwischen Schlange und Löwe um den Kelch muss als Kampf um den fruchtbaren mütterlichen Schoß verstanden werden, analog zur Symbolik im Lied von Tishtriya, wo der Dämon Apaosha als schwarzes Pferd den Regensee besitzt, während das weiße Pferd Tishtriya ihn vertreiben muss. Hier übt der Tod gelegentlich seinen destruktiven Einfluss auf Leben und Fruchtbarkeit aus, und die Libido verschwindet, kehrt in den mütterlichen Schoß zurück, um wiedergeboren zu werden. Es ist wahrscheinlich, dass das mithräische Stieropfer auch das Opfer der Mutter bedeutet, die Todesfurcht hervorruft. In diesem Sinne impliziert das Opfer eine Befruchtung der Mutter; die Schlange, als Symbol der Todesfurcht, trinkt das Blut, das heißt die Libido (Sperma) des Helden, der den Inzest begeht. So wird das Leben für den Helden unsterblich, der sich wie die Sonne selbst erneuert.

Aus diesen Elementen wird deutlich, dass in den christlichen Mysterien die Symbolik des Menschenopfers oder des Opfers des Sohnes an die Mutter gegenwärtig ist. Ähnlich wie Atis sich zu Ehren der Mutter selbst kastriert, gibt sich Christus dem Tod hin und erlöst so die Schöpfung vom Geschick des Todes. Indem er bei seinem Tod in den mütterlichen Schoß zurückkehrt, erlöst Christus die Sünde im Leben des Urmenschen Adam, um den tieferen und verborgenen Sinn der religiösen Libido mit ihrem höchsten Ausdruck zu befriedigen. Das Martyrium Christi stellt nach Augustinus einen Hierosgamos mit der Mutter dar, wo der Tod Christi eine heilige Vereinigung mit ihr symbolisiert.

Diese Passage offenbart auf bemerkenswerte Weise, wie die mütterliche Symbolik sich bedeutsam in verschiedenen rituellen und mythologischen Praktiken manifestiert und einen tiefen Einfluss auf die kollektive Psyche und die westliche Kultur ausübt.

Beim Vergleich des mithräischen Opfers mit dem christlichen wird die Überlegenheit des christlichen Symbols offenkundig: Letzteres verlangt eine vollständige Hingabe und ein echtes Selbstopfer, um ein höheres Ziel zu erreichen, während das Sacrificium Mithriacum sich auf Tieropfer beschränkt und in einem primitiveren symbolischen Stadium verharrt. Die religiöse Wirkung dieser Symbole liegt darin, das Unbewusste durch Nachahmung zu lenken.

In der Fantasie der Patientin zeigt sich ein innerer Zwang beim Übergang vom Pferdeopfer zum Selbstopfer des Helden. Während das Erstere den Verzicht auf sexuelle Wünsche symbolisiert, trägt das Letztere eine tiefere und ethisch wertvollere Bedeutung: das Opfer der kindlichen Persönlichkeit. Oft wird missverstanden, dass das Ziel der Psychoanalyse lediglich den Verzicht oder die Befriedigung gewöhnlicher sexueller Wünsche beinhaltet, während es sich tatsächlich um die Sublimierung der kindlichen Persönlichkeit handelt, oder metaphorisch gesprochen, um ein Opfer und eine Wiedergeburt des inneren Helden.

In den christlichen Mysterien verwandelt sich der Auferstandene in ein überweltliches Wesen, und die Gläubigen erlangen durch das Opfer ihrer selbst das unsichtbare Reich Gottes und seine geheimnisvollen Gaben. In der Psychoanalyse wird die kindliche Persönlichkeit auf rationale Weise von ihren libidinösen Fixierungen befreit, was den Aufbau einer reifen und der Realität angepassten Persönlichkeit ermöglicht, die fähig ist, die Anforderungen des Lebens ohne Widerstand zu erfüllen.

Die Schlange als Opferinstrument wurde in verschiedenen Legenden und Symboliken umfassend dargestellt. Neben dem zerstörerischen Messer symbolisiert sie den Koitusakt. Ihre religiöse Bedeutung als Höhlen- und chtonisches Tier deutet auf den Eintritt in den mütterlichen Schoß in Schlangengestalt hin. Die Beziehung zwischen Pferd und Schlange oder zwischen Stier und Schlange stellt eine Opposition der Libido dar, ein Streben zugleich vorwärts und rückwärts, manifestierend sowohl den Wachstums- als auch den Zerstörungswillen, die dem Leben innewohnen.

Die Symbolik des Opfers im Heldenmythos bietet uns eine tiefe Einsicht in die psychologischen Herausforderungen, denen wir auf unserer eigenen Individuationsreise begegnen. Während wir fortschreiten, werden wir erkunden, wie diese archetypischen Themen in der gegenwärtigen menschlichen Erfahrung widerhallen und wie sie uns zu einem größeren Verständnis unserer selbst und unseres Platzes in der Welt führen können.

Die Relevanz der alten Mythen

Nachdem wir die Opfersymbolik im Heldenmythos untersucht haben, ergibt sich eine entscheidende Frage: Welche Bedeutung haben diese alten Mythen heute noch für uns? In diesem Kapitel werden wir betrachten, wie die in diesen Mythen enthaltenen Archetypen und Themen weiterhin in der menschlichen Psyche nachhallen und unsere Träume, psychologischen Herausforderungen und die Suche nach Sinn in der modernen Welt beeinflussen.

Die uralte Erzählung der Menschheit erhebt sich in unseren Tagen mit erneuerter Kraft durch symbolische Bilder und Mythen, die über Jahrhunderte hinweg Bestand hatten. Während Archäologen in die Tiefen der Vergangenheit eintauchen, fesseln nicht nur historische Ereignisse unsere Aufmerksamkeit, sondern auch Skulpturen, Ornamente, Tempel und Dialekte, die von alten Glaubensvorstellungen künden. Philologen und Religionshistoriker übersetzen diese Glaubensvorstellungen in verständliche moderne Begriffe, während Kulturanthropologen sie zum Leben erwecken, indem sie zeigen, wie dieselben symbolischen Muster in den Ritualen und Mythen isolierter Stammesgesellschaften an den Rändern der Zivilisation unverändert fortbestehen.

Diese Forschungen haben wesentlich dazu beigetragen, die einseitige Perspektive mancher Zeitgenossen zu korrigieren, die meinen, diese Symbole gehörten ausschließlich antiken Kulturen oder modernen „primitiven" Stämmen an und seien daher für die Komplexität des heutigen Lebens ohne Belang. In Metropolen wie London oder New York werden die Fruchtbarkeitsriten des neolithischen Menschen als bloße archaische Aberglauben abgetan. Visionen oder die Wahrnehmung von Präsenzen werden nicht mehr als göttliche Zeichen gedeutet, sondern als Anzeichen seelischen Ungleichgewichts. Obwohl wir die Mythen des antiken Griechenlands oder die Legenden der Ureinwohner Amerikas lesen, nehmen wir selten die Verbindungen zwischen ihnen und unseren Haltungen gegenüber Helden oder zeitgenössischen Ereignissen wahr.

Dennoch existieren diese Verbindungen, und die Symbole, die sie repräsentieren, bewahren ihre Bedeutsamkeit für die Menschheit.

Die von Dr. Jung begründete Schule der Analytischen Psychologie hat eine grundlegende Rolle im Verständnis und in der Neubewertung dieser zeitlosen Symbole gespielt. Sie hat dazu beigetragen, die künstliche Unterscheidung zwischen dem primitiven Menschen, für den Symbole integraler Bestandteil des täglichen Lebens waren, und dem modernen Individuum, das dazu neigt, sie als irrelevant und bedeutungslos wahrzunehmen, niederzureißen.

Wie Dr. Jung dargelegt hat, besitzt die menschliche Seele ihre eigene Geschichte, und die Psyche bewahrt Spuren früherer Stadien ihrer Entwicklung. Die Inhalte des Unbewussten üben einen formenden Einfluss auf die Psyche aus, auch wenn sie bewusst ignoriert werden mögen. Der Mensch reagiert auf sie und auf die symbolischen Formen, in denen sie sich manifestieren, einschließlich der Träume.

Auch wenn ein Individuum seine Träume als chaotisch betrachten mag, kann ein Analytiker mit der Zeit bedeutsame Muster in ihnen erkennen. Einige der in diesen Träumen vorhandenen Symbole stammen aus dem „kollektiven Unbewussten", jenem Teil der Psyche, der das gemeinsame psychologische Erbe der Menschheit bewahrt und weitergibt. Diese Symbole, uralt und oft verwirrend für den modernen Menschen, sind schwer zu verstehen und unmittelbar zu assimilieren.

Hier erweist sich die Unterstützung des Analytikers als entscheidend. Es kann notwendig sein, den Patienten von überholten Symbolen zu befreien oder ihm zu helfen, den unvergänglichen Wert eines alten Symbols wiederzuentdecken, das in moderner Form wiedergeboren werden möchte.

Bevor der Analytiker die Bedeutung der Symbole mit einem Patienten wirkungsvoll erforschen kann, muss er tiefgreifende Kenntnisse über ihre Ursprünge und Bedeutungen erwerben. Die Analogien zwischen den alten Mythen und den Geschichten in den Träumen der Patienten sind keineswegs zufällig; sie existieren, weil das Unbewusste des modernen Menschen die Fähigkeit bewahrt, Symbole zu schaffen – eine Fähigkeit, die sich einst in den Glaubensvorstellungen und Ritualen primitiver Völker ausdrückte. Diese Fähigkeit bleibt für die psychologische Gesundheit von entscheidender Bedeutung, denn Verhaltensweisen und Einstellungen werden tiefgreifend von diesen Symbolen beeinflusst.

In Zeiten des Konflikts beispielsweise fühlt sich der Mensch zu klassischen literarischen Werken hingezogen, die universelle Themen wie den Krieg behandeln. Obwohl die Schlachten vergangener Epochen sich radikal von modernen Konflikten unterschieden, besitzen große Schriftsteller die Fähigkeit, zeitliche und kulturelle Schranken zu überwinden, um Themen auszudrücken, die in den Tiefen des Wesens nachhallen. Der Mensch reagiert auf diese Themen, weil sie ihrem inneren Wesen nach symbolisch sind.

Ein alltägliches Beispiel hierfür ist die Weihnachtsfeier in christlichen Gesellschaften. Obwohl viele nicht an die Doktrin der jungfräulichen Geburt Christi glauben, ruft das Fest dennoch ein Gefühl der Wiedergeburt und Hoffnung angesichts des Jahreszeitenwechsels auf der Nordhalbkugel hervor. Dieses Fest ist ein Überbleibsel alter Sonnwendfeiern und verbindet den

Menschen mit einer Symbolik, die individuelle Glaubensvorstellungen transzendiert. In ähnlicher Weise nehmen wir an symbolischen Ritualen wie der Ostereiersuche mit Kindern teil, ohne uns notwendigerweise konkreten religiösen Überzeugungen anzuschließen.

Aber wird wirklich die Verbindung zwischen der Geschichte von Geburt, Tod und Auferstehung Christi und der volkstümlichen Ostersymbolik verstanden? Im Allgemeinen werden diese Fragen nicht einmal intellektuell bedacht.

Dennoch stehen sie in einer komplementären Beziehung zueinander. Auf den ersten Blick scheint die Kreuzigung Christi am Karfreitag in dasselbe Muster der Fruchtbarkeitssymbolik zu passen, das in den Ritualen anderer „Erlöser" wie Osiris, Tamuz, Orpheus und Balder vorhanden ist. Auch sie hatten einen göttlichen oder halbgöttlichen Ursprung, durchlebten eine Periode des Gedeihens, des Todes und der Wiedergeburt. Sie gehörten zu zyklischen Religionen, in denen der Zyklus von Tod und Wiedergeburt des Götter-Königs ein wiederkehrender Mythos war.

Doch die Auferstehung Christi am Ostersonntag erweist sich aus ritueller Sicht als weniger befriedigend als die Symbolik der zyklischen Religionen. Christus fährt auf, um zur Rechten Gottes des Vaters zu sitzen; seine Auferstehung geschieht ein für alle Mal.

Es ist diese Endgültigkeit des christlichen Auferstehungskonzepts (ähnlich dem „abgeschlossenen" Thema des christlichen Jüngsten Gerichts), die das Christentum von anderen Götter-König-Mythen unterscheidet. Es geschah einmal, und das Ritual beschränkt sich darauf, daran zu erinnern. Diese Empfindung der Endgültigkeit ist jedoch wahrscheinlich einer der Gründe, weshalb die frühen Christen, noch von vorchristlichen Traditionen beeinflusst, das Bedürfnis verspürten, das Christentum mit Elementen eines alten Fruchtbarkeitsrituals zu ergänzen. Sie brauchten das wiederkehrende Versprechen der Wiedergeburt; und genau das symbolisieren das Osterei und der Osterhase.

Es wurden zwei recht unterschiedliche Beispiele gewählt, um zu zeigen, wie der moderne Mensch weiterhin auf tiefe psychische Einflüsse reagiert, die er bewusst als bloße Volksmärchen abergläubischer und ungebildeter Völker abtut. Es ist jedoch von entscheidender Bedeutung, weiterzugehen. Je mehr man die Geschichte der Symbolik und die Rolle untersucht, die Symbole im Leben verschiedener Kulturen gespielt haben, desto mehr versteht man, dass diese Symbole auch eine neuschöpfende Bedeutung besitzen.

Manche Symbole stehen in Beziehung zur Kindheit und zum Übergang ins Jugendalter, andere zur Reife, und wieder andere zur Erfahrung des Alters, wenn sich das Individuum auf seinen unvermeidlichen Tod vorbereitet. Dr. Jung beobachtete, wie die Träume eines achtjährigen Mädchens Symbole enthielten, die normalerweise mit dem Alter assoziiert werden. Ihre Träume wiesen Aspekte der Einweihung ins Leben auf, die mit demselben archetypischen Muster übereinstimmten wie die Einweihung in den Tod. Diese Abfolge symbolischer Ideen kann daher in der unbewussten Seele des modernen Menschen auf dieselbe Weise auftreten, wie sie in den Ritualen alter Gesellschaften stattfand.

Diese entscheidende Verbindung zwischen den archaischen oder primitiven Mythen und den vom Unbewussten hervorgebrachten Symbolen ist von immenser praktischer Bedeutung für den Analytiker. Sie ermöglicht es ihm, diese Symbole in einem Kontext zu identifizieren und zu deuten, der ihnen eine historische Perspektive und eine psychologische Bedeutung verleiht. Es ist die Aufgabe des Analytikers, einige der bedeutendsten Mythen der Antike zu erforschen und zu zeigen, wie – und zu welchem Zweck – sie dem symbolischen Material analog sind, das sich in Träumen findet.

Der Archetyp des Helden und seine psychologische Evolution

Der Heldenmythos ist einer der universellsten und bekanntesten in allen Kulturen der Welt. Er findet sich in der klassischen Mythologie Griechenlands und Roms, in mittelalterlichen Legenden, in östlichen Traditionen und bei zeitgenössischen primitiven Stämmen. Er erscheint sogar in unseren Träumen. Er besitzt eine offenkundige dramatische Anziehungskraft und eine tiefgreifende psychologische Bedeutung, obgleich Letztere weniger offensichtlich ist.

Diese Heldenmythen weisen trotz der Vielfalt in ihren Einzelheiten eine erstaunlich ähnliche Struktur auf, wenn man sie eingehend betrachtet. Sie folgen einem universellen Muster, selbst wenn sie von Gruppen oder Individuen entwickelt wurden, die keinerlei direkten kulturellen Kontakt miteinander hatten, wie etwa afrikanische Stämme und nordamerikanische Ureinwohner, die antiken Griechen und die Inkas Perus. Immer wieder werden Geschichten erzählt, die die wundersame, aber bescheidene Geburt eines Helden beschreiben, seine Heldentaten übermenschlicher Stärke in frühem Alter, seinen raschen Aufstieg zur Macht oder Prominenz, seine triumphalen Kämpfe gegen die Mächte des Bösen, seine Verwundbarkeit durch die Sünde des Stolzes (Hybris) und seinen Niedergang durch Verrat oder einen „heroischen" Opferakt, der in seinem Tod gipfelt.

Später wird ausführlicher erklärt werden, warum dieses Muster eine tiefgreifende psychologische Bedeutung besitzt, sowohl für die individuelle Entwicklung im Streben nach Behauptung der Persönlichkeit als auch für eine ganze Gesellschaft in ihrem Bedürfnis, eine kollektive Identität zu etablieren. Dennoch liefert ein anderer wichtiger Zug des Heldenmythos einen Schlüssel. In vielen dieser Erzählungen wird die anfängliche Schwäche des Helden durch das Erscheinen mächtiger Schutzfiguren oder Wächter ausgeglichen, die ihm die Erfüllung übermenschlicher Aufgaben ermöglichen, die er ohne Hilfe nicht bewältigen könnte. In der griechischen Mythologie konnte Theseus auf Poseidon, den Gott des Meeres, zählen; Perseus hatte Athene; und Achilles den weisen Kentauren Cheiron.

Diese göttlichen Gestalten repräsentieren symbolisch die Ganzheit der Psyche, jene umfassendere und weitreichendere Identität, die jene Stärke verleiht, die dem persönlichen Ego allein fehlt. Ihre besondere Funktion legt nahe, dass der wesentliche Zweck des Heldenmythos in der Entwicklung des individuellen Ich-Bewusstseins liegt, seiner Wahrnehmung der eigenen Stärken und Schwächen, sodass es auf die schwierigen Aufgaben vorbereitet ist, die das Leben ihm stellen wird. Sobald die erste Prüfung überwunden ist, wenn das Individuum in die reife Phase des Lebens eintreten kann, verliert der Heldenmythos seine Relevanz. Der symbolische Tod des Helden wird gewissermaßen zur Erlangung dieser Reife.

Bisher wurde der Heldenmythos in seiner Ganzheit behandelt, wo der vollständige Zyklus von der Geburt bis zum Tod dargelegt wird. Es ist jedoch von grundlegender Bedeutung zu erkennen, dass in jeder Etappe dieses Zyklus besondere Formen der Heldengeschichte existieren, die sich auf den spezifischen Punkt beziehen, den das Individuum in der Entwicklung seines Ich-Bewusstseins erreicht hat, und auf das konkrete Problem, dem es in einem bestimmten Moment gegenübersteht. Mit anderen Worten: Das Bild des Helden entwickelt sich auf eine Weise, die jede Etappe der Evolution der menschlichen Persönlichkeit widerspiegelt.

Dieses Konzept lässt sich besser verstehen, wenn man es in Form eines Diagramms darstellt. Carl Jung nahm dieses

Beispiel vom obskuren nordamerikanischen Stamm der Winnebago, weil es vier unterschiedliche Stadien in der Evolution des Helden recht deutlich herausarbeitet. In diesen Erzählungen (veröffentlicht von Dr. Paul Radin 1948 unter dem Titel „Heldenzyklen der Winnebago") lässt sich die definierte Progression vom primitivsten Heldenkonzept zum raffiniertesten erkennen. Diese Progression ist charakteristisch für andere Heldenzyklen. Obwohl die symbolischen Figuren in ihnen naturgemäß verschiedene Namen tragen, sind ihre Rollen ähnlich, und sie werden besser verständlich, sobald man erfasst hat, was mit diesem Beispiel ausgedrückt werden soll.

Dr. Radin identifizierte vier unterschiedliche Zyklen in der Evolution des Heldenmythos: den Zyklus des Tricksters, den Zyklus des Hasen, den Zyklus des Roten Horns und den Zyklus der Zwillinge. Er erfasste die Psychologie dieser Evolution zutreffend, als er feststellte: „Sie repräsentiert unsere Bemühungen, das Problem des Wachstums zu bewältigen, mit Hilfe der Illusion einer ewigen Fiktion."

Der Zyklus des Tricksters entspricht der frühesten und am wenigsten entwickelten Periode des Lebens. Der Trickster ist eine Gestalt, deren physische Begierden ihr Verhalten beherrschen; er besitzt die Mentalität eines Kleinkindes. Bar jeglichen Ziels jenseits der Befriedigung seiner Grundbedürfnisse ist er grausam, zynisch und gefühllos. Diese Gestalt, die anfangs die Form eines Tieres annimmt, geht von einem Schabernack zum nächsten über. Doch dabei vollzieht sich eine Veränderung in ihm. Am Ende seiner Schelmenabenteuer beginnt er, die physische Ähnlichkeit mit einem erwachsenen Mann anzunehmen.

Die nächste Gestalt ist der Hase. Wie der Trickster erscheint auch er zunächst in tierischer Form. Er hat noch nicht die reife menschliche Statur erreicht, präsentiert sich jedoch als

Gründer der menschlichen Kultur: der Verwandler. Die Winnebago glauben, dass er, indem er ihnen ihren berühmten Medizinritus schenkte, zu ihrem Retter und Kulturheros wurde. Dieser Mythos war laut Dr. Radin so machtvoll, dass sich die Mitglieder des Peyote-Ritus widersetzten, den Hasen aufzugeben, als das Christentum in den Stamm einzudringen begann. Er verschmolz mit der Gestalt Christi, und einige von ihnen argumentierten, dass sie Christus nicht brauchten, da sie bereits den Hasen hätten. Diese archetypische Gestalt stellt einen deutlichen Fortschritt gegenüber dem Trickster dar: Man kann erkennen, dass er sich in ein sozialisiertes Wesen verwandelt und die instinktiven und kindlichen Impulse korrigiert, die im Zyklus des Tricksters zu finden sind.

Rotes Horn, der dritte in dieser Reihe von Helden, ist ein zweideutiger Charakter, von dem es heißt, er sei der jüngste von zehn Brüdern. Er erfüllt die Anforderungen eines archetypischen Helden, indem er Prüfungen besteht wie das Gewinnen eines Rennens und das Beweisen seiner Tauglichkeit in der Schlacht. Seine übermenschliche Kraft manifestiert sich in seiner Fähigkeit, Riesen mit List (in einem Würfelspiel) oder mit Stärke (in einem Ringkampf) zu besiegen. Er verfügt über einen mächtigen Gefährten in Gestalt eines Donnervogels namens „Stürme-wie-er-wandelt", dessen Kraft jede Schwäche ausgleicht, die Rotes Horn zeigen mag. Mit Rotem Horn ist man in der Welt des Menschen angelangt, wenngleich in einer archaischen Welt, in der die Hilfe übermenschlicher Mächte oder göttlicher Schutzherren erforderlich ist, um den Sieg des Menschen über die Mächte des Bösen zu sichern, die ihm auflauern. Gegen Ende der Geschichte verlässt der Helden-Gott die Erde und hinterlässt Rotes Horn und seine Kinder. Die Gefahr für das Glück und die Sicherheit des Menschen geht nun vom Menschen selbst aus.

Dieses Grundthema (das sich im letzten Zyklus, dem der Zwillinge, wiederholt) wirft in der Tat die entscheidende Frage auf: Wie lange kann der Mensch erfolgreich sein, ohne Opfer seines eigenen Stolzes zu werden oder, in mythologischen Begriffen, der Eifersucht der Götter?

Obwohl behauptet wird, die Zwillinge seien Söhne der Sonne, sind sie im Wesentlichen menschlich und bilden zusammen eine einzige Person. Ursprünglich im Mutterleib vereint, wurden sie bei der Geburt getrennt. Dennoch sind sie füreinander da, und es ist notwendig, wenn auch sehr schwierig, sie wieder zu vereinen. In diesen beiden Kindern erkennt man die beiden Seiten der menschlichen Natur. Der eine, Fleisch, ist nachgiebig, sanft und ohne Initiative; der andere, Stumpf, ist dynamisch und rebellisch. In einigen Geschichten der Zwillingshelden werden diese Haltungen so weit verfeinert, dass eine Gestalt den Introvertierten repräsentiert, dessen Hauptstärke in seinen Reflexionskräften liegt, während die andere ein Extravertierter ist, ein Mann der Tat, fähig zu großen Heldentaten.

Lange Zeit sind diese beiden Helden unbesiegbar: Ob sie nun als zwei getrennte Gestalten oder als eine einzige auftreten, sie fegen alles hinweg, was sich ihnen in den Weg stellt. Doch wie die Kriegergötter der Mythologie der Navajo-Indianer erkranken sie schließlich am Missbrauch ihrer eigenen Macht. Es bleiben keine Monster mehr im Himmel oder auf Erden zu besiegen, und ihr daraus resultierendes zügellos gewordenes Verhalten zieht Bestrafung nach sich. Die Winnebago erzählen, dass am Ende nichts mehr vor ihnen sicher war, nicht einmal die Pfeiler, auf denen die Welt ruht. Als die Zwillinge eines der vier Tiere töteten, die die Erde stützten, hatten sie alle Grenzen überschritten, und der Moment war gekommen, ihrer Laufbahn ein Ende zu setzen. Die Strafe, die sie verdienten, war der Tod.

So beobachtet man sowohl im Zyklus des Roten Horns als auch in dem der Zwillinge das Thema des Opfers oder des Todes des Helden als notwendiges Heilmittel gegen die Hybris, den maßlosen Stolz. In primitiven Gesellschaften, deren Kulturniveau dem Zyklus des Roten Horns entspricht, scheint diese Gefahr durch die Institution des sühnenden Menschenopfers abgewendet werden zu können, ein Thema von immenser symbolischer Bedeutung, das sich in der Geschichte der Menschheit immer wiederholt. Die Winnebago praktizierten ebenso wie die Irokesen und einige algonkinische Stämme wahrscheinlich rituellen Kannibalismus als totemistischen Ritus, der ihre individualistischen und destruktiven Impulse zu zähmen vermochte.

In den Beispielen von Verrat oder Niederlage des Helden, die sich in der europäischen Mythologie finden, wird das Thema des rituellen Opfers spezifischer als Bestrafung für die Hybris eingesetzt. Doch die Winnebago gehen ebenso wie die Navajo nicht so weit. Obwohl die Zwillinge sich irrten und obwohl die Strafe der Tod hätte sein sollen, waren sie selbst so erschrocken über ihre unverantwortliche Macht, dass sie einwilligten, in einem Zustand dauerhafter Ruhe zu leben: Die widerstreitenden Seiten der menschlichen Natur waren wieder im Gleichgewicht.

Diese ausführliche Beschreibung der vier Heldentypen wurde so ausgedehnt, weil sie deutlich das Muster demonstriert, das sich sowohl in historischen Mythen als auch in Heldenträumen des zeitgenössischen Menschen findet. Mit diesem im Hinterkopf kann man den folgenden Traum eines Patienten mittleren Alters untersuchen, den Carl Jung behandelte. Die Deutung dieses Traums zeigt, wie der Analytische Psychologe aus seinem Wissen über die Mythologie seinem Patienten helfen kann, eine Antwort auf das zu finden, was andernfalls wie ein unlösbares Rätsel erscheinen könnte. Dieser Mann träumte, dass er sich in einem Theater befand, in der Rolle „eines bedeutenden Zuschauers, dessen Meinung respektiert wird". Es gab einen Akt, in dem ein weißer Affe auf einem Podest stand, umgeben von Männern. Als er diesen Traum erzählte, sagte der Mann:

„Mein Führer erklärt mir das Thema. Es handelt sich um die Marter eines jungen Seemanns, der sowohl dem Wind als auch Schlägen ausgesetzt ist. Ich beginne einzuwenden, dass dieser weiße Affe überhaupt kein Seemann sei; doch genau in diesem Moment erhebt sich ein junger Mann, schwarz gekleidet, und ich denke, er müsse der wahre Held sein. Doch ein anderer, gut aussehender junger Mann schreitet mit großen Schritten zu einem Altar und legt sich darauf nieder. Ihm werden Zeichen auf die nackte Brust gemalt als Vorbereitung darauf, ihn als Menschenopfer darzubringen.

Dann befinde ich mich auf einer Plattform mit anderen Leuten. Wir könnten über eine kleine Leiter hinabsteigen, doch ich zögere dies zu tun, weil dort zwei rüpelhafte junge Männer stehen, und ich glaube, sie werden uns aufhalten. Als jedoch eine Frau aus der Gruppe die Leiter ohne Belästigung benutzt, sehe ich, dass es sicher ist, und wir alle folgen ihr hinab."

Nun, ein Traum dieser Art lässt sich nicht rasch oder einfach deuten. Es ist notwendig, ihn sorgfältig zu entschlüsseln, um sowohl seine Beziehung zum eigenen Leben des Träumers als auch seine umfassenderen symbolischen Implikationen aufzuzeigen. Der Patient, der ihn hervorbrachte, war ein Mann, der die Reife in physischem Sinne erreicht hatte. Er hatte Erfolg in seiner Karriere gehabt und war offenbar als Ehemann und Vater recht gut zurechtgekommen. Psychologisch jedoch blieb er unreif und hatte seine jugendliche Entwicklungsphase nicht abgeschlossen. Es war seine psychische Unreife, die sich in seinen Träumen als verschiedene Aspekte des Heldenmythos ausdrückte. Diese Bilder übten noch immer eine starke

Anziehungskraft auf seine Vorstellungskraft aus, obwohl sie längst ihre gesamte Bedeutung im Hinblick auf die Realität seines alltäglichen Lebens erschöpft hatten.

So erkennt man in diesem Traum eine Reihe von Gestalten, die theatralisch als verschiedene Aspekte einer Figur präsentiert werden, von der der Träumer weiterhin hofft, dass sie sich als der wahre Held erweisen wird. Die erste ist ein weißer Affe, die zweite ein Seemann, die dritte ein schwarz gekleideter junger Mann und die letzte ein „gut aussehender junger Mann". Im ersten Teil der Darstellung, die angeblich die Marter des Seemanns repräsentiert, sieht der Träumer nur den weißen Affen. Der schwarz gekleidete Mann erscheint plötzlich und verschwindet ebenso abrupt; er ist eine neue Gestalt, die zunächst mit dem weißen Affen kontrastiert und dann für einen Moment mit dem eigentlichen Helden verwechselt wird. (Diese Verwirrung in Träumen ist nicht ungewöhnlich. Das Unbewusste präsentiert dem Träumer gewöhnlich keine klaren Bilder. Dieser muss eine Bedeutung aus einer Abfolge von Kontrasten und Paradoxien entziffern.)

Bezeichnenderweise erscheinen diese Gestalten im Verlauf einer Theatervorstellung, und dieser Kontext scheint ein direkter Verweis des Träumers auf seine eigene psychoanalytische Behandlung zu sein: Der „Führer", den er erwähnt, ist vermutlich sein Analytiker. Doch er sieht sich nicht als einen Patienten, der von einem Arzt behandelt wird, sondern als „einen bedeutenden Zuschauer, dessen Meinung respektiert wird". Dies ist die Perspektive, von der aus er bestimmte Gestalten betrachtet, die er mit der Erfahrung des Heranwachsens assoziiert. Der weiße Affe beispielsweise erinnert ihn an das spielerische und etwas anarchische Verhalten von Kindern zwischen sieben und zwölf Jahren. Der Seemann suggeriert das Abenteurertum der frühen Adoleszenz zusammen mit der daraus resultierenden Bestrafung durch „Prügel" für unverantwortliche Streiche. Der Träumer konnte keine Assoziation mit dem schwarz gekleideten jungen Mann anbieten, doch im gut aussehenden jungen Mann, der geopfert werden soll, sah er eine Erinnerung an den selbstlosen Idealismus der späten Adoleszenz.

In dieser Phase ist es möglich, das historische Material (oder die archetypischen Bilder des Helden) und die Daten aus der persönlichen Erfahrung des Träumers zusammenzubringen, um zu sehen, wie sie einander bestätigen, widersprechen oder nuancieren.

Der erste Eindruck, der sich ergibt, ist, dass der weiße Affe den Trickster zu verkörpern scheint, oder zumindest die Persönlichkeitszüge, die die Winnebago mit dem Trickster assoziieren. Für Jung jedoch repräsentiert der Affe auch etwas, das der Träumer nicht vollständig für sich selbst gelebt hat; tatsächlich erwähnt er, dass er im Traum ein bloßer Zuschauer war. Jung fand heraus, dass er als Kind zu eng an seine Eltern gebunden war und von Natur aus introvertiert. Aus diesen Gründen hatte er die spielerischen Charakteristika der späten Kindheit nie vollständig entwickelt noch an den Spielen seiner Schulkameraden teilgenommen. Er hatte, wie das Sprichwort sagt, keine „Affenstreiche" gemacht oder „Unfug" getrieben. Dieses Sprichwort ist der Schlüssel. Der Affe im Traum ist in Wirklichkeit eine symbolische Darstellung der Trickster-Gestalt.

Aber warum manifestiert sich der Trickster als Affe? Und warum muss er weiß sein? Wie zuvor erwähnt, legt der Winnebago-Mythos nahe, dass der Trickster gegen Ende des Zyklus beginnt, mit der physischen Erscheinung eines Menschen aufzutreten. Und hier, im Traum, gibt es einen Affen – dem Menschen so ähnlich, dass er zu einer lächerlichen und nicht allzu bedrohlichen Karikatur eines Menschen wird. Der Träumer selbst konnte keine persönliche Assoziation anbieten, die erklären könnte, warum der Affe weiß war. Das Verständnis primitiver Symbolik lässt jedoch vermuten, dass die Weiße dieser ansonsten weltlichen Gestalt eine besondere Eigenschaft der „Gottähnlichkeit" verleiht. (Der Albino wird in vielen primitiven Kulturen als heilig betrachtet.) Dies stimmt recht gut mit den halbgöttlichen oder halbmagischen Kräften des Tricksters überein.

Es scheint daher, dass der weiße Affe für den Träumer die positive Eigenschaft kindlicher Fröhlichkeit symbolisiert, die er zu seiner Zeit nicht vollständig akzeptiert hatte und die er nun das Bedürfnis verspürt zu erhöhen. Wie der Traum andeutet, stellt er sie „auf ein Podest", wo sie mehr wird als eine verlorene kindliche Erfahrung. Für den Erwachsenen ist sie ein Symbol des schöpferischen und experimentellen Geistes.

Dann gelangt man zu der Verwirrung darüber, ob der Affe wirklich ein Affe ist oder ein Seemann, der Schläge erduldet. Die eigenen Assoziationen des Träumers deuteten auf die Bedeutung dieser Transformation hin. In jedem Fall ist die nächste Etappe der menschlichen Entwicklung jene, in der die Verantwortungslosigkeit der Kindheit einer Periode der Sozialisierung weicht, die das Sich-Unterwerfen unter eine schmerzhafte Disziplin einschließt. Man könnte also sagen, dass der Seemann eine fortgeschrittene Version des Tricksters ist, der sich durch eine schmerzhafte Initiation in eine gesellschaftlich verantwortliche Person verwandelt. Basierend auf der Geschichte der Symbolik kann man annehmen, dass der Wind die natürlichen Elemente in diesem Prozess repräsentiert, während die Schläge jene sind, die vom Menschen zugefügt werden.

An diesem Punkt besteht daher ein Verweis auf den Prozess, der von den Winnebago im Zyklus des Hasen beschrieben wird, wo der Kulturheros eine schwache, aber kämpfende Gestalt ist, bereit, die Kindheit zugunsten einer größeren Entwicklung zu opfern. Wiederum erkennt der Patient in dieser Phase des Traums, dass er einen wichtigen Aspekt der Kindheit und frühen Adoleszenz nicht vollständig erlebt hat. Ihm entgingen die kindliche Freude und auch die etwas fortgeschritteneren Streiche des jungen Heranwachsenden, und er sucht diese verlorenen Erfahrungen und persönlichen Qualitäten zurückzugewinnen.

Dann vollzieht sich eine eigentümliche Veränderung im Traum. Der schwarz gekleidete junge Mann erscheint, und für einen Moment fühlt der Träumer, dass dies der „wahre Held" sei. Das ist alles, was uns über den schwarz gekleideten Mann mitgeteilt wird; dennoch führt diese kurze Vision ein Thema von tiefgreifender Bedeutung ein, ein Thema, das häufig in Träumen erscheint.

Es handelt sich um das Konzept des „Schattens", der eine entscheidende Rolle in der Analytischen Psychologie spielt. Jung hat darauf hingewiesen, dass der vom bewussten Verstand des Individuums geworfene Schatten die verborgenen, verdrängten und ungünstigen (oder schädlichen) Aspekte der Persönlichkeit enthält. Doch diese Dunkelheit ist nicht einfach die Kehrseite des bewussten Egos. So wie das Ego ungünstige und destruktive Haltungen enthält, besitzt der Schatten auch positive Qualitäten: normale Instinkte und schöpferische Impulse. Tatsächlich sind Ego und Schatten, obwohl getrennt, intrinsisch miteinander verbunden, auf dieselbe Weise wie Denken und Fühlen miteinander in Beziehung stehen.

Das Ego befindet sich jedoch im Konflikt mit dem Schatten, in dem, was Jung einst „die Schlacht um die Befreiung" nannte. Im Kampf des primitiven Individuums, Bewusstsein zu erlangen, drückt sich dieser Konflikt durch die Konfrontation zwischen dem archetypischen Helden und den kosmischen

Mächten des Bösen aus, personifiziert durch Drachen und andere Ungeheuer. Im sich entwickelnden Bewusstsein des Individuums ist die Heldengestalt das symbolische Mittel, durch das das entstehende Ego die Trägheit des unbewussten Verstandes überwindet und den reifen Menschen von einem regressiven Verlangen befreit, in den glückseligen Zustand der Kindheit in einer von seiner Mutter beherrschten Welt zurückzukehren.

Im Allgemeinen triumphiert in der Mythologie der Held über das Ungeheuer. (Es gibt jedoch auch andere Mythen, in denen der Held dem Ungeheuer erliegt. Ein vertrautes Beispiel ist das von Jona und dem Wal, in dem der Held von einem Meeresungeheuer verschlungen wird, das ihn auf einer nächtlichen Reise durch das Meer von Westen nach Osten trägt und so den angenommenen Transit der Sonne vom Sonnenuntergang bis zum Sonnenaufgang symbolisiert. Der Held taucht in die Dunkelheit ein, die eine Art Tod repräsentiert. Jung fand dieses Thema in Träumen, die in seiner eigenen klinischen Erfahrung präsentiert wurden.)

Eine Montage des Ersten Weltkriegs: ein Rekrutierungsplakat, Infanterie, ein Militärfriedhof. Die Denkmäler und Gottesdienste zum Gedenken an die Soldaten, die ihr Leben für ihr Land gaben, spiegeln oft das zyklische Thema von „Tod und Wiedergeburt" des archetypischen heroischen Opfers wider. Eine Inschrift auf einem britischen Kriegerdenkmal des Ersten Weltkriegs lautet: „Wenn die Sonne untergeht und am Morgen werden wir ihrer gedenken."

Der Kampf zwischen dem Helden und dem Drachen ist die aktivste Form dieses Mythos und zeigt auf klare Weise das archetypische Thema des Triumphs des Egos über regressive Tendenzen. Für die meisten Menschen bleibt die dunkle oder negative Seite der Persönlichkeit im Unbewussten. Andererseits muss der Held erkennen, dass der Schatten existiert und dass er

Kraft aus ihm ziehen kann. Er muss seine destruktiven Aspekte akzeptieren, wenn er mächtig genug sein will, um den Drachen zu besiegen. Das heißt, bevor das Ego triumphieren kann, muss es den Schatten beherrschen und assimilieren.

Dieses Thema lässt sich in einer bekannten literarischen Figur gespiegelt sehen: Faust von Goethe. Indem er Mephistopheles' Wette annimmt, unterwirft sich Faust der Macht einer „Schatten"-Gestalt, die Goethe als „Teil jener Kraft beschreibt, die stets das Böse will und stets das Gute schafft". Wie der Mann aus dem Traum, von dem Jung gesprochen hat, hatte Faust einen wichtigen Teil seines frühen Lebens nicht vollständig gelebt. Er war folglich eine unwirkliche oder unvollständige Person, die sich in einer fruchtlosen Suche nach metaphysischen Zielen verlor, die sich nicht materialisierten. Er blieb weiterhin unwillig, die Herausforderung des Lebens anzunehmen, sowohl das Gute als auch das Böse zu erfahren.

Dieser Aspekt des Unbewussten scheint es zu sein, auf den sich der schwarz gekleidete junge Mann im Traum von Jungs Patient bezieht. Diese Erinnerung an die dunkle Seite seiner Persönlichkeit, an ihr mächtiges Potenzial und ihre Rolle bei der Vorbereitung des Helden auf die Kämpfe des Lebens, ist ein entscheidender Übergang von den früheren Teilen des Traums zum Thema des geopferten Helden: der attraktive junge Mann, der sich selbst auf einen Altar legt. Diese Gestalt repräsentiert die Form des Heroismus, die üblicherweise mit dem Prozess des Ich-Aufbaus am Ende der Adoleszenz assoziiert wird. Der Mensch drückt die idealen Prinzipien seines Lebens in diesem Moment aus, fühlt seine Macht, sowohl sich selbst zu transformieren als auch seine Beziehungen zu anderen zu verändern. Er befindet sich sozusagen in der Blüte der Jugend, attraktiv, voller Energie und Idealismus. Warum also bietet er sich freiwillig als Menschenopfer an?

Der Grund ist vermutlich derselbe, der die Zwillinge des Winnebago-Mythos dazu brachte, unter Androhung der Zerstörung auf ihre Macht zu verzichten. Der Idealismus der Jugend, der einen mit solcher Kraft vorantreibt, ist dazu bestimmt, zu Übermut zu führen: Das menschliche Ego kann sich erhöhen, bis es göttliche Attribute erfährt, aber nur um den Preis, sich zu überheben und ins Unglück zu stürzen. (Dies ist die Bedeutung der Geschichte von Ikarus, dem jungen Mann, der auf seinen zerbrechlichen, kunstvoll menschlichen Flügeln zum Himmel getragen wird, aber zu nahe an die Sonne fliegt und seinem Verhängnis entgegenstürzt.) Jedenfalls muss das jugendliche Selbst dieses Risiko stets eingehen, denn wenn ein junger Mensch sich nicht bemüht, ein höheres Ziel zu erreichen, als er ohne Gefahr erreichen kann, wird er die Hindernisse zwischen Adoleszenz und Reife nicht überwinden können.

Bisher wurde über die Schlussfolgerungen gesprochen, die der Patient Jungs auf der Ebene seiner persönlichen Assoziationen aus seinem eigenen Traum ziehen konnte. Es existiert jedoch eine archetypische Ebene des Traums: das Mysterium des dargebrachten Menschenopfers. Gerade weil es ein Mysterium ist, drückt es sich in einem rituellen Akt aus, der in seiner Symbolik weit zurück in die Geschichte des Menschen führt. Hier, wo der Mann ausgestreckt auf einem Altar liegt, erkennt man einen Verweis auf einen noch primitiveren Akt als jene, die auf dem Altarstein des Tempels von Stonehenge vollzogen wurden. Dort, wie an so vielen primitiven Altären, kann man sich einen jährlichen Sonnenwend-Ritus vorstellen, verbunden mit dem Tod und der Wiedergeburt eines mythischen Helden.

Das Ritual hat etwas von Schmerz, aber auch etwas von Freude, eine innere Anerkennung dessen, dass der Tod auch zu neuem Leben führt. Ob ausgedrückt im prosaischen Epos der Winnebago-Indianer, in der Klage um den Tod Balders in den nordischen Sagas, in den Trauergedichten Walt Whitmans für Abraham Lincoln oder im traumhaften Ritual, durch das ein Mensch zu seinen Hoffnungen und Ängsten der Jugend zurückkehrt – es handelt sich um dasselbe Thema: das Drama der Neugeburt durch den Tod.

Das Ende des Traums bringt einen merkwürdigen Epilog mit sich, in dem der Träumer schließlich in die Handlung des Traums verwickelt wird. Er und die anderen befinden sich auf einer Plattform, von der sie hinabsteigen müssen. Er vertraut der Leiter nicht aufgrund möglicher Einmischung von Schlägern, doch eine Frau ermutigt ihn zu glauben, dass er ohne Gefahr hinabsteigen kann, und dies erfüllt sich. Da Jung durch die Assoziationen des Patienten herausfand, dass die gesamte Vorstellung, der er beiwohnte, Teil seiner Analyse war, ein Prozess inneren Wandels, den er durchlebte, ist anzunehmen, dass er über die Schwierigkeit nachdachte, wieder zur alltäglichen Realität zurückzukehren. Seine Angst vor den „Rüpeln", wie er sie nennt, deutet auf seine Furcht hin, dass der Archetyp des Tricksters in kollektiver Form erscheinen könnte.

Die rettenden Elemente des Traums sind die von Menschen geschaffene Leiter, die hier wahrscheinlich ein Symbol des rationalen Verstandes ist, und die Gegenwart der Frau, die den Träumer ermutigt, sie zu benutzen. Ihr Erscheinen in der letzten Sequenz des Traums deutet auf ein psychisches Bedürfnis hin, ein weibliches Prinzip als Ergänzung zu all dieser übermäßig männlichen Aktivität einzubeziehen.

Die Helden kämpfen oft gegen Drachen, um „Jungfrauen in Nöten" zu retten (die das Anima symbolisieren). Im Film von 1916 „Das große Geheimnis" ist der Drache zu einer Lokomotive geworden, doch die heldenhafte Rettung bleibt dieselbe.

Es sollte aus dem Gesagten nicht geschlossen werden, noch aus der Tatsache, dass man sich entschieden hat, den

Mythos der Winnebago zu verwenden, um diesen besonderen Traum zu beleuchten, dass man nach vollständigen und völlig mechanischen Parallelen zwischen einem Traum und den Materialien suchen müsse, die man in der Geschichte der Mythologie finden kann. Jeder Traum ist individuell für den Träumenden, und die präzise Form, die er annimmt, wird von seiner eigenen Situation bestimmt. Was man zu zeigen versucht hat, ist die Art und Weise, wie das Unbewusste sich von diesem archetypischen Material nährt und dessen Muster entsprechend den Bedürfnissen des Träumers modifiziert. So muss man in diesem besonderen Traum nicht nach einem direkten Verweis auf das suchen, was die Winnebago in den Zyklen des Roten Horns oder der Zwillinge beschreiben; der Verweis gilt vielmehr der Essenz dieser beiden Themen, dem opferhaften Element in ihnen.

Als allgemeine Regel kann gesagt werden, dass das Bedürfnis nach Heldensymbolen entsteht, wenn das Ego Stärkung braucht, das heißt, wenn der bewusste Verstand Hilfe bei einer Aufgabe benötigt, die er nicht ohne Unterstützung oder ohne Rückgriff auf die Kraftquellen bewältigen kann, die im unbewussten Verstand liegen. In dem Traum, der besprochen wurde, gab es beispielsweise keinen Verweis auf einen der wichtigsten Aspekte des typischen Heldenmythos: seine Fähigkeit, schöne Frauen vor schrecklichen Gefahren zu retten oder zu beschützen. (Die Jungfrau in Nöten war einer der Lieblingsmythen des mittelalterlichen Europas.) Dies ist eine der Formen, in denen Mythen oder Träume auf das „Anima" verweisen, das weibliche Element der männlichen Psyche, das Goethe als „das Ewig-Weibliche" bezeichnete.

Die Natur und Funktion dieses weiblichen Aspekts wird später in diesem Buch von M.-L. von Franz behandelt werden. Seine Beziehung zur Heldengestalt lässt sich hier jedoch durch einen Traum veranschaulichen, den ein anderer Patient Jungs erlebte, ebenfalls ein reifer Mann. Er begann folgendermaßen:

„Ich kehrte von einer langen Reise durch Indien zurück. Eine Frau hatte mich und einen Freund für die Reise ausgerüstet, und bei der Rückkehr beschwerte ich mich bei ihr, dass sie uns keine schwarzen Regenmäntel gegeben habe, mit der Begründung, dass wir aufgrund dieser Unterlassung vom Regen durchnässt worden seien."

Dieser Traum bezog sich, wie später herausgefunden wurde, auf eine Periode der Jugend des Mannes, in der er gewöhnlich „heldenhaft" durch gefährliche Bergregionen streifte, zusammen mit einem Universitätsfreund. (Da er nie in Indien gewesen war und unter Berücksichtigung seiner eigenen Assoziationen mit diesem Traum schloss Jung, dass die Traumreise seine Erkundung einer neuen Region darstellte, das heißt, keinen realen Ort, sondern das Reich des Unbewussten.)

In seinem Traum scheint der Patient zu fühlen, dass eine Frau – wahrscheinlich eine Personifizierung seines Animas – ihn nicht angemessen auf die Expedition vorbereitet hatte. Das Fehlen eines angemessenen Regenmantels deutet darauf hin, dass er sich mental ungeschützt fühlt, was ihn vor neuen und nicht vollständig angenehmen Erfahrungen unbehaglich fühlen lässt. Er glaubt, dass die Frau ihm einen Regenmantel hätte zur Verfügung stellen sollen, so wie seine Mutter ihm als Kind Kleidung zu beschaffen pflegte. Diese Episode evoziert seine frühen Streiche, als er darauf vertraute, dass seine Mutter (das ursprüngliche weibliche Bild) ihn vor allen Gefahren schützen würde. Mit der Zeit verstand er, dass dies eine kindliche Illusion war, und nun macht er sein Anima verantwortlich, nicht seine Mutter, für sein Missgeschick.

In der nächsten Etappe des Traums erwähnt der Patient einen Ausflug mit einer Personengruppe. Er wird müde und kehrt zu einem Freiluftrestaurant zurück, wo er seinen Regenmantel und den Regenhut findet, den er zuvor vermisst hatte. Er setzt sich zur Ruhe, und während er dies tut, bemerkt er ein Plakat, das ankündigt, dass ein Gymnasiast Perseus in einem Theaterstück spielen wird. Dann erscheint der junge Mann, der sich als stämmiger Mann entpuppt. Er ist grau gekleidet mit einem schwarzen Hut und plaudert mit einem anderen, schwarz gekleideten jungen Mann. Nach dieser Szene fühlt der Träumer eine erneuerte Kraft und erkennt, dass er sich seiner Gruppe wieder anschließen kann. Sie alle steigen dann auf den nächsten Hügel, von wo aus sie ihr Ziel erblicken: eine schöne Hafenstadt. Er fühlt sich belebt und verjüngt durch diese Entdeckung.

Hier, im Kontrast zur aufgewühlten, unbequemen und einsamen Reise der ersten Episode, wird der Träumer von einer Gruppe begleitet. Dieser Kontrast markiert einen Wandel von einem früheren Muster der Isolation und jugendlichen Protestes zum sozialisierenden Einfluss einer Beziehung zu anderen. Dieser Wandel impliziert eine neue Fähigkeit zur Beziehung, was darauf hindeutet, dass sein Anima nun besser funktioniert als zuvor, wie sich im Auffinden des Hutes symbolisiert, der ihm zuvor fehlte und den die Anima-Gestalt ihm nicht zur Verfügung gestellt hatte.

Doch der Träumer ist müde, und die Szene im Restaurant spiegelt sein Bedürfnis wider, seine vergangenen Haltungen in einem neuen Licht zu überprüfen, in der Hoffnung, seine Kraft durch diese Rückschau zu erneuern. Und so geschieht es. Das Erste, was er sieht, ist ein Plakat, das die Darstellung eines jugendlichen Helden suggeriert: ein Gymnasiast, der Perseus spielt. Dann sieht er den jungen Mann, nun ein Mann, im Gespräch mit einem anderen Mann, der mit ihm kontrastiert. Einer ist hellgrau gekleidet und der andere schwarz, und wie zuvor erwähnt, können sie als eine Version der Zwillinge gesehen werden. Sie sind Heldengestalten, die die Gegensätze von Ego und Alter Ego repräsentieren, die hier jedoch in einer harmonischen und vereinten Beziehung erscheinen.

Die Assoziationen des Patienten bestätigten dies und unterstrichen, dass die grau gekleidete Gestalt eine weltliche und gut an das Leben angepasste Haltung repräsentiert, während die schwarz gekleidete Gestalt die Spiritualität verkörpert, wie die Tatsache andeutet, dass ein Geistlicher üblicherweise schwarz trägt. Die Tatsache, dass beide Hüte tragen (und dass er seinen gefunden hat), zeigt an, dass sie eine relativ reife Identität erreicht haben, deren ihm in seinen frühen Adoleszenzjahren sehr ermangelte, als die Eigenschaft des „Schwindlers" trotz seines idealisierten Selbstbildes als Wahrheitssucher noch fortbestand.

Seine Assoziation mit dem griechischen Helden Perseus war merkwürdig und besonders bedeutsam, da sie eine eklatante Ungenauigkeit offenbarte. Es stellte sich heraus, dass er glaubte, Perseus sei der Held, der den Minotaurus tötete und Ariadne aus dem kretischen Labyrinth rettete. Während er jedoch den Namen schrieb, entdeckte er seinen Irrtum: Es war Theseus, nicht Perseus, der den Minotaurus tötete, und dieser Fehler gewann plötzlich Sinn, wie es bei solchen Versprechern oft geschieht, indem er ihn auf das hinwies, was diese beiden Helden gemeinsam hatten. Beide mussten ihre Angst vor den dämonischen mütterlichen unbewussten Mächten überwinden und eine einzige jugendliche weibliche Gestalt von diesen Mächten befreien.

Perseus musste die Gorgone Medusa enthaupten, deren grauenvoller Blick und schlangenumwundenes Haar jeden, der sie anschaute, zu Stein werden ließ. Später musste er den Drachen besiegen, der Andromeda bewachte. Theseus repräsentierte den jungen patriarchalen Geist Athens, der sich den Schrecken des kretischen Labyrinths mit seinem monströsen

Bewohner, dem Minotaurus, stellen musste, der vielleicht die ungesunde Dekadenz des matriarchalen Kreta symbolisierte. (In allen Kulturen repräsentiert das Labyrinth eine verwirrte und verworrene Darstellung der Welt des matriarchalen Bewusstseins; nur jene können es durchqueren, die auf eine besondere Initiation in die geheimnisvolle Welt des kollektiven Unbewussten vorbereitet sind.) Nachdem diese Gefahr überwunden war, rettet Theseus Ariadne, eine Jungfrau in Nöten.

Diese Rettung symbolisiert die Befreiung der Anima-Gestalt vom absorbierenden Aspekt des Mutterbildes. Bis dies nicht gelingt, kann der Mann seine erste und wahre Fähigkeit zur Beziehung zu Frauen nicht erreichen. Die Unfähigkeit dieses Mannes, das Anima angemessen von der Mutter zu trennen, wurde in einem anderen Traum hervorgehoben, wo er sich einem Drachen gegenübersieht, einer symbolischen Darstellung des „verschlingenden" Aspekts seiner Bindung an die Mutter. Dieser Drache verfolgt ihn, und da er keine Waffen hat, befindet er sich im Nachteil im Kampf.

Im Traum erscheint jedoch seine Ehefrau, und ihre Anwesenheit bewirkt, dass der Drache kleiner und weniger bedrohlich wird. Diese Veränderung im Traum zeigt an, dass der Träumer in seiner Ehe verspätet seine Bindung an seine Mutter überwindet. Mit anderen Worten, er musste einen Weg finden, die psychische Energie, die an die Mutter-Kind-Beziehung gebunden war, freizusetzen, um eine erwachsenere Beziehung zu Frauen und tatsächlich zur erwachsenen Gesellschaft insgesamt zu erreichen. Die Schlacht zwischen dem Helden und dem Drachen repräsentiert symbolisch diesen Prozess des „Reifwerdens".

Doch die Aufgabe des Helden hat ein Ziel, das über die biologische und eheliche Anpassung hinausgeht. Es geht darum, das Anima als jenen inneren Bestandteil der Psyche zu befreien, der für jede wahre schöpferische Leistung notwendig ist. Im Fall dieses Mannes kann man die Wahrscheinlichkeit dieses Ergebnisses erahnen, obwohl es im Traum der Indienreise nicht direkt ausgesagt wird. Jung war jedoch sicher, dass er die Hypothese bestätigen würde, dass seine Reise über den Hügel und die Vision seines Ziels als eine ruhige Hafenstadt die reiche Verheißung enthielten, seine authentische Anima-Funktion zu entdecken. So würde er von seinem alten Groll geheilt, keine Schutz (den Regenhut) von der Frau für seine Reise durch Indien erhalten zu haben. (In Träumen sind Städte, die sich an bedeutsamen Orten befinden, oft Symbole des Animas.)

Der Mann hatte diese Verheißung der Sicherheit für sich selbst durch seinen Kontakt mit dem authentischen Archetyp des Helden erlangt und hatte eine neue kooperative und gruppenfreundliche Haltung gefunden. Sein Gefühl der Verjüngung folgte auf natürliche Weise. Er hatte auf die innere Kraftquelle zurückgegriffen, die durch den Archetyp des Helden repräsentiert wird; er hatte den Teil von sich geklärt und entwickelt, der durch die Frau symbolisiert wird; und durch den heroischen Akt seines Egos hatte er sich von seiner Mutter befreit.

Diese und viele andere Beispiele des Heldenmythos in modernen Träumen zeigen, dass das Ego als Held immer wesentlich ein Kulturträger ist und nicht ein rein egozentrischer Exhibitionist. Selbst der Trickster trägt auf unbeholfene oder ziellose Weise zum Kosmos bei, wie ihn der primitive Mensch sieht. In der Mythologie der Navajo schleuderte Kojote die Sterne an den Himmel als einen Akt der Schöpfung, erfand die notwendige Eventualität des Todes und half im Mythos des Hervorkommens, die Menschen durch das hohle Schilfrohr zu führen, durch das sie von einer Welt in eine andere darüber entkamen, wo sie vor der Bedrohung der Flut sicher waren.

Hier erkennt man einen Verweis auf jene Form schöpferischer Evolution, die anscheinend auf einer Ebene kindlicher, vorbewusster oder tierischer Existenz beginnt. Der Aufstieg des Egos zu bewusstem wirksamem Handeln wird im wahren Kulturheros evident. Ebenso befreit sich das kindliche oder adoleszente Selbst von der Unterdrückung elterlicher Erwartungen und wird zum Individuum. Als Teil dieses Aufstiegs zum Bewusstsein muss die Schlacht zwischen dem Helden und dem Drachen möglicherweise geschlagen und wieder geschlagen werden, um Energie für die Vielzahl menschlicher Aufgaben freizusetzen, die aus dem Chaos ein kulturelles Muster formen können.

Wenn dies gelingt, entsteht das vollständige Bild des Helden als eine Art Ego-Kraft (oder, wenn man in kollektiven Begriffen spricht, eine Stammesidentität), die es nicht mehr nötig hat, Ungeheuer und Riesen zu besiegen. Er ist an den Punkt gelangt, wo diese tiefen Kräfte personalisiert werden können. Das „weibliche Element" erscheint nicht mehr in Träumen als ein Drache, sondern als eine Frau; ebenso nimmt die „Schatten"-Seite der Persönlichkeit eine weniger bedrohliche Form an.

Dieser entscheidende Punkt wird im Traum eines etwa 50-jährigen Mannes veranschaulicht, den Jung behandelte. Sein ganzes Leben lang hatte er wiederkehrende Episoden von Angst im Zusammenhang mit Versagensangst erlebt (ursprünglich verursacht durch eine zweifelnde Mutter). Seine tatsächlichen Leistungen sowohl in seiner Karriere als auch in seinen persönlichen Beziehungen lagen jedoch weit über dem Durchschnitt. In seinem Traum erscheint sein neunjähriger Sohn als junger Mann von etwa 18 oder 19 Jahren, gekleidet in die glänzende Rüstung eines mittelalterlichen Ritters. Der junge Mann wird aufgerufen, gegen eine Schar schwarz gekleideter Männer zu kämpfen, wozu er zunächst bereit ist. Doch plötzlich nimmt er den Helm ab und lächelt dem Anführer der bedrohlichen Schar zu; es ist klar, dass sie sich nicht in die Schlacht begeben werden, sondern Freunde werden.

Der Sohn im Traum repräsentiert die innere Jugend des Mannes, die sich häufig vom Schatten in Form von Selbstzweifeln bedroht gefühlt hatte. In gewissem Sinne hatte er sein ganzes reifes Leben lang einen erfolgreichen Kreuzzug gegen diesen Widersacher geführt. Nun, teilweise aufgrund der realen Ermutigung, seinen Sohn ohne solche Zweifel heranwachsen zu sehen, aber vor allem dadurch, dass er sich ein angemessenes Bild des Helden in der Form schuf, die seinem eigenen Umgebungsmuster am nächsten kam, entdeckt er, dass es nicht mehr notwendig ist, gegen den Schatten zu kämpfen; er kann ihn akzeptieren. Das ist es, was der Akt der Freundschaft symbolisiert. Er fühlt sich nicht mehr zu einem kompetitiven Kampf um individuelle Überlegenheit verpflichtet, sondern assimiliert sich der kulturellen Aufgabe, eine Art demokratische Gemeinschaft zu bilden. Ein solcher Abschluss, in der Fülle des Lebens erreicht, geht über die heroische Aufgabe hinaus und führt zu einer wahrhaft reifen Haltung.

Dieser Wandel vollzieht sich jedoch nicht automatisch. Er erfordert eine Übergangsperiode, die sich in den verschiedenen Formen des Archetyps der Initiation ausdrückt.

Initiationsriten und Übergänge in der menschlichen Entwicklung

Aus psychologischer Perspektive sollte das Bild des Helden nicht als identisch mit dem Ego an sich betrachtet werden. Es ist angemessener, es als das symbolische Mittel zu beschreiben, durch das sich das Ego von den durch die elterlichen Bilder während der frühen Kindheit hervorgerufenen Archetypen unabhängig macht. Wie Dr. Jung nahegelegt hat, besitzt jeder Mensch anfänglich ein Gefühl der Ganzheit, eine mächtige und vollständige Empfindung des Selbst. Aus diesem Selbst – der Ganzheit der Psyche – entsteht das individualisierte Ich-Bewusstsein, während sich die Person entwickelt.

In jüngster Zeit haben die Arbeiten einiger Nachfolger Jungs begonnen, die Abfolge der Ereignisse zu dokumentieren, durch die das individuelle Ego während des Übergangs von der Kindheit zur Jugend hervortritt. Diese Trennung kann niemals endgültig sein, ohne schwere Schäden am ursprünglichen Gefühl der Ganzheit zu verursachen. Daher muss das Ego kontinuierlich zurückkehren, um seine Beziehung zum Selbst wiederherzustellen und so einen Zustand psychischer Gesundheit aufrechtzuerhalten.

Die Forschungen legen nahe, dass der Heldenmythos die erste Etappe in der Differenzierung der Psyche darstellt. Es wurde vorgeschlagen, dass er einen vierfachen Zyklus zu durchlaufen scheint, durch den das Selbst danach strebt, seine relative Autonomie gegenüber dem ursprünglichen Zustand der Ganzheit zu erlangen. Sofern nicht ein gewisses Maß an Autonomie erreicht wird, ist das Individuum unfähig, sich auf seine erwachsene Umgebung zu beziehen. Der Heldenmythos garantiert jedoch nicht, dass diese Befreiung geschieht. Er zeigt lediglich, wie es möglich ist, dass sie geschieht, damit das Ego Bewusstsein erlangen kann. Die Herausforderung besteht darin, dieses Bewusstsein auf sinnvolle Weise aufrechtzuerhalten und zu entwickeln, damit die Person ein nützliches Leben führen und das notwendige Gefühl der Selbstunterscheidung in der Gesellschaft erreichen kann.

Die antike Geschichte und die Rituale zeitgenössischer primitiver Gesellschaften haben reichhaltiges Material über Initiationsmythen und -riten geliefert, durch die junge Männer und Frauen von ihren Eltern entwöhnt und gezwungen werden, Mitglieder ihres Clans oder Stammes zu werden. Indem sie jedoch mit der Welt der Kindheit brechen, wird der ursprüngliche Archetyp der Eltern verletzt, und der Schaden muss durch einen heilenden Prozess der Assimilation in das Leben der Gruppe repariert werden. (Die Identität der Gruppe und des Individuums ist oft durch ein Totemtier symbolisiert.) Auf diese Weise befriedigt die Gruppe die Forderungen des verletzten Archetyps und verwandelt sich in eine Art zweiten Vater, dem zunächst die Jungtiere symbolisch geopfert werden, um dann zu neuem Leben wiederaufzuerstehen.

In dieser „drastischen Zeremonie, die einem Opfer an die Mächte sehr ähnelt, die den Jugendlichen zurückhalten könnten", wie Dr. Jung bemerkt hat, zeigt sich, wie die Macht des ursprünglichen Archetyps niemals dauerhaft überwunden werden kann, in der vom Held-Drachen-Kampf vorgesehenen Weise, ohne ein lähmendes Gefühl der Entfremdung von den fruchtbaren Kräften des Unbewussten. Im Mythos der Zwillinge zeigte sich, wie ihre Hybris, die eine übermäßige Trennung zwischen Selbst und Ego zum Ausdruck brachte, durch ihre eigene Furcht vor den Konsequenzen korrigiert wurde, was sie zwang, zu einer harmonischen Beziehung zwischen Selbst und Ego zurückzukehren.

In kritischen Zeiten wie den gegenwärtigen erlangt der Archetyp der Initiation große Bedeutung und bietet einen bedeutsamen Übergang, der die spirituellen Bedürfnisse tiefgreifender befriedigt als die Riten der Adoleszenz, die in ihrer Natur meist irdischer sind. Die archetypischen Muster der Initiation, seit der Antike auch als „die Mysterien" bekannt, sind in das Wesen aller religiösen Rituale verwoben, insbesondere jener, die mit Geburt, Ehe und Tod verbunden sind.

Wie beim Studium des Heldenmythos muss man auch bei der Analyse der Initiation nach Beispielen in den subjektiven Erfahrungen moderner Menschen suchen, insbesondere bei jenen, die Prozesse psychologischer Analyse durchlaufen haben. Es überrascht nicht, im Unbewussten derer, die professionelle Hilfe bei psychischen Störungen suchen, Bilder zu finden, die die Hauptmuster der Initiation widerspiegeln, wie sie aus der Geschichte bekannt sind.

Eines der wiederkehrendsten Themen bei jungen Menschen ist das der Prüfung oder der Kraftprobe. Dies ähnelt dem, was in modernen Träumen zu beobachten ist, die den Heldenmythos veranschaulichen, wie der Seemann, der den Unbilden des Wetters ausgesetzt ist, oder die Wanderung des Mannes im Regen in Indien. Dieses Thema des physischen Leidens manifestiert sich auch im ersten von Jung erwähnten Traum, wo ein junger Mann auf einem Altar geopfert wird. Obwohl dieses Opfer der Annäherung an die Initiation gleicht, ist seine Finalität verschleiert und scheint den Zyklus des Helden zu schließen, um einem neuen Thema Platz zu machen.

Es gibt einen bemerkenswerten Unterschied zwischen dem Heldenmythos und dem Initiationsritus. Während der Held danach strebt, in seinen Ambitionen Erfolg zu erlangen, und oft nach dessen Erreichung aufgrund seiner Hybris bestraft oder sogar getötet wird, muss der Novize der Initiation auf Ehrgeiz verzichten und sich der Prüfung unterwerfen, ohne Erfolg zu erwarten. Er muss bereit sein, sich dieser Prüfung ohne Hoffnung zu stellen, und sogar auf den Tod vorbereitet sein, da der Zweck darin besteht, einen symbolischen Zustand der Wiedergeburt aus dem symbolischen Gemütszustand des Todes zu schaffen.

Ein Beispiel hierfür spiegelt sich in dem von Jung berichteten Fall eines 25-jährigen jungen Mannes wider, der sich auf dem Gipfel eines Berges befindet, wo es einen Altar mit einem Sarkophag und einer Statue von ihm darauf gibt. Obwohl er sich zunächst tot und der Errungenschaften beraubt fühlt, während er der Prüfung gegenübersteht, erfährt er, als er sich den warmen Sonnenstrahlen aussetzt, ein Gefühl von Kraft und Verjüngung.

Dieser Fall veranschaulicht den Unterschied zwischen der Initiation und dem Heldenmythos. Den Berg zu erklimmen stellt eine Kraftprobe dar, ähnlich dem Willen, während der heroischen Phase der adoleszenten Entwicklung Ich-Bewusstsein zu erlangen. Die Szene am Altar jedoch korrigiert diese Wahrnehmung und zeigt, dass die Aufgabe des jungen Mannes darin besteht, sich einer höheren Macht zu unterwerfen, symbolisiert durch das Gefühl von Tod und Wiedergeburt.

Es ist von grundlegender Bedeutung zu verstehen, dass der Initiationsritus nicht nur Männer betrifft, sondern auch Frauen. Der weibliche Initiationsritus betont anfänglich ihre wesentliche Passivität, akzentuiert durch die physiologische Begrenzung, die der Menstruationszyklus auferlegt. Es wird nahegelegt, dass der Menstruationszyklus der Hauptteil der Initiation für Frauen sein kann, der ein tiefes Gefühl des Gehorsams gegenüber der schöpferischen Macht des Lebens über sie erweckt.

Sowohl Männer als auch Frauen stehen anfänglichen Prüfungen gegenüber, die in einem finalen Opfer gipfeln, um die Wiedergeburt zu erfahren. Dieses Opfer befreit die Frau von den

Fesseln persönlicher Beziehungen und bereitet sie auf eine bewusstere Rolle als Individuum vor. Andererseits impliziert das Opfer des Mannes einen Verzicht auf seine heilige Unabhängigkeit und verbindet ihn bewusster mit der Frau.

Die Initiation sucht auch, den Mann mit der Frau und umgekehrt vertraut zu machen, wobei der ursprüngliche Gegensatz zwischen beiden korrigiert wird. Diese Vereinigung wird als rituelles Symbol einer heiligen Hochzeit dargestellt, die seit der Antike in Mysterienreligionen grundlegend war. Dieses Konzept ist jedoch für moderne Menschen schwer zu verstehen und erfordert oft eine persönliche Krise, um vollständig begriffen zu werden.

Mehrere Patienten Jungs haben Träume geteilt, in denen das Motiv des Opfers mit dem der heiligen Hochzeit kombiniert wird, wie im Fall eines jungen Mannes, der aus Furcht, die Ehe könne seine Freiheit einschränken, von einem rituellen Tanz träumt, der eine Ehe ohne übermäßige Beschränkungen darstellt. Dieser Traum legt nahe, dass die Ehe akzeptabel sein kann, wenn sie die individuelle Entwicklung beider Partner ermöglicht.

Im beschriebenen rituellen Tanz besetzte jedes Tanzpaar eine Ecke eines quadratischen Tanzfeldes und stand sich mit kurzen Schwertern in der Hand gegenüber. Während sie komplexe Bewegungen ausführten, die Wechsel zwischen Aggression und Unterwerfung suggerierten, war zu erkennen, dass der Tanz auch eine Art Duell war. Die Szene gipfelte darin, dass die Tänzer sich die Schwerter in die Brust stießen und starben. Der Protagonist des Traums weigerte sich jedoch, am kollektiven Selbstmord teilzunehmen und blieb allein zurück, nachdem die anderen gefallen waren. Er fühlte sich beschämt wegen seiner vermeintlichen Feigheit, sich dem finalen Opfer nicht anzuschließen.

Dieser Traum führte Jungs Patienten dazu zu verstehen, dass er bereit war, seine Haltung gegenüber dem Leben zu ändern. Er war egozentrisch gewesen, suchte eine illusorische Sicherheit in persönlicher Unabhängigkeit, war jedoch innerlich von Ängsten im Zusammenhang mit seiner kindlichen Beziehung zu seiner Mutter beherrscht. Er brauchte eine Herausforderung an seine Männlichkeit, um zu erkennen, dass er isoliert und beschämt bleiben würde, wenn er nicht seine kindliche Mentalität opferte. Der Traum und sein späteres Verständnis zerstreuten seine Zweifel. Er hatte den symbolischen Ritus durchlaufen, in dem ein junger Mann auf seine ausschließliche Autonomie verzichtet und das gemeinsame Leben nicht nur heroisch, sondern auch verbunden akzeptiert.

Danach heiratete er und fand Zufriedenheit in seiner Beziehung zu seiner Frau. Entgegen seiner Befürchtungen verminderte die Ehe nicht seine Wirksamkeit in der Welt, sondern steigerte sie.

Abgesehen von der neurotischen Angst vor der mütterlichen oder väterlichen Figur, die hinter dem Brautschleier lauert, hat selbst ein junger Mann ohne Störungen Gründe, Besorgnis vor dem Eheritual zu empfinden. Es ist im Wesentlichen ein Initiationsritus für die Frau, in dem sich der Mann nicht gerade als erobernder Held fühlt. Es überrascht nicht, dass in Stammesgesellschaften gegenphoische Rituale wie der Brautraub oder die Vergewaltigung der Braut existieren, die es dem Mann erlauben, etwas von seiner Heldenrolle zu bewahren, gerade wenn er sich seiner Frau unterwerfen und die ehelichen Verantwortlichkeiten übernehmen muss.

Die Ehe ist jedoch ein so universelles Thema, dass sie auch eine tiefere Bedeutung besitzt. Sie ist eine akzeptable und sogar notwendige symbolische Entdeckung der weiblichen Komponente der männlichen Psyche, ebenso wie der Erwerb einer realen Ehefrau. Daher kann man diesem Archetyp bei einem Mann jeden Alters begegnen, wenn ein angemessener Stimulus vorhanden ist.

Nicht alle Frauen reagieren jedoch mit Zuversicht auf den Ehestand. Eine Patientin Jungs, deren Wünsche nach einer befriedigenden Karriere durch eine schwierige und kurze Ehe vereitelt wurden, träumte, dass sie sich angespannt dagegen wehrte, dass ein Mann ihr einen Ring an den Ringfinger ihrer rechten Hand steckte. In Wirklichkeit verlangte die Ehe von ihr, nur einen unterschwelligen und natürlichen Teil von sich zu teilen, wo das Prinzip der Vereinigung eine symbolische, nicht wörtliche oder absolute Bedeutung haben würde. Ihre Furcht spiegelte die Angst wider, ihre Identität in einer stark patriarchalen Ehe zu verlieren, gegen die sie gute Gründe hatte, Widerstand zu leisten.

Die heilige Hochzeit hat eine besonders wichtige Bedeutung in der weiblichen Psychologie und bereitet sie durch zahlreiche vorläufige Ereignisse initiatorischen Charakters während ihrer Adoleszenz vor.

In der modernen Gesellschaft sind Mädchen auch den Mythen des männlichen Helden ausgesetzt, da sie eine eigene Identität entwickeln und ebenso wie Jungen Bildung erhalten müssen. Es gibt jedoch eine ältere Schicht im weiblichen Verstand, die in ihren Gefühlen hervortritt und darauf ausgerichtet ist, sie zu Frauen zu machen, statt zu Imitationen von Männern. Dieser alte Inhalt kann von der modernen jungen Frau unterdrückt werden, da er die emanzipierte Gleichheit und die Möglichkeit, mit Männern zu konkurrieren, in Frage stellt – Privilegien, die Teil ihres gegenwärtigen Lebens geworden sind.

Diese Unterdrückung kann erfolgreich sein und die junge Frau dazu führen, sich mit den männlichen intellektuellen Zielen zu identifizieren, die sie in der Schule oder Universität gelernt hat. Selbst nach der Ehe kann sie eine gewisse Illusion von Freiheit trotz ihrer scheinbaren Unterwerfung unter den Archetyp der Ehe und Mutterschaft aufrechterhalten. Dieser innere Konflikt kann jedoch die Frau dazu führen, ihre Weiblichkeit auf schmerzhafte, aber letztlich lohnende Weise wiederzuentdecken.

Ein Beispiel hierfür zeigte sich bei einer verheirateten jungen Frau ohne Kinder, deren unbefriedigtes Sexualleben sowohl sie als auch ihren Ehemann beunruhigte. Trotz ihres akademischen Erfolgs und ihres intellektuellen Lebens erlebte sie Ausbrüche von schlechter Laune und Aggressivität, die sie mit sich selbst unzufrieden machten und Männer entfremdeten.

Ein von Jung berichteter aufschlussreicher Traum zeigte ihre Bereitschaft, ihren vorherrschenden mentalen Ansatz aufzugeben und sich neuen Erfahrungen zu öffnen. Im Traum befand sie sich in einer Reihe junger Frauen, die nacheinander von einer Guillotine enthauptet wurden. Obwohl dies wie eine Strafe erschien, blieb sie furchtlos in der Reihe, offenbar bereit, sich demselben Schicksal zu unterwerfen.

Die Deutung dieses Traums offenbarte, dass sie ihre Tendenz, „in ihrem Kopf zu leben", aufgeben und ihrem Körper erlauben musste, sich frei auszudrücken, um so ihre Sexualität zu entdecken und ihre biologische Rolle in der Mutterschaft zu akzeptieren. Sie musste ihre auf den männlichen Helden zentrierte Identität opfern, um ihre Weiblichkeit anzunehmen.

Diese Frau akzeptierte diese Deutung intellektuell und bemühte sich, sich in eine unterwürfigere Frau zu verwandeln. Als Ergebnis verbesserte sich ihr Liebesleben, und sie wurde Mutter zweier befriedigender Kinder. Während sie sich selbst besser kennenlernte, verstand sie, dass für eine Frau, um sich vollständig zu fühlen, das Leben nicht darum geht, es als heroischen Akt zu erobern, sondern auf sanftere und bewusstere Weise dafür zu erwachen.

Ein universeller Mythos, der dieses Erwachen veranschaulicht, ist Die Schöne und das Biest. In dieser Geschichte repräsentiert die Schöne jede Frau, die sich in einer emotionalen Bindung an ihren Vater befindet. Ihre Güte und Aufrichtigkeit führen sie dazu, ihre Freiheit zu opfern, um ihren Vater zu retten, was sie zu einer Begegnung mit dem Biest führt. Durch ihre Beziehung zum Biest entdeckt die Schöne ihre eigene Weiblichkeit und akzeptiert ihre Rolle im Leben, was sie schließlich zu ihrer Transformation und zur Begegnung mit ihrem wahren Selbst führt, repräsentiert durch den Prinzen.

Indem sie sich in das Biest verliebt, erweckt sie die Macht der menschlichen Liebe, die in seiner tierischen Form verborgen ist, die zwar unvollkommen, aber wahrhaft erotisch ist. Dieses Erwachen symbolisiert die Akzeptanz ihres wahren Wesens und erlaubt es ihr, den erotischen Aspekt ihres ursprünglichen Verlangens anzunehmen, der durch die Furcht vor dem Inzest unterdrückt worden war. Um sich von ihrer Vergangenheit zu befreien, musste sie sich dieser Furcht vor dem Inzest stellen und sich erlauben, damit zu phantasieren, bis sie schließlich den Mann hinter dem Biest erkennen und ihre eigene Antwort als Frau entdecken konnte.

Dabei erlöst sie sich selbst und ihre Vorstellung vom Männlichen, befreit sich von den repressiven Kräften und erkennt die Fähigkeit, ihrem Lieben zu vertrauen, wobei sie Geist und Natur in ihrer höchsten Ausdrucksform vereint.

Ein von einer von Jungs Patientinnen berichteter Traum spiegelte dieses Bedürfnis wider, die Furcht vor dem Inzest zu überwinden, eine Furcht, die in den Gedanken der Patientin aufgrund der übermäßigen Bindung ihres Vaters an sie nach dem Tod seiner Frau verwurzelt war. Im Traum wurde sie von einem wütenden Stier verfolgt. Zunächst versuchte sie zu fliehen, erkannte aber, dass es zwecklos war. Schließlich fiel sie, und der Stier näherte sich. In einem Akt des Mutes beschloss sie, ihm zu singen, und obwohl ihre Stimme zitterte, beruhigte sich der Stier und begann, ihre Hand mit der Zunge zu streicheln. Die Deutung offenbarte, dass sie sich nun auf weiblichere und sicherere Weise auf Männer beziehen konnte, nicht nur im sexuellen Bereich, sondern auch umfassender, im Hinblick auf ihre bewusste Identität.

Im Fall älterer Frauen mag das Symbol des Biests jedoch nicht auf die Notwendigkeit hinweisen, eine Fixierung auf den Vater zu lösen oder eine sexuelle Hemmung zu befreien, wie ein psychoanalytischer Ansatz nahelegen könnte. Stattdessen könnte es eine bedeutsame weibliche Initiation repräsentieren, die sowohl zu Beginn der Menopause als auch in der Adoleszenz oder in jeder Lebensphase auftreten kann, wenn die Vereinigung zwischen Geist und Natur gestört wird.

Eine Frau im menopausalen Alter teilte Jung folgenden Traum mit:

Sie befand sich mit mehreren unbekannten Frauen und gemeinsam stiegen sie eine Treppe in einem unbekannten Haus hinab. Plötzlich standen sie grotesken Gestalten von „Affenmännern" mit bösartigen Gesichtern gegenüber, gekleidet in Felle und dunkle Verzierungen, mit Schwänzen, die ein schreckliches und lüsternes Aussehen zeigten. Obwohl sie sich diesen Kreaturen völlig ausgeliefert fühlten, spürte sie, dass die einzige Rettung nicht darin bestand zu fliehen oder zu kämpfen, sondern diese Wesen menschlich zu behandeln und ihre gütigere Seite zu suchen. Dann näherte sich ihr einer der Affenmänner, und sie empfing ihn wie einen Tanzpartner und begann mit ihm zu tanzen.

Später erhielt sie übernatürliche Heilkräfte und hatte die Gelegenheit, einen Mann am Rande des Todes zu retten. Sie benutzte eine Art Feder oder Vogelschnabel, um ihm durch die Nase Luft einzuflößen, sodass er wieder atmen konnte.

Über Jahre der Ehe und Kindererziehung hatte diese Frau ihre schöpferische Begabung als Schriftstellerin vernachlässigt. Zum Zeitpunkt des Traums versuchte sie, ihre Leidenschaft fürs Schreiben wiederzubeleben, während sie sich gleichzeitig gnadenlos dafür verurteilte, keine bessere Ehefrau, Freundin und Mutter gewesen zu sein. Der Traum brachte ihren Kampf zum Ausdruck und zeigte ihr die Situation anderer Frauen, die möglicherweise einen ähnlichen Übergang erlebten und von einer zu hohen Bewusstseinsebene in die Tiefen ihres Wesens hinabstiegen. Dieses „unbekannte Haus" könnte den Eintritt in einen Aspekt des kollektiven Unbewussten darstellen und sie herausfordern, das männliche Prinzip in seiner primitivsten und tierischsten Form zu akzeptieren, eben jenen Helden und Narren, der zu Beginn der Heldenzyklen erschien.

Um sich auf diesen Affenmann zu beziehen und ihn zu vermenschlichen, das Beste in ihm hervorzubringen, musste sie zunächst einen unvorhersehbaren Aspekt ihrer eigenen natürlichen Kreativität akzeptieren. Dies bedeutete, mit den konventionellen Mustern ihres Lebens zu brechen und zu lernen, auf neue Weise zu schreiben, authentischer für sie in dieser zweiten Lebensphase.

Der im Traum repräsentierte schöpferische Impuls stand in Beziehung zum schöpferischen männlichen Prinzip, wie sich in der Szene zeigte, wo sie den Mann wiederbelebte, indem sie ihm mit dem Vogelschnabel Luft in die Nase blies. Diese Handlung symbolisierte eher eine geistige Wiedergeburt als ein erotisches Erwachen und war eine weltweit anerkannte Symbolik: Der rituelle Akt verlieh der schöpferischen Leistung einen neuen Lebenshauch.

Der Traum einer anderen Frau, den Jung berichtete, betonte den „Natur"-Aspekt von Die Schöne und das Biest:

Sie beobachtete, wie etwas aus dem Fenster geworfen wurde, es schien ein großes Insekt mit spiralförmigen Beinen zu sein, gelb und schwarz. Dann verwandelte sich dieser Gegenstand in eine seltsame Kreatur, gelb und schwarz gestreift, ähnlich einem Tiger mit Bärenpfoten, fast menschlich, und einem spitzen Gesicht wie das eines Wolfes. Diese Kreatur stellte eine Bedrohung für die Kinder dar. Es war ein Sonntagnachmittag, und sie sah ein weiß gekleidetes Mädchen, das zur Sonntagsschule ging. Sie fühlte die Notwendigkeit, die Polizei um Hilfe zu bitten.

Die Kreatur verwandelte sich jedoch teils in eine Frau und teils in ein Tier und zeigte eine verletzlichere Facette, die Zuneigung brauchte. Obwohl sie sich zunächst weigerte, sie zärtlich zu umarmen, fühlte sie, dass sie sich an ihre Gegenwart gewöhnen und lernen musste, sie zu akzeptieren, vielleicht würde sie sie eines Tages lieben.

Hier zeigt sich eine andere Situation als die vorherige. Diese Frau hatte sich zu sehr von ihrem inneren männlichen schöpferischen Impuls mitreißen lassen, was zu einer zwanghaften Beschäftigung geworden war, hauptsächlich mental. Dies hatte sie daran gehindert, ihre weibliche Rolle als Ehefrau auf natürliche Weise auszufüllen. Diesbezüglich sagte sie zu Jung: „Wenn mein Ehemann nach Hause kommt, versteckt sich meine kreative Seite, und ich verwandle mich in eine übermäßig organisierte Hausfrau." Ihr Traum nahm eine unerwartete Wendung, indem er ihren unausgeglichenen Geist in die Frau verwandelte, die sie in sich selbst akzeptieren und kultivieren muss; so kann sie ihre kreativen intellektuellen

Interessen mit den Instinkten harmonisieren, die es ihr ermöglichen, sich warmherzig auf andere zu beziehen.

Dieser Prozess impliziert eine neue Akzeptanz des dualen Prinzips des Lebens in der Natur, das sowohl grausam als auch gütig ist, oder in ihrem Fall auf rücksichtslose Weise abenteuerlich, aber gleichzeitig demütig und schöpferisch häuslich. Diese Gegensätze können nur auf einer sehr ausgefeilten Ebene psychologischen Bewusstseins versöhnt werden und wären natürlich für ein unschuldiges Mädchen in seinem Sonntagsschulanzug unangemessen.

Die Deutung des Traums dieser Frau könnte nahelegen, dass sie ein übermäßig naives Bild von sich selbst überwinden musste. Sie musste bereit sein, die gesamte Polarität ihrer Gefühle anzunehmen, so wie die Schöne auf die Unschuld verzichten musste, einem Vater zu vertrauen, der ihr nicht die weiße und reine Rose ihrer Gefühle geben konnte, ohne die wohltätige Wut des Biests zu wecken.

Das Verständnis der psychologischen Evolution des Archetyps des Helden verschafft uns einen wertvollen Rahmen, um unsere eigene Reise des Wachstums und der Transformation zu navigieren. Im nächsten Kapitel werden wir erforschen, wie Initiationsriten und Übergänge sowohl in antiken Kulturen als auch in der zeitgenössischen Erfahrung diesen Prozess der psychologischen Entwicklung widerspiegeln und leiten.

Orpheus und Christus: Symbolische Gestalten der Erlösung

Das Märchen „Die Schöne und das Biest" besitzt eine Qualität der Wildblume, die unerwartet erscheint und ein so natürliches Erstaunen hervorruft, dass man zunächst ihre Zugehörigkeit zu einer definierten Klasse, Gattung und Art nicht wahrnimmt. Das diesem Geschichtstyp innewohnende Mysterium hat eine universelle Anwendung nicht nur im umfassenderen historischen Mythos, sondern auch in den Ritualen, die den Mythos ausdrücken oder von ihm abgeleitet sind.

Die Rituale und Mythen, die diese Art psychologischer Erfahrung angemessen zum Ausdruck bringen, werden in den griechisch-römischen Religionen des Dionysos und Orpheus exemplarisch dargestellt. Beide Religionen boten eine bedeutsame Initiation, die als „Mysterien" bekannt war, und präsentierten Symbole, die mit einem androgynen Gott-Menschen verbunden waren, der über eine innige Kenntnis der tierischen oder pflanzlichen Welt verfügte und als Meister der Einweihung in ihre Geheimnisse galt.

Die dionysische Religion umfasste orgiastische Riten, die vom Initianden verlangten, sich seiner tierischen Natur hinzugeben und so die befruchtende Kraft der Mutter Erde zu erfahren. Das initiierende Mittel im dionysischen Ritual war der Wein, der eine symbolische Verminderung des Bewusstseins hervorrief, die notwendig war, um den Novizen in die Geheimnisse der Natur einzuführen, deren Essenz durch ein Symbol erotischer Fülle ausgedrückt wurde: die Vereinigung des

Dionysos mit seiner Gefährtin Ariadne in einer heiligen Hochzeitszeremonie.

Mit der Zeit verloren die Riten des Dionysos ihre religiöse emotionale Kraft. Es entstand ein Verlangen nach Befreiung von der ausschließlichen Beschäftigung mit den rein natürlichen Symbolen des Lebens und der Liebe. Die dionysische Religion, zwischen dem Spirituellen und dem Physischen oszillierend, erwies sich vielleicht für manche asketischen Seelen als zu wild und turbulent, die begannen, ihre religiöse Ekstase innerlich im Kult des Orpheus zu erfahren.

Orpheus, wahrscheinlich ein reales Individuum, Sänger, Prophet und martyrisierter Lehrer, dessen Grab zu einem Heiligtum wurde, wurde von der frühchristlichen Kirche als Prototyp Christi angesehen. Beide Religionen brachten der späten hellenistischen Welt das Versprechen eines zukünftigen göttlichen Lebens und repräsentierten für die Massen der sterbenden griechischen Kultur zur Zeit des Römischen Reiches die ersehnte Hoffnung auf ein künftiges Leben.

Es gab jedoch einen wichtigen Unterschied zwischen der Religion des Orpheus und der Christi. Obwohl in mystischer Form sublimiert, hielten die orphischen Mysterien die alte dionysische Religion lebendig, wobei der spirituelle Impuls von einem Halbgott ausging, der die bedeutsamste Eigenschaft einer in der Landwirtschaft verwurzelten Religion bewahrte: das alte Modell der Fruchtbarkeitsgötter, die nur für die Saison kamen, der ewig wiederkehrende Zyklus von Geburt, Wachstum, Fülle und Verfall.

Das Christentum hingegen löste die Mysterien auf. Christus, Produkt und Reformator einer nomadischen und pastoralen patriarchalen Religion, wurde von seinen Propheten als ein Wesen absolut göttlichen Ursprungs präsentiert. Der Menschensohn, obwohl von einer menschlichen Jungfrau geboren, hatte seinen Ursprung im Himmel, von wo er in einem Akt der Inkarnation Gottes im Menschen kam. Nach seinem Tod kehrte er in den Himmel zurück, wird aber noch einmal wiederkehren, um zur Rechten Gottes zu regieren bis zur Zweiten Wiederkunft, „wenn die Toten auferstehen werden".

Der Asketismus des frühen Christentums bestand nicht fort. Die Erinnerung an die zyklischen Mysterien verfolgte seine Anhänger bis zu dem Punkt, dass die Kirche viele Praktiken aus der heidnischen Vergangenheit in ihre Rituale einbeziehen musste. Eine der bedeutsamsten war der Taufgottesdienst, der am Karsamstag und Ostersonntag zur Feier der Auferstehung Christi abgehalten wurde, den die mittelalterliche Kirche zu einem angemessenen und tiefgründig bedeutsamen Initiationsritus umgestaltete, der jedoch in modernen Zeiten kaum überlebt hat und im Protestantismus völlig fehlt.

Das Ritual, das hingegen am solidesten überlebt hat und für die Gläubigen noch immer die Bedeutung eines zentralen Initiationsmysteriums birgt, ist die katholische Praxis der Elevation des Kelches. Wie Dr. Jung in seinem Werk „Wandlungssymbolik der Messe" beschreibt, bereitet die Erhebung des Kelches in die Luft die Vergeistigung des Weins vor, bestätigt durch die unmittelbar folgende Anrufung des Heiligen Geistes, die dazu dient, ihn mit dem Heiligen Geist zu erfüllen, der zeugt, vollbringt und verwandelt. Nach der Elevation wurde der Kelch zur Rechten der Hostie platziert, entsprechend dem Blut, das aus der rechten Seite Christi floss.

Das Ritual der Kommunion ist überall dasselbe, ob man nun aus dem Becher des Dionysos oder aus dem heiligen christlichen Kelch trinkt, wenngleich die Bewusstseinsebene, die es dem einzelnen Teilnehmer bringt, unterschiedlich ist. Der dionysische Teilnehmer kehrt zum Ursprung der Dinge zurück, zur „stürmischen Geburt" des Gottes, der dem widerstrebenden

Schoß der Mutter Erde entsprang. In den Fresken der Villa dei Misteri in Pompeji ruft der Ritus den Gott als eine Maske des Schreckens hervor, gespiegelt im Becher des Dionysos, den der Priester dem Initianden darbietet. Später finden wir die Worfschaufel mit ihren kostbaren Früchten der Erde und den Phallus als schöpferische Symbole der Manifestation des Gottes als Prinzip der Aufzucht und des Wachstums.

Im Gegensatz dazu weist das christliche Mysterium auf die letzte Hoffnung des Initianden hin, sich mit einem transzendenten Gott zu vereinen. Die Mutter Natur mit ihren schönen jahreszeitlichen Veränderungen ist zurückgeblieben, und die zentrale Gestalt des Christentums bietet geistige Gewissheit als Sohn Gottes im Himmel.

Doch beide verschmelzen auf gewisse Weise in der Gestalt des Orpheus, des Gottes, der an Dionysos erinnert, aber Christus erwartet. Die psychologische Bedeutung dieser Zwischengestalt ist von Linda Fierz-David in ihrer Interpretation des in der Villa dei Misteri dargestellten orphischen Ritus beschrieben worden: Orpheus, dessen Gesang so machtvoll war, dass er die gesamte Natur beherrschte, ist die Verkörperung der Hingabe und Frömmigkeit und symbolisiert die religiöse Haltung, die alle Konflikte löst, indem sie die ganze Seele dem zuwendet, was jenseits von ihnen liegt. Indem er dies tut, ist er wahrhaft ein guter Hirte, seine primitive Verkörperung.

Orpheus, zugleich guter Hirte und Mittler, stellt das Gleichgewicht zwischen der dionysischen und der christlichen Religion her, da sowohl Dionysos als auch Christus ähnliche Rollen spielen, wenngleich unterschiedlich orientiert hinsichtlich der Zeit und der Richtung im Raum: eine zyklische Religion der Unterwelt, die andere himmlisch und eschatologisch. Diese Reihe initiatorischer Ereignisse wiederholt sich unablässig und mit praktisch allen erdenklichen individuellen Bedeutungswendungen in den Träumen und Phantasien moderner Menschen.

Carl Jung berichtete vom Fall einer Frau, die sich in einem Zustand großer Erschöpfung und Depression in einer Phantasie wiederfand, in der sie neben einem langen, schmalen Tisch in einem hohen, gewölbten Raum ohne Fenster saß. Ihr Körper war gebeugt und geschrumpft, bedeckt nur von einem langen, weißen Leinentuch, das von ihren Schultern bis zum Boden hing. Etwas Entscheidendes war ihr widerfahren, und ihr war nicht viel Leben geblieben. Vor ihren Augen erschienen rote Kreuze auf goldenen Scheiben. Sie erinnerte sich, vor langer Zeit eine Art Verpflichtung eingegangen zu sein, und dass sie, wo immer sie sich jetzt befand, Teil davon sein musste.

Dann öffnete sie langsam ihre Augen und sah einen Mann neben sich sitzen, der sie heilen würde. Er schien natürlich und freundlich, und er sprach zu ihr, obwohl sie ihn nicht hörte. Er schien alles darüber zu wissen, wo sie gewesen war. Die Frau war sich ihrer Hässlichkeit und des Todesgeruchs bewusst, den sie ausströmen musste, und fragte sich, ob er ihn abstoßend finden würde. Sie blickte ihn lange an, und er wandte sich nicht ab, was ihr das Atmen erleichterte.

Dann fühlte sie, wie eine frische Brise oder frisches Wasser sich über ihren Körper ergoss. Sie hüllte sich in das weiße Leinentuch und bereitete sich auf einen natürlichen Schlaf vor. Die heilenden Hände des Mannes lagen auf ihren Schultern, und sie erinnerte sich vage, dass es eine Zeit gegeben hatte, in der sie dort Wunden hatte, doch der Druck seiner Hände schien ihr Kraft zu geben und sie zu heilen.

Diese Frau hatte sich durch Zweifel an ihrer ursprünglichen religiösen Zugehörigkeit bedroht gefühlt. Als fromme Katholikin erzogen, hatte sie seit ihrer Jugend darum gekämpft, sich von den formalen religiösen Konventionen zu befreien, denen ihre Familie folgte. Die symbolischen Ereignisse des Kirchenjahres und der Reichtum ihres Verständnisses ihrer Bedeutung blieben jedoch während des gesamten Prozesses ihrer psychologischen Veränderung bei ihr, und Jung fand dieses praktische Wissen über religiöse Symbolik in seiner Analyse sehr nützlich.

Die bedeutsamen Elemente ihrer Phantasie waren das weiße Tuch, das sie als Opfertuch verstand; der gewölbte Raum, den sie als Grab betrachtete; und ihre Verpflichtung, die sie mit der Erfahrung der Unterwerfung assoziierte. Diese Verpflichtung deutete auf ein Initiationsritual mit einem gefährlichen Abstieg in das Gewölbe des Todes hin und symbolisierte die Art und Weise, wie sie Kirche und Familie verlassen hatte, um Gott auf ihre Weise zu erfahren. Sie hatte sich einer „Imitatio Christi" im wahren symbolischen Sinne unterzogen und die Wunden erlitten, die ihrem Tod vorausgingen.

Am Ende der Phantasie taucht die heilende Gestalt eines Mannes auf, vage mit Jung als ihrem Therapeuten verbunden, aber auch als Freund anwesend, der sich ihrer Erfahrung vollständig bewusst ist. Obwohl sie seine Worte nicht erfassen kann, beruhigen sie seine Hände und flößen ihr ein Gefühl der Heilung ein. Diese Gestalt vermittelt das Mitgefühl und das tröstende Wort des guten Hirten, Orpheus oder Christus, agiert als Mittler und Heiler und repräsentiert die Lebenskraft, die sie zu überzeugen versucht, dass sie nun den Abgrund des Todes hinter sich lassen kann.

Ist dies eine Wiedergeburt oder eine Auferstehung? Vielleicht beides, oder keines von beiden. Das wesentliche Ritual manifestiert sich am Ende: Die frische Brise oder das Wasser, das über ihren Körper fließt, symbolisiert den ursprünglichen Akt der Reinigung oder Befreiung von Sünde und Tod, die Essenz der wahren Taufe.

Dieselbe Frau hatte eine weitere Phantasie, in der sie fühlte, dass ihr Geburtstag mit dem Tag der Auferstehung Christi zusammenfiel. Dies hatte für sie eine viel größere Bedeutung als die Erinnerung an ihre Mutter, die ihr nie das Gefühl von Sicherheit und Erneuerung vermittelt hatte, das sie sich in den Geburtstagen ihrer Kindheit so sehr gewünscht hatte. Dies bedeutete jedoch nicht, dass sie sich mit der Gestalt Christi identifizierte. Trotz seiner Macht und Herrlichkeit fehlte ihm etwas; und wenn sie versuchte, durch Gebet mit ihm in Verbindung zu treten, stiegen er und sein Kreuz zum Himmel auf, außerhalb ihrer menschlichen Reichweite.

In dieser zweiten Phantasie wandte sie sich dem Symbol der Wiedergeburt zu, repräsentiert durch eine aufgehende Sonne, und ein neues weibliches Symbol trat hervor. Zunächst präsentierte es sich als „Embryo in einem Wassersack", dann trug sie ein achtjähriges Kind durch das Wasser, „eine gefährliche Stelle passierend". Anschließend erfuhr sie ein Gefühl von Sicherheit und Freiheit, „in einem Wald bei einem kleinen Quellwasserfall... ringsum wachsen grüne Ranken. In meinen Händen halte ich eine Steinschale mit Quellwasser, etwas grünem Moos und Veilchen. Ich bade unter dem Wasserfall. Das Wasser ist golden und ‚seidig', und ich fühle mich wie ein Kind."

Die Bedeutung dieser Ereignisse ist klar, trotz der kryptischen Beschreibung der vielfachen sich wandelnden Bilder. Es scheint ein Prozess der Wiedergeburt zu sein, in dem ein höheres geistiges Selbst wiedergeboren und von der Natur als Kind getauft wird. Gleichzeitig hat sie ein inneres Kind gerettet, das ihr Selbst in der traumatischsten Periode ihrer Kindheit repräsentierte, es durch das Wasser geführt und so die lähmende Furcht überwunden, sich schuldig zu fühlen, wenn sie sich zu weit von der konventionellen Religion ihrer Familie entfernte. Die konventionelle religiöse Symbolik ist jedoch abwesend. Alles liegt in den Händen der Natur; man befindet sich eindeutig im Reich des Hirten Orpheus und nicht in dem des auferstandenen Christus.

Ein späterer Traum führte sie in eine Kirche, ähnlich der in Assisi, mit den Fresken des heiligen Franziskus von Giotto. Sie fühlte sich hier wohler als in anderen Kirchen, weil der heilige Franziskus, ebenso wie Orpheus, ein religiöser Mensch der Natur war. Dies entfachte ihre Gefühle über den Wechsel der religiösen Zugehörigkeit, der so schmerzhaft gewesen war, doch nun glaubte sie, ihm mit Freude begegnen zu können, inspiriert vom Licht der Natur.

Die Traumserie endete mit einem fernen Echo der Religion des Dionysos. Sie träumte, dass sie ein blondes Mädchen an der Hand führte und fröhlich an einem Fest teilnahm, das die Sonne, die Wälder und die Blumen ringsum einschloss. Das Mädchen hatte eine kleine weiße Blume in der Hand und legte sie auf den Kopf eines schwarzen Stiers, der Teil des Festes war und mit festlichen Schmuckstücken bedeckt war. Diese Anspielung erinnert an die alten Riten zu Ehren des Dionysos unter der Gestalt eines Stiers.

Doch der Traum endete nicht dort. Die Frau fügte hinzu, dass der Stier einige Zeit später von einem goldenen Pfeil durchbohrt wurde. Neben Dionysos gibt es einen weiteren vorchristlichen Ritus, in dem der Stier eine symbolische Rolle spielt: der persische Sonnengott Mithras, der einen Stier opfert. Er repräsentiert, ebenso wie Orpheus, das Verlangen nach einem geistigen Leben, das über die primitiven animalischen Leidenschaften des Menschen triumphieren kann und ihm nach einer Initiationszeremonie Frieden gewährt.

Diese Bilderserie bestätigt eine Andeutung, die in vielen phantastischen oder Traumsequenzen dieser Art vorhanden ist: dass es keinen endgültigen Frieden oder Ruhepunkt gibt. In ihrer religiösen Suche stehen Männer und Frauen, insbesondere jene, die in modernen christianisierten westlichen Gesellschaften leben, weiterhin unter der Herrschaft jener primitiven Traditionen, die in ihnen um die Vorherrschaft ringen. Es ist ein Konflikt zwischen heidnischen und christlichen Glaubensvorstellungen, oder man könnte sagen, zwischen Wiedergeburt und Auferstehung.

Ein direkterer Schlüssel zur Lösung dieses Dilemmas findet sich in der ersten Phantasie dieser Frau, in einer eigentümlichen Symbolik, die leicht übersehen werden könnte. Während ihrer Nahtoderfahrung sah sie vor ihren Augen eine Vision roter Kreuze auf goldenen Scheiben. Wie sich später in ihrer Analyse offenbarte, stand sie kurz davor, einen tiefgreifenden psychischen Wandel zu erfahren und aus diesem „Tod" zu einer neuen Lebensform wiedergeboren zu werden. Man könnte also folgern, dass dieses Bild, das ihr in der tiefsten Verzweiflung ihres Lebens zuteil wurde, auf gewisse Weise ihre zukünftige religiöse Haltung vorwegnahm. Tatsächlich lieferte sie in ihren späteren Arbeiten Beweise, die nahelegten, dass die roten Kreuze ihre Hingabe an die christliche Haltung repräsentierten, während die goldenen Scheiben ihre Verbindung zu den vorchristlichen Mysterienreligionen symbolisierten. Ihre Vision hatte ihr angezeigt, dass sie diese christlichen und heidnischen Elemente in dem neuen Leben, das sie erwartete, versöhnen musste.

Eine letzte, aber entscheidende Beobachtung bezieht sich auf die alten Riten und ihre Verbindung zum Christentum. Der in den eleusinischen Mysterien praktizierte Initiationsritus, der den Fruchtbarkeitsgöttinnen Demeter und Persephone gewidmet war, beschränkte sich nicht ausschließlich auf jene, die ein erfüllteres Leben führen wollten; er wurde auch als Vorbereitung auf den Tod verwendet und legte damit nahe, dass auch dieser einen ähnlichen initiatorischen Ritus erforderte.

Auf einer Graburne, die in einem römischen Grab nahe dem Kolumbarium auf dem Esquilin-Hügel entdeckt wurde, findet sich ein Basrelief, das Szenen der Endphase der Initiation darstellt, wenn der Initiand zur Gegenwart und zum Gespräch mit den Göttinnen zugelassen wird. Der Rest des Entwurfs widmet sich zwei vorbereitenden Reinigungszeremonien: dem Opfer des „mystischen Schweins" und einer mystischen Version der heiligen Hochzeit. All dies weist auf eine Initiation zum Tod hin, jedoch in einer Weise, die der Trauer über den Verlust entbehrt. Es deutet auf einen Aspekt der späteren Mysterien hin, insbesondere des Orphismus, der impliziert, dass der Tod ein Versprechen der Unsterblichkeit mit sich bringt. Das Christentum führte diese Idee noch weiter, indem es mehr als bloße Unsterblichkeit anbot (die im antiken Kontext der zyklischen Mysterien als Reinkarnation interpretiert werden könnte) und den Gläubigen ein ewiges Leben im Himmel versprach.

So beobachtet man erneut im modernen Leben die Tendenz, alte Muster zu wiederholen. Jene, die dem Tod gegenüberstehen, müssen vielleicht die alte Botschaft neu erlernen, die lehrt, dass der Tod ein Mysterium ist, auf das man sich mit demselben Geist der Unterwerfung und Demut vorbereiten muss, mit dem man einst lernte, sich auf das Leben vorzubereiten.

Mit dem Wissen über die psychologische Evolution des Archetyps des Helden ist es an der Zeit, in die Rolle der Initiationsriten und Übergänge in der menschlichen Entwicklung einzutauchen. Diese Riten, in verschiedenen Kulturen im Laufe der Geschichte präsent, dienen als Markierungen und Wegweiser auf der Reise der Individuation und helfen uns, die Schlüsseletappen der psychologischen Transformation zu navigieren.

Symbole der Befreiung und psychologischen Transzendenz

Nachdem wir die erlösenden Gestalten von Orpheus und Christus untersucht haben, wenden wir uns nun anderen Symbolen zu, die im Individuationsprozess auftauchen und den Weg zur Befreiung und psychologischen Transzendenz weisen. Diese Symbole, die oft in Träumen, Mythen und Visionen begegnen, laden uns ein, über unsere wahrgenommenen Begrenzungen hinauszugehen und ein umfassenderes Gefühl des Seins zu umarmen.

Die Symbole, die viele Menschen beeinflussen, unterscheiden sich in ihrer Zielsetzung. Manche Individuen müssen angeregt werden und erleben ihre Initiation in der Gewalt eines dionysischen „Donnerrituals". Andere müssen unterworfen werden und werden in die geordnete Anlage des Tempelbereichs oder der heiligen Höhle zur Unterwerfung geführt, was die apollinische Religion des späteren Griechenlands heraufbeschwört. Eine vollständige Initiation umfasst beide Aspekte, wie man bei der Untersuchung von Material aus antiken Texten oder von lebenden Personen beobachten kann. Allerdings ist es durchaus zutreffend, dass der grundlegende Zweck der Initiation darin besteht, den ursprünglich wilden Charakter der jugendlichen Natur zu zähmen. Sie besitzt daher einen zivilisierenden oder vergeistigenden Zweck, trotz der Gewalt der Riten, die notwendig sind, um diesen Prozess einzuleiten.

Dennoch gibt es eine andere Art von Symbolik, die zu den ältesten bekannten heiligen Überlieferungen gehört und die sich ebenfalls auf Übergangsphasen im Leben eines Individuums bezieht. Aber diese Symbole versuchen nicht, den Initianden in irgendeine religiöse Lehre oder ein säkulares Gruppenbewusstsein zu integrieren. Im Gegenteil, sie weisen auf das Bedürfnis des Menschen hin, sich von jedem Daseinszustand zu befreien, der zu unreif, starr oder festgelegt ist. Mit anderen Worten, sie beziehen sich auf die Befreiung des Individuums – oder auf die Transzendenz – von jedem einschränkenden Existenzmuster, während es zu einer höheren oder reiferen Stufe seiner Entwicklung voranschreitet.

Ein Säugling besitzt, wie bereits erwähnt, ein Gefühl der Ganzheit, jedoch nur bevor sein Ich-Bewusstsein erstmals auftaucht. Im Falle eines Erwachsenen wird das Gefühl der Ganzheit durch die Vereinigung des Bewusstseins mit den unbewussten Inhalten des Geistes erreicht. Aus dieser Vereinigung entsteht das, was Carl Jung die „transzendente Funktion der Psyche" nannte, durch die das Individuum sein höchstes Ziel erreichen kann: die vollständige Verwirklichung des Potenzials seines individuellen Selbst.

Folglich sind das, was man „Symbole der Transzendenz" nennt, die Symbole, die das Streben des Menschen repräsentieren, dieses Ziel zu erreichen. Sie liefern die Mittel, durch die die Inhalte des Unbewussten in den bewussten Geist eintreten können, und sind zugleich selbst ein aktiver Ausdruck dieser Inhalte.

Die Form dieser Symbole ist vielfältig. Ob sie sich nun in der Mythologie oder in den Träumen zeitgenössischer Männer und Frauen finden, die sich einer kritischen Phase ihres Lebens gegenübersehen, ihre Bedeutung ist erkennbar. Auf der archaischsten Ebene dieser Symbolik findet sich erneut das Thema des Harlekin. Doch diesmal erscheint er nicht mehr als gesetzloser Möchtegern-Held. Er hat sich in den Schamanen verwandelt – den Heiler –, dessen magische Praktiken und intuitive Flüge ihn als primitiven Meister der Initiation erheben. Seine Macht liegt in seiner mutmaßlichen Fähigkeit, seinen

Körper zu verlassen und als Vogel durch das Universum zu fliegen.

In diesem Fall ist der Vogel das passendste Symbol der Transzendenz. Er repräsentiert die besondere Natur der Intuition, die durch einen „Mittler" wirkt, das heißt, ein Individuum, das in der Lage ist, Wissen über ferne Ereignisse zu erlangen – oder über Tatsachen, von denen es kein bewusstes Wissen hat –, indem es in einen Trancezustand eintritt.

Bereits im Paläolithikum der Urgeschichte lassen sich Belege für solche Kräfte finden, wie der amerikanische Gelehrte Joseph Campbell angemerkt hat, als er eine der berühmten Höhlenmalereien kommentierte, die kürzlich in Frankreich entdeckt wurden. In Lascaux, schreibt er, „wird ein Schamane dargestellt, der in Trance liegt, mit einer Vogelmaske, und die Figur eines Vogels sitzt auf einem Stab an seiner Seite. Die Schamanen Sibiriens tragen noch heute diese Vogelkostüme, und man glaubt, dass viele von ihnen von ihren Müttern aus der Nachkommenschaft eines Vogels empfangen wurden.... Der Schamane ist daher nicht nur ein vertrauter Bewohner, sondern sogar das bevorzugte Kind jener Machtsphären, die unserem normalen Wachbewusstsein unsichtbar sind, die alle kurz in Visionen besuchen können, durch die er aber als Meister wandert."

Auf der höchsten Ebene dieser initiatorischen Tätigkeit, weit entfernt von den Kunstgriffen, mit denen die Magie oft die wahre spirituelle Vision ersetzt, befinden sich die hinduistischen Yogameister. In ihren Trancezuständen gehen sie weit über die normalen Kategorien des Denkens hinaus.

Eines der häufigsten Traumsymbole dieser Befreiung durch Transzendenz ist das Thema der einsamen Reise oder Pilgerschaft, die eine spirituelle Suche zu sein scheint, bei der sich der Initiand mit der Natur des Todes vertraut macht. Es handelt sich jedoch nicht um den Tod als Jüngstes Gericht oder eine andere Kraftprobe; es ist eine Reise der Befreiung, der Entsagung und der Sühne, geleitet und gefördert von einem mitfühlenden Geist. Dieser Geist ist meist eher durch eine „Meisterin" als durch einen „Meister" der Initiation verkörpert, eine höchste weibliche Gestalt (die Anima), wie Kwan-Yin im chinesischen Buddhismus, Sophia in der christlich-gnostischen Lehre oder die altgriechische Göttin der Weisheit, Pallas Athene.

In Mythen oder Träumen symbolisiert eine einsame Reise oft die Befreiung der Transzendenz. Die Reise wird als kreisförmige Bewegung zu einem inneren Zentrum dargestellt. Viele mögen sich nach irgendeiner Veränderung eines begrenzten Lebensmusters sehnen; die Freiheit jedoch, die man durch Reisen erlangt, ersetzt keine wahre innere Befreiung.

Nicht nur der Vogelflug oder die Reise in die Wüste repräsentieren diese Symbolik, sondern jede starke Bewegung, die Befreiung verkörpert. Im ersten Lebensabschnitt, wenn man noch an die Familie und die soziale Herkunftsgruppe gebunden ist, kann dies der Moment der Initiation sein, in dem man lernen muss, entscheidende Schritte in Richtung eines eigenständigen Lebens zu unternehmen. Es ist der Moment, den T. S. Eliot in „Das wüste Land" beschreibt, wenn man sich „der furchtbaren Kühnheit eines Augenblicks der Hingabe" gegenübersieht, „die ein Zeitalter der Klugheit niemals zurücknehmen kann".

In einer späteren Lebensphase muss man vielleicht nicht alle Bindungen zu den Symbolen der bedeutsamen Begrenzung durchbrechen. Man kann jedoch von einem Geist göttlicher Unzufriedenheit erfüllt sein, der alle freien Menschen dazu treibt, sich einer neuen Entdeckung zu stellen oder ihr Leben auf eine neue Weise zu leben. Dieser Wandel kann besonders wichtig sein in der Zeit zwischen der Lebensmitte und dem Alter, wenn sich viele Menschen fragen, was sie in ihrem Ruhestand tun sollen:

ob sie arbeiten oder spielen, ob sie zu Hause bleiben oder reisen sollen.

Wenn ihr Leben abenteuerlich, unsicher oder voller Veränderungen war, mögen sie sich nach einem sesshaften Leben und den Tröstungen religiöser Gewissheit sehnen. Aber wenn sie hauptsächlich innerhalb des sozialen Musters gelebt haben, in das sie hineingeboren wurden, brauchen sie möglicherweise dringend einen befreienden Wandel. Dieses Bedürfnis kann vorübergehend durch eine Weltreise oder einfach durch einen Umzug in ein kleineres Haus befriedigt werden. Aber keiner dieser äußeren Veränderungen wird dienen, wenn es nicht eine innere Transzendenz der alten Werte gegeben hat, indem man nicht nur erfindet, sondern ein neues Lebensmuster erschafft.

Ein Beispiel für diese letztgenannte Art ist der Traum, den Carl Jung über eine Frau berichtet, die in einem verwurzelten, kulturell nährenden und sicheren Lebensstil gelebt hatte. Sie fand seltsame Holzstücke, nicht geschnitzt, aber mit schönen natürlichen Formen. Jemand sagte: „Die hat der Neandertaler mitgebracht." Dann ging sie weiter, als würde sie allein reisen, und schaute in einen riesigen Abgrund, der einem erloschenen Vulkan glich. Teilweise war Wasser vorhanden, und dort erwartete sie, weitere Neandertaler zu sehen. Stattdessen sah sie schwarze Wasserschweine, die aus dem Wasser gekommen waren und innerhalb und außerhalb der schwarzen Vulkanfelsen ein- und ausliefen. Dieser Traum führte sie von ihren familiären Bindungen und ihrem hochkultivierten Lebensstil zu einer primitiveren prähistorischen Periode und verband sie mit den fernen Ursprüngen des menschlichen Lebens.

Man weiß aus zahlreichen Beispielen, dass ein alter Baum oder eine Pflanze das Wachstum und die Entwicklung des psychischen Lebens symbolisiert, im Gegensatz zum instinktiven Leben, das typischerweise durch Tiere dargestellt wird. In diesem Holzstück erwarb diese Frau daher ein Symbol ihrer Verbindung mit den tieferen Schichten des kollektiven Unbewussten.

Anschließend spricht sie davon, ihre einsame Reise fortzusetzen. Dieses Thema symbolisiert, wie bereits erwähnt, das Bedürfnis nach Befreiung als initiatorische Erfahrung. Hier findet sich also ein weiteres Symbol der Transzendenz.

Dann beobachtet sie in ihrem Traum einen riesigen Krater eines erloschenen Vulkans, der der Kanal einer gewaltsamen Eruption von Feuer aus den tiefsten Schichten der Erde gewesen ist. Man kann daraus schließen, dass dies sich auf eine bedeutsame Erinnerung bezieht, die mit einer traumatischen Erfahrung verknüpft ist. Sie brachte es in Verbindung mit einem persönlichen Erlebnis zu Beginn ihres Lebens, als sie die zerstörerische, aber schöpferische Kraft ihrer Leidenschaften bis zu dem Punkt erlebte, dass sie fürchtete, den Verstand zu verlieren. Am Ende ihrer Jugend spürte sie einen unerwarteten Impuls, mit dem übermäßig konventionellen sozialen Muster ihrer Familie zu brechen. Sie erreichte diesen Bruch ohne größere Probleme und versöhnte sich mit ihrer Familie. Dennoch bestand in ihr noch immer ein tiefes Verlangen, sich noch mehr von ihrer familiären Umgebung zu differenzieren und sich von ihrem eigenen Existenzmuster zu befreien.

Dieser Traum erinnert an einen ähnlichen, den Jung berichtet. Er stammte von einem jungen Mann mit einem völlig anderen Problem, der jedoch eine ähnliche Einsicht zu benötigen schien. Auch er sehnte sich danach, sich zu differenzieren. Er träumte von einem Vulkan, und von dessen Krater aus beobachtete er zwei Vögel, die sich in die Luft erhoben, als fürchteten sie, der Vulkan stehe kurz vor einem Ausbruch. Dies geschah an einem fremden und einsamen Ort, mit einer

Wassermasse zwischen ihm und dem Vulkan. In diesem Fall stellte der Traum eine individuelle initiatorische Reise dar.

Dies ähnelt den dokumentierten Berichten bei einfachen Stämmen, die sich dem Sammeln von Nahrung widmen, den am wenigsten bewussten Familiengruppen, die man kennt. In diesen Gesellschaften muss der junge Initiand eine einsame Reise zu einem heiligen Ort unternehmen (in den indigenen Kulturen der pazifischen Nordwestküste könnte es sich um einen Kratersee handeln), wo er in einem visionären oder Trancezustand seinem „Schutzgeist" in Form eines Tieres, eines Vogels oder eines natürlichen Gegenstands begegnet. Er identifiziert sich eng mit dieser „Buschseele" und wird so ein Mann. Ohne diese Erfahrung gilt er, wie ein Achumaui-Heiler sagte, als „gewöhnlicher Indianer, niemand".

Der Traum des jungen Mannes ereignete sich zu Beginn seines Lebens und deutete auf seine zukünftige Unabhängigkeit und Identität als Mann hin. Die Frau, die Jung beschrieben hat, näherte sich dem Ende ihres Lebens, und sie erlebte eine ähnliche Reise und schien eine ähnliche Unabhängigkeit zu benötigen. Sie könnte den Rest ihrer Tage in Harmonie mit einem ewigen menschlichen Gesetz leben, das aufgrund seines Alters die bekannten Symbole der Kultur transzendierte.

Aber solche Unabhängigkeit gipfelt nicht in einem Zustand yogischer Loslösung, der eine Entsagung der Welt mit all ihren Unreinheiten bedeuten würde. In der ansonsten toten und verwüsteten Landschaft ihres Traums beobachtete die Frau Zeichen tierischen Lebens. Es handelte sich um „Wasserschweine", eine ihr unbekannte Art. Sie könnten daher die Bedeutung einer besonderen Art von Tier haben, das in der Lage ist, in zwei Medien zu leben, im Wasser oder an Land.

Dies ist die universelle Eigenschaft des Tieres als Symbol der Transzendenz. Diese Kreaturen, bildlich aus den Tiefen der alten Mutter Erde stammend, sind symbolische Bewohner des kollektiven Unbewussten. Sie bringen ins Feld des Bewusstseins eine besondere chthonische Botschaft (aus der Unterwelt), die sich von den spirituellen Aspirationen unterscheidet, die durch die Vögel im Traum des jungen Mannes symbolisiert werden.

Andere transzendente Symbole aus den Tiefen sind Nagetiere, Eidechsen, Schlangen und gelegentlich Fische. Es sind Zwischengeschöpfe, die Unterwasseraktivität und Vogelflug mit einem zwischenzeitlichen irdischen Leben verbinden. Die Wildente oder der Schwan sind Beispiele dafür. Vielleicht ist das häufigste Traumsymbol der Transzendenz die Schlange, dargestellt durch das therapeutische Symbol des römischen Gottes der Medizin Äskulap, das bis in moderne Zeiten als Zeichen des Ärztestandes überdauert hat. Ursprünglich handelte es sich um eine ungiftige Baumschlange; wie man sieht, scheint sie, um den Stab des Heilgottes gewunden, eine Art Vermittlung zwischen Erde und Himmel zu verkörpern.

Ein noch bedeutsameres und verbreiteteres Symbol der chthonischen Transzendenz ist das Motiv der beiden ineinander verschlungenen Schlangen. Es handelt sich um die berühmten Naga-Schlangen des alten Indien, und sie finden sich auch in Griechenland als verschlungene Schlangen am Ende des Stabes des Gottes Hermes. Ein altes griechisches Emblem ist eine Steinsäule mit einer Büste des Gottes darauf. Auf der einen Seite befinden sich die verschlungenen Schlangen und auf der anderen ein erigierter Phallus. Da die Schlangen im Akt der sexuellen Vereinigung dargestellt sind und der erigierte Phallus eindeutig sexuell ist, lassen sich gewisse Schlussfolgerungen über die Funktion des Herm als Fruchtbarkeitssymbol ziehen.

Es wäre jedoch falsch zu glauben, dass dies sich nur auf biologische Fruchtbarkeit bezieht. Hermes ist der Harlekin in einer anderen Rolle als Bote, Gott der Kreuzwege und schließlich

Seelenführer in die und aus der Unterwelt. Sein Phallus dringt daher aus der bekannten Welt in die unbekannte vor und sucht eine spirituelle Botschaft der Befreiung und Heilung.

Ursprünglich war Hermes in Ägypten als der Gott Thoth mit Ibiskopf bekannt und wurde als die Vogelform des transzendenten Prinzips konzipiert. Später, während der olympischen Periode der griechischen Mythologie, verleibte Hermes seiner chthonischen Schlangennatur Vogelattribute ein. Sein Stab erhielt Flügel über den Schlangen und wurde zum Caduceus oder geflügelten Stab des Merkur, und der Gott selbst nahm die Gestalt des „fliegenden Menschen" mit seinem geflügelten Hut und seinen Sandalen an. Hier manifestiert sich seine volle Macht der Transzendenz, wo das untere Schlangenbewusstsein der Unterwelt, die irdische Realität durchquerend, schließlich die Transzendenz zu einer übermenschlichen oder transpersonalen Realität in seinem geflügelten Flug erreicht.

Dieses zusammengesetzte Symbol findet sich in anderen Darstellungen wie dem geflügelten Pferd oder dem geflügelten Drachen und in anderen Kreaturen, die in den künstlerischen Ausdrucksformen der Alchemie reichlich vorhanden sind, so gut illustriert in Jungs klassischem Werk zu diesem Thema. Man verfolgt die unzähligen Wechselfälle dieser Symbole in der Arbeit mit den Patienten. Diese Symbole zeigen, was die Therapie erreichen kann, wenn sie die tiefsten psychischen Inhalte freisetzt, damit sie Teil der bewussten Ausstattung werden können und ermöglichen, das Leben wirksamer zu verstehen.

Für den modernen Menschen ist es keine einfache Aufgabe, die Bedeutung der Symbole aus der Vergangenheit oder die in Träumen erscheinen zu verstehen. Ebenso wenig ist es einfach zu sehen, wie der alte Konflikt zwischen Symbolen der Begrenzung und Befreiung sich auf die gegenwärtige Situation bezieht. Es wird jedoch verständlicher, wenn man sich bewusst wird, dass sich nur die spezifischen Formen dieser archaischen Muster ändern, nicht ihre psychische Bedeutung.

Man hat von Wildvögeln als Symbolen der Befreiung gesprochen, aber heute könnte man auch von Düsenflugzeugen und Weltraumraketen sprechen, da sie dasselbe transzendente Prinzip verkörpern, das zumindest vorübergehend von der Schwerkraft befreit. Ebenso spiegeln sich die alten Symbole der Begrenzung, die früher Stabilität und Schutz boten, heute in der Suche des modernen Menschen nach wirtschaftlicher Sicherheit und sozialem Wohlstand wider.

Jeder kann den Konflikt in seinem Leben zwischen Abenteuer und Disziplin, Böse und Tugend oder Freiheit und Sicherheit wahrnehmen. Dies sind jedoch nur Etiketten, die eine Ambivalenz beschreiben, die fasziniert und für die es scheinbar nie eine Antwort gibt.

Dennoch gibt es eine Antwort. Es existiert ein Treffpunkt zwischen Begrenzung und Befreiung, und er lässt sich in den Initiationsriten finden, von denen man gesprochen hat. Diese Riten können es Individuen oder ganzen Gruppen von Menschen ermöglichen, die gegensätzlichen Kräfte in sich selbst zu versöhnen und ein Gleichgewicht in ihrem Leben zu erreichen.

Aber die Riten garantieren diese Gelegenheit nicht automatisch oder unwandelbar. Sie beziehen sich auf bestimmte Phasen im Leben eines Individuums oder einer Gruppe, und wenn sie nicht angemessen verstanden und in eine neue Lebensform übersetzt werden, kann der Moment unbemerkt vorübergehen. Initiation ist im Wesentlichen ein Prozess, der mit einem Ritus der Unterwerfung beginnt, gefolgt von einer Periode der Begrenzung und schließlich von einem weiteren Ritus der Befreiung. Auf diese Weise kann jedes Individuum die widerstreitenden Elemente seiner Persönlichkeit versöhnen und ein Gleichgewicht erreichen, das es wahrhaft menschlich und Herr seiner selbst macht.

Die Individuation: Der Weg zur psychischen Ganzheit

Das Konzept des Unbewussten, seine persönlichen und kollektiven Strukturen sowie seine symbolische Ausdrucksform wurden bereits in der Theorie Carl Jungs dargelegt. Sobald man die entscheidende Wirkung verstanden hat, sei sie heilend oder zerstörerisch, die von den vom Unbewussten erzeugten Symbolen ausgeht, ergibt sich das anspruchsvolle Problem der Deutung. Jung wies darauf hin, dass der Schlüssel darin liegt zu bestimmen, ob eine spezifische Deutung „passt" und für das betreffende Individuum Bedeutung hat. Auf diese Weise zeigte er die mögliche Bedeutung und Funktion der in Träumen vorhandenen Symbolik auf.

In der Entwicklung der jungianischen Theorie wirft diese Möglichkeit jedoch eine weitere Frage auf: Was ist der Zweck der Gesamtheit des Traumlebens eines Individuums? Welche Rolle spielen die Träume nicht nur in der unmittelbaren psychischen Ökonomie, sondern im Gesamtbild der Existenz?

Nachdem Jung eine große Anzahl von Menschen beobachtet und ihre Träume studiert hatte (man schätzt, dass er mindestens 80.000 deutete), entdeckte er, dass alle Träume in unterschiedlichem Maße für das Leben des Träumenden relevant sind und Teil eines umfassenden Netzwerks psychologischer Faktoren bilden. Darüber hinaus scheinen sie in ihrer Gesamtheit einem Muster oder einer Anordnung zu folgen, die er „den Individuationsprozess" nannte. Auf den ersten Blick mögen die Träume jede Nacht verschiedene Szenen und Bilder sein, und diejenigen, die keine genauen Beobachter sind, werden wahrscheinlich kein Muster wahrnehmen. Betrachtet man jedoch die eigenen Träume über Jahre hinweg und studiert die vollständige Sequenz, wird man bemerken, dass bestimmte

Inhalte erscheinen, verschwinden und wieder auftauchen. Es ist sogar üblich, dass viele Menschen wiederholt von denselben Figuren, Landschaften oder Situationen träumen; und wenn man ihnen über eine vollständige Serie hinweg folgt, wird man beobachten, dass sie sich allmählich, aber wahrnehmbar verändern. Diese Veränderungen können sich beschleunigen, wenn die bewusste Haltung des Träumenden durch eine angemessene Deutung der Träume und ihrer symbolischen Inhalte beeinflusst wird.

Die Träume weben ein verschlungenes Muster, in dem einzelne Fäden oder Tendenzen sichtbar werden, die dann wieder verblassen und erneut erscheinen. Betrachtet man dieses Muster über einen längeren Zeitraum, lässt sich eine Art regulierende oder leitende Tendenz wahrnehmen, die im Verborgenen am Werk ist und einen langsamen, unmerklichen Prozess psychologischen Wachstums hervorbringt: den Individuationsprozess.

Allmählich entsteht eine vollständigere und reifere Persönlichkeit, die nach und nach wirksam wird und sogar für andere sichtbar. Die Tatsache, dass man oft von „gehemmter Entwicklung" spricht, legt nahe, dass man davon ausgeht, dass ein solcher Prozess des Wachstums und der Reifung bei jedem Individuum möglich ist. Da dieses psychologische Wachstum nicht durch bewusste Willensanstrengung erreicht werden kann, sondern unwillkürlich und natürlich geschieht, wird es in Träumen häufig durch den Baum symbolisiert, dessen langsames, kraftvolles und unwillkürliches Wachstum einem bestimmten Muster folgt.

Das organisierende Zentrum, von dem die regulierende Wirkung ausgeht, scheint eine Art „Atomkern" im psychischen System zu sein. Man könnte es auch als den Erfinder, Organisator und die Quelle der Traumbilder beschreiben. Jung nannte dieses Zentrum das „Selbst" und definierte es als die Ganzheit der gesamten Psyche, um es vom „Ich" zu unterscheiden, das nur einen kleinen Teil der gesamten Psyche ausmacht.

Im Laufe der Geschichte waren sich die Menschen intuitiv der Existenz eines solchen inneren Zentrums bewusst. Die Griechen nannten es den inneren Daimon des Menschen; in Ägypten drückte es sich durch das Konzept der Ba-Seele aus; und die Römer verehrten es als den eingeborenen „Genius" jedes Individuums. In primitiveren Gesellschaften betrachtete man es oft als Schutzgeist, der in einem Tier oder einem Fetisch verkörpert war.

Ein außergewöhnliches Beispiel dieses Bewusstseins vom inneren Zentrum findet sich bei den Naskapi-Indianern, die in den Wäldern der Labrador-Halbinsel leben. Diese einfachen Jäger leben in isolierten Familiengruppen, so weit voneinander entfernt, dass sie weder Stammesgebräuche noch kollektive religiöse Überzeugungen und Zeremonien entwickeln konnten. In ihrer lebenslangen Einsamkeit muss sich der Naskapi-Jäger auf seine eigenen inneren Stimmen und unbewussten Offenbarungen verlassen, ohne religiöse Führer, die ihnen vorschreiben, was sie glauben sollen, und ohne Rituale, Feste oder Bräuche, die ihnen helfen. In ihrer grundlegenden Lebensauffassung ist die Seele des Menschen einfach ein „innerer Gefährte", den sie „mein Freund" oder Mista'peo nennen, was „Großer Mann" bedeutet. Mista'peo wohnt im Herzen und ist unsterblich; im Augenblick des Todes, oder kurz davor, verlässt er das Individuum und inkarniert sich dann in einem anderen Wesen.

Jene Naskapi, die ihren Träumen Aufmerksamkeit schenken und versuchen, ihre Bedeutung zu verstehen und ihre Echtheit zu prüfen, können eine tiefere Verbindung mit dem

Großen Mann eingehen. Er begünstigt diese Menschen und sendet ihnen tiefere und bedeutungsvollere Träume. Daher besteht die hauptsächliche Verpflichtung eines Naskapi darin, den Anweisungen zu folgen, die ihm seine Träume bieten, und ihren Inhalt dauerhaft in der Kunst festzuhalten. Lüge und Unehrlichkeit vertreiben den Großen Mann aus seinem inneren Reich, während Großzügigkeit und Liebe zu anderen und zu den Tieren ihn anziehen und ihm Leben geben. Die Träume verleihen dem Naskapi die vollständige Fähigkeit, seinen Weg im Leben zu finden, nicht nur in der inneren Welt, sondern auch in der äußeren Welt der Natur. Sie helfen ihm, das Wetter vorherzusagen, und bieten ihm unschätzbare Führung bei seiner Jagd, von der sein Überleben abhängt. Jung erwähnte diese primitiven Völker, weil sie nicht von zivilisierten Vorstellungen beeinflusst sind und eine natürliche Wahrnehmung des Wesens dessen bewahren, was er das Selbst nannte.

Das „Selbst" kann als eine innere Orientierungskraft verstanden werden, die sich von der bewussten Persönlichkeit unterscheidet und nur durch das Studium der persönlichen Träume wahrnehmbar ist. Diese offenbaren, dass es das regulierende Zentrum ist, das ein beständiges Wachstum und eine Entwicklung der Persönlichkeit vorantreibt. Dieser umfassendere und nahezu totale Aspekt der Psyche manifestiert sich jedoch zunächst nur als einfache angeborene Potenzialität. Er kann auf subtile Weise entstehen oder sich im Laufe des Lebens vollständig entwickeln. Der Entwicklungsgrad hängt davon ab, ob das Ich empfänglich ist, auf die Zeichen des Selbst zu hören. So wie die Naskapi beobachteten, dass diejenigen, die offen für die Einflüsse des Großen Mannes sind, bedeutungsvollere und nützlichere Träume erleben, könnte man hinzufügen, dass sich der angeborene Große Mann bei denjenigen intensiver manifestiert, die empfänglich sind, im Gegensatz zu jenen, die ihn ignorieren. Diese Menschen neigen auch dazu, eine größere Fülle als menschliche Wesen zu erreichen.

Es scheint, dass der Zweck des Ichs nicht darin besteht, unbegrenzt seinen eigenen willkürlichen Impulsen zu folgen, sondern zur Verwirklichung der Ganzheit der Psyche beizutragen. Es ist das Ich, das das gesamte System erleuchtet und ermöglicht, dass es bewusst und somit aktualisiert wird. Wenn beispielsweise eine Person ein künstlerisches Talent besitzt, dessen sich ihr Ich nicht bewusst ist, manifestiert sich dieses Talent nicht. Erst wenn das Ich es wahrnimmt, kann es materialisiert werden. Die inhärente, aber verborgene Ganzheit der Psyche entspricht nicht einer vollständig verwirklichten und gelebten Ganzheit.

Man könnte es sich so vorstellen: Der Same einer Kiefer enthält die Ganzheit des zukünftigen Baumes latent in sich; jeder Same fällt jedoch zu einem bestimmten Zeitpunkt und an einen bestimmten Ort mit besonderen Umständen, wie der Qualität des Bodens, der Neigung des Geländes und seiner Exposition gegenüber Sonnenlicht und Wind. Die latente Ganzheit reagiert auf diese Umstände und formt das Wachstum des Baumes. Auf diese Weise entsteht allmählich eine individuelle Kiefer, die die Verwirklichung ihrer Ganzheit im Reich der Realität darstellt. Ohne den lebendigen Baum ist das Bild der Kiefer nur eine Möglichkeit oder eine abstrakte Idee. Wiederum ist die Verwirklichung dieser Einzigartigkeit im menschlichen Individuum das Ziel des Individuationsprozesses.

Aus einer Perspektive findet dieser Prozess im Individuum (sowie in jedem anderen Lebewesen) von selbst und im Unbewussten statt; es ist ein Prozess, durch den das Individuum seine angeborene menschliche Natur lebt. Der Individuationsprozess wird jedoch erst dann real, wenn das Individuum sich seiner bewusst wird und bewusst eine lebendige

Verbindung zu ihm herstellt. Man weiß nicht, ob die Kiefer sich ihres eigenen Wachstums bewusst ist, ob sie die verschiedenen Wechselfälle erlebt und erleidet, die sie formen. Aber der Mensch kann sich bewusst an seiner eigenen Entwicklung beteiligen und hat sogar das Gefühl, dass er, indem er gelegentlich freie Entscheidungen trifft, aktiv daran mitwirken kann. Diese Mitwirkung ist integraler Bestandteil des Individuationsprozesses im strengsten Sinne des Wortes.

Der Mensch erlebt jedoch etwas, das sich nicht in der Metapher der Kiefer widerspiegelt. Der Individuationsprozess geht darüber hinaus, einfach eine Konvergenz zwischen dem angeborenen Potenzial der Ganzheit und den äußeren Ereignissen des Schicksals zu sein. Die subjektive Erfahrung vermittelt das Gefühl, dass eine überpersönliche Kraft auf schöpferische Weise aktiv eingreift. Manchmal hat man den Eindruck, dass das Unbewusste den Weg nach einem geheimen Plan gestaltet. Es ist, als ob etwas das Individuum beobachtet, etwas, das es nicht sehen kann, das aber es sieht; vielleicht jener Große Mann in seinem Inneren, der ihm seine Ansichten über es durch die Träume mitteilt.

Aber dieser schöpferisch aktive Aspekt des psychischen Kerns kann nur ins Spiel kommen, wenn das Ich sich von allen Absichten und Wünschen befreit und sich jenem inneren Drang zum Wachstum vollständig hingibt. Das Ich muss fähig sein, aufmerksam zuzuhören und sich ohne weiteres hinzugeben, damit dieser innere Impuls es leiten kann. Viele existentialistische Philosophen versuchen, diesen Zustand zu beschreiben, aber sie schaffen es nur, sich von den Illusionen des Bewusstseins zu befreien: Sie gelangen bis zur Tür des Unbewussten, können sie aber nicht öffnen.

Menschen, die in verwurzelteren Kulturen als der westlichen leben, haben weniger Schwierigkeiten, die

Notwendigkeit zu begreifen, die utilitaristische Haltung der bewussten Planung aufzugeben und so das innere Wachstum der Persönlichkeit zu ermöglichen. Jung kannte eine alte Frau, die in Bezug auf äußere Errungenschaften nicht viel erreicht hatte, aber eine gute Beziehung zu einem schwierigen Ehemann erreicht hatte und auf irgendeine Weise eine reife Persönlichkeit entwickelt hatte. Als sie bedauerte, in ihrem Leben nichts „erreicht" zu haben, erzählte Jung ihr eine Geschichte, die der chinesische Weise Dschuang Dsi erzählt hatte. Sie verstand sie sofort und empfand große Erleichterung. Dies ist die Geschichte:

Ein wandernder Zimmermann namens Stone sah auf seinen Reisen eine alte riesige Eiche, die auf einem Feld neben einem Erdaltar stand. Der Zimmermann sagte bewundernd zu seinem Lehrling: „Dieser Baum ist nutzlos. Wenn du versuchtest, ein Schiff daraus zu bauen, würde es bald verrotten; wenn du versuchtest, Werkzeuge daraus zu machen, würden sie zerbrechen. Man kann nichts Nützliches aus diesem Baum machen, und deshalb ist er so alt geworden."

Doch in derselben Nacht erschien dem Zimmermann in einem Gasthaus die alte Eiche im Traum und sprach zu ihm: „Warum vergleichst du mich mit deinen kultivierten Bäumen wie dem Weißdorn, dem Birnbaum, dem Orangenbaum, dem Apfelbaum und all den anderen, die Früchte tragen? Noch bevor ihre Früchte reifen, greifen die Menschen sie an und verletzen sie. Ihre Äste werden gebrochen, ihre Zweige zerrissen. Ihre eigenen Gaben fügen ihnen Schaden zu, und sie können ihre natürliche Lebensdauer nicht leben. Das geschieht überall, und deshalb habe ich schon vor langer Zeit versucht, völlig nutzlos zu werden. Armer Sterblicher. Stell dir vor, wenn ich auf irgendeine Weise nützlich gewesen wäre, hätte ich diese Größe erreicht? Außerdem sind sowohl du als auch ich Geschöpfe, und wie kann ein Geschöpf sich so hoch erheben, um über ein anderes zu urteilen? Nutzloser sterblicher Mensch, was weißt du von nutzlosen Bäumen?"

Der Zimmermann erwachte und dachte über seinen Traum nach. Als sein Lehrling ihn fragte, warum gerade dieser Baum dazu bestimmt sei, den Erdaltar zu schützen, antwortete der Meister schroff: „Schweig! Lass uns nicht mehr darüber sprechen." Er erklärte, dass der Baum dort absichtlich gewachsen sei, weil er an jedem anderen Ort misshandelt worden wäre. Wäre da nicht der Altar gewesen, hätten sie den Baum gefällt.

Es war offensichtlich, dass der Zimmermann die Bedeutung seines Traums verstanden hatte. Er erkannte, dass die Erfüllung des eigenen Schicksals die größte menschliche Leistung ist und dass utilitaristische Ideen den Forderungen des Unbewussten weichen müssen. Übersetzt man diese Metapher in psychologische Sprache, symbolisiert der Baum den Individuationsprozess und lehrt dem begrenzten Ich eine Lektion.

Unter dem Baum, der sein Schicksal erfüllte, befand sich ein Erdaltar, wie in der Geschichte von Dschuang Dsi beschrieben wird. Dieser primitive Altar war der Ort, an dem die Menschen ihre Opfer an den lokalen Gott darbrachten, der jenes Stück Land „besaß". Das Symbol des Erdaltars weist darauf hin, dass man sich, um den Individuationsprozess zu verwirklichen, bewusst der Macht des Unbewussten hingeben muss, anstatt darüber nachzudenken, was man tun sollte oder was konventionell ist. Man muss einfach zuhören, um zu verstehen, was die innere Ganzheit, das Selbst, in einer bestimmten Situation getan haben möchte.

Die Haltung muss wie die der zuvor erwähnten Bergkiefer sein: Sie ärgert sich nicht, wenn ein Hindernis ihr Wachstum blockiert, noch macht sie Pläne, es zu überwinden. Sie fühlt einfach, wohin sie wachsen muss. Auf die gleiche Weise muss man sich diesem fast unmerklichen, aber mächtigen Impuls hingeben, der aus dem Wunsch nach einzigartiger und schöpferischer Selbstverwirklichung stammt. Dieser Prozess beinhaltet das wiederholte Suchen und Finden von etwas, das anderen unbekannt ist. Die Zeichen, die leiten, kommen nicht vom Ich, sondern von der Ganzheit der Psyche: dem Selbst.

Darüber hinaus ist es nutzlos, sich mit anderen zu vergleichen, da jede Person eine einzigartige Aufgabe der Selbstverwirklichung hat. Obwohl viele menschliche Probleme ähnlich sind, ist jedes Individuum einzigartig. Aufgrund dieser Kombination von Ähnlichkeit und Verschiedenheit ist es schwierig, die unendlichen Variationen des Individuationsprozesses zusammenzufassen. Jede Person muss etwas anderes tun, etwas, das ihr eigen ist.

Jung wurde dafür kritisiert, dass er das psychische Material nicht systematisch darstellte, aber dies liegt daran, dass dieses Material eine lebendige, irrationale und sich ständig verändernde Erfahrung ist, die sich nicht leicht systematisieren lässt. Die Tiefenpsychologie steht vor ähnlichen Herausforderungen wie die Mikrophysik, wenn sie versucht, einzigartige psychische Ereignisse zu beschreiben. Dennoch wird man versuchen, einige der typischsten Merkmale des Individuationsprozesses zu skizzieren.

Die Konfrontation mit dem Unbewussten im Individuationsprozess

In der Jugend durchlaufen Menschen einen allmählichen Entdeckungsprozess, während sie sich der Welt und ihrer selbst bewusst werden. Die Kindheit ist geprägt von intensiver emotionaler Aktivität, und die ersten Träume offenbaren oft die grundlegende Struktur der Psyche und nehmen das Schicksal des Einzelnen vorweg. Carl Jung berichtete von dem Fall einer jungen Frau, die sich mit 26 Jahren das Leben nahm und deren Kindheitstraum ihr tragisches Ende vorausahnte.

Gelegentlich kann anstelle eines Traumes ein denkwürdiges Ereignis die Zukunft symbolisch voraussagen. Kinder erinnern sich häufig lebhaft an Begebenheiten, die Erwachsene übersehen, und diese Erinnerungen offenbaren grundlegende Fragen ihrer Psyche.

Wenn Kinder in die Schule kommen, beginnt die Phase des Ich-Aufbaus und der Anpassung an die Außenwelt. Diese Zeit kann schmerzhaft sein, und manche Kinder nehmen sich als anders wahr als die anderen und erleben ein Gefühl der Einzigartigkeit, das oft mit einer gewissen Traurigkeit einhergeht. Die Probleme der Welt und das Böse, sowohl das innere als auch das äußere, werden bewusst, und sie müssen sich mit inneren Impulsen und äußeren Anforderungen auseinandersetzen.

Wird die Bewusstseinsentwicklung gestört, können sich Kinder zurückziehen und in einem inneren psychischen „Kern" Zuflucht suchen, wie sich in ihren Träumen und Zeichnungen zeigt. Dieser Kern bildet das Lebenszentrum der Persönlichkeit, aus dem sich das Ichbewusstsein entwickelt.

In dieser Anfangsphase suchen viele Kinder nach einem Sinn für das Leben, der es ihnen ermöglicht, mit dem inneren und äußeren Chaos umzugehen. Es gibt jedoch andere, die noch unbewusst von den ererbten, instinktiven archetypischen Mustern geleitet werden. Diese jungen Menschen machen sich nicht allzu viele Gedanken über die tiefere Bedeutung der Existenz, da sie in ihren Erlebnissen mit der Liebe, der Natur, dem Sport und der Arbeit einen unmittelbaren und befriedigenden Sinn finden. Sie sind nicht unbedingt oberflächlicher; sie gleiten einfach mit weniger Reibung und Störung durch den Strom des Lebens als ihre nachdenklicheren Altersgenossen. Es ist, als würden wir mit dem Auto oder im Zug fahren, ohne nach draußen zu schauen – erst die Stopps, Anfahrten und jähen Kurven machen uns bewusst, dass wir uns in Bewegung befinden.

Der eigentliche Individuationsprozess, der die bewusste Versöhnung mit unserem eigenen inneren Zentrum oder Selbst bedeutet, beginnt gewöhnlich mit einer Verletzung der Persönlichkeit und dem damit einhergehenden Leiden. Dieser anfängliche Anstoß lässt sich mit einer Art „Ruf" vergleichen, der allerdings häufig nicht als solcher erkannt wird. Stattdessen neigt das Ich dazu, sich in seinem Willen oder Wunsch behindert zu fühlen und projiziert die Schuld für die Behinderung gewöhnlich nach außen – sei es auf Gott, die wirtschaftliche Lage, den Chef oder den Partner.

Manchmal scheint an der Oberfläche alles in Ordnung zu sein, doch in der Tiefe leidet der Mensch unter einer tödlichen Langeweile, die alles sinnlos und leer erscheinen lässt. Zahlreiche Mythen und Märchen symbolisieren diese Anfangsphase des Individuationsprozesses durch Geschichten von kranken oder alternden Königen, unfruchtbaren Königspaaren, Ungeheuern, die Reichtümer und Menschen rauben, oder dunklen Mächten, die das natürliche Gleichgewicht stören. So wirft die erste Begegnung mit dem Selbst einen dunklen Schatten voraus, als käme der „innere Freund" zunächst wie ein Jäger, um das wehrlose Ich einzufangen.

In diesen Krisenmomenten sucht man nach etwas, das unmöglich zu finden scheint oder von dem man nichts weiß. Unter diesen Umständen erweisen sich wohlmeinende und vernünftige Ratschläge als völlig nutzlos. Das Einzige, was zu helfen scheint, ist, sich der herannahenden Dunkelheit ohne Vorurteile und in völliger Unbefangenheit direkt zu stellen und zu versuchen herauszufinden, was ihr geheimes Ziel ist und was sie von uns will.

Gewöhnlich ist der verborgene Zweck dieser Dunkelheit etwas so Ungewöhnliches, Einzigartiges und Unerwartetes, dass er nur durch Träume und Phantasien aus dem Unbewussten entdeckt werden kann. Wenn man sich dem Unbewussten ohne voreilige Annahmen oder emotionale Ablehnung zuwendet, wird man oft von einem Strom nützlicher symbolischer Bilder geleitet. Manchmal beginnt dieser Prozess jedoch mit der Konfrontation schmerzlicher Wahrheiten über sich selbst und die eigenen bewussten Einstellungen.

Die Verwirklichung des Schattens, wie Jung es nannte, bedeutet, Aspekte der eigenen Persönlichkeit anzuerkennen und zu akzeptieren, die man lieber ignoriert hätte. Der Schatten stellt Eigenschaften und Impulse dar, die man an sich selbst nicht oder kaum kennt, sowie kollektive Faktoren, die aus Quellen außerhalb des persönlichen Lebens stammen können. Beim Versuch, sich dem Schatten zu stellen, wird einem bewusst und man schämt sich oft jener Eigenschaften und Impulse, die man an sich selbst leugnet, aber bei anderen leicht erkennt. Dieser Prozess konfrontiert den Menschen mit seinen eigenen kleinen Sünden und lädt ihn ein, sie als Teil seiner Ganzheit zu akzeptieren.

Wenn ein Freund auf einen Fehler hinweist und man intensive Wut empfindet, begegnet man wahrscheinlich einem Teil des Schattens – jenem Teil von einem selbst, den man nicht bewusst anerkennt. Es ist normal, sich zu ärgern, wenn andere, die nicht vollkommen sind, die Mängel kritisieren, die man lieber ignorieren würde. Doch was geschieht, wenn die eigenen Träume, das eigene innere Gewissen, einen Menschen tadeln? In diesem Moment bleibt das Ich in beschämtem Schweigen gefangen. Dann beginnt die mühsame Arbeit der Selbsterziehung, vergleichbar, könnte man sagen, mit den legendären Aufgaben des Herakles. Seine erste Herausforderung bestand bekanntlich darin, die Ställe des Augias an einem einzigen Tag zu reinigen – eine monumentale Arbeit, die jeden Sterblichen schon beim bloßen Gedanken daran entmutigen würde.

Der Schatten zeigt sich nicht nur in Unterlassungen; oft offenbart er sich in impulsiven oder unbedachten Handlungen. Bevor man Zeit zum Nachdenken hat, entfährt die verletzende Bemerkung, wird der machiavellistische Plan geschmiedet, trifft man die falsche Entscheidung, und der Mensch sieht sich mit unerwünschten Konsequenzen konfrontiert – Früchte eines Teils von sich selbst, den er nicht vollständig anerkennt. Zudem ist der Schatten kollektiven Einflüssen stärker ausgesetzt als die bewusste Persönlichkeit. Wenn man allein ist, kann man sich relativ wohl fühlen; doch konfrontiert mit den dunklen und primitiven Handlungen anderer, entsteht die Furcht, für naiv gehalten zu werden, wenn man sich ihnen nicht anschließt, was dazu verleitet, Impulsen nachzugeben, die einem in Wirklichkeit nicht gehören. Besonders in der Interaktion mit Menschen desselben Geschlechts begegnet man sowohl dem eigenen Schatten als auch dem der anderen. Obwohl sich der Schatten auch bei Personen des anderen Geschlechts zeigt, stört er gewöhnlich weniger, und man ist eher geneigt, ihn zu verzeihen.

In Träumen und Mythen erscheint der Schatten als eine Gestalt desselben Geschlechts wie der Träumende. Ein Beispiel ist der folgende Traum eines 48-jährigen Mannes, der ein von Arbeit und Disziplin geprägtes Leben führte und seine spontanere, genussvollere Seite mehr als nötig unterdrückte.

Im Traum erkundet der Mann sein eigenes Haus und entdeckt unbekannte Räume im Keller, von denen einige kein Schloss haben. Er fühlt sich unwohl beim Anblick einiger offener Türen und der Arbeiter, die in der Nachbarschaft tätig sind, was auf ein Eindringen in seinen persönlichen Raum hindeutet. Als er in den Hinterhof hinaustritt, begegnet er einem alten Schulkameraden aus der Grundschulzeit, der einen vergessenen Teil seiner eigenen Persönlichkeit verkörpert – dargestellt durch die Fähigkeit, das Leben zu genießen, und seine extravertierte Seite. Diese Gestalt aus der Vergangenheit kehrt zurück, um den Träumer an eine verlorene und vernachlässigte Eigenschaft zu erinnern.

Doch bald wird deutlich, warum sich der Träumer „unruhig" fühlt, kurz bevor er diesem scheinbar harmlosen alten Freund begegnet. Während er mit ihm durch die Straße spaziert, brechen die Pferde aus. Der Träumer vermutet, dass sie sich möglicherweise vom Militärdienst befreit haben könnten – also von der bewussten Disziplin, die sein Leben bisher bestimmt hat. Das Fehlen von Reitern auf den Pferden zeigt, dass die instinktiven Impulse der bewussten Kontrolle entgleiten können. Sowohl dieser alte Freund als auch die Pferde stellen eine positive Kraft dar, die zuvor im Leben des Träumers fehlte und die er nun dringend benötigt.

Dies ist ein häufiges Dilemma, wenn man seiner „anderen Seite" begegnet. Der Schatten enthält oft Werte, die für das Bewusstsein notwendig sind, aber in einer Form, die ihre Integration ins persönliche Leben erschwert. Die Durchgänge und das Haus im Traum zeigen, dass der Träumer seine eigenen psychischen Dimensionen noch nicht vollständig erforscht hat und sie nicht vollständig ausfüllen kann.

Der Schatten in diesem Traum ist typisch für einen Introvertierten (eine Person, die dazu neigt, sich zu sehr vom äußeren Leben zurückzuziehen). Im Gegensatz dazu würde sich bei einem Extravertierten, dessen Aufmerksamkeit stärker auf die Außenwelt gerichtet ist, der Schatten anders manifestieren.

Ein Mann mit lebhaftem Temperament stürzte sich immer wieder in erfolgreiche Projekte, während seine Träume darauf bestanden, dass er ein privates kreatives Vorhaben vollenden sollte. Einer dieser Träume war folgender:

Im Traum ist ein französischer Mann, ein Gesetzloser, bereit, jede kriminelle Aufgabe auszuführen. Ein Beamter begleitet ihn die Treppe hinunter und offenbart ein Komplott, den Träumer zu ermorden. In einem angespannten Moment gelingt es dem Träumer, den Beamten zu töten und so sein Leben zu retten. Die Gestalt des Gesetzlosen repräsentiert die Introversion des Träumers, die in einen Zustand völliger Verarmung geraten ist. Die plötzliche Erkrankung des korpulenten Mannes steht im Zusammenhang mit der Erschöpfung, die der Träumer durch seine übermäßige Hingabe an das äußere Leben erfahren hat. Der oberflächliche Erfolg des korpulenten Mannes deutet darauf hin, dass die äußeren Aktivitäten des Träumers an Authentizität und echter Leidenschaft mangeln. Am Ende des Traumes ist der Gesetzlose zufrieden, was auf eine momentane Integration des Schattens mit dem Bewusstsein des Träumers hinweist.

Dieser Traum veranschaulicht, wie der Schatten Elemente wie unbewussten Ehrgeiz (der erfolgreiche korpulente Mann) und Introversion (der französische Gesetzlose) einschließen kann. Zudem assoziiert der Träumer die Franzosen mit der Kunst der Liebe, was nahelegt, dass diese Gestalten auch sexuelle

Impulse repräsentieren. Die Fähigkeit des Träumers, die gefährliche innere Kraft des Traumes aufzuhalten, deutet auf einen Schritt hin zur Integration seines Schattens.

Es ist offensichtlich, dass das Schattenproblem eine wichtige Rolle in politischen Konflikten spielt. Wäre sich der Träumer seines Schattens nicht bewusst gewesen, hätte er seine eigenen kriegerischen Aspekte leicht auf andere projiziert, etwa auf die „gefährlichen Kommunisten" oder die „gierigen Kapitalisten". Die Projektion verdunkelt die Wahrnehmung der anderen und erschwert echte menschliche Beziehungen. Anstatt sich den Mängeln zu stellen, wie sie der Schatten offenbart, werden sie auf andere projiziert, etwa auf die politischen Feinde.

Die Projektion des Schattens hat einen zusätzlichen Nachteil. Wenn man den Schatten mit Gruppen wie den Kommunisten oder den Kapitalisten assoziiert, wird ein Teil der eigenen Persönlichkeit im gegnerischen Lager vertreten. Infolgedessen führt man beständig (wenn auch unfreiwillig) Handlungen aus, die dieser anderen Gruppe zugutekommen und trägt unwissentlich zur Stärkung des Gegners bei. Erkennt man jedoch diese Projektion und geht man die Angelegenheiten ohne Furcht oder Feindseligkeit an, indem man die andere Person mit Vernunft behandelt, besteht die Möglichkeit, zu einem gegenseitigen Verständnis oder zumindest zu einem Waffenstillstand zu gelangen.

Die Beziehung, die man zum Schatten aufbaut, kann je nach der eigenen Person variieren. Wie die Träume vom unerforschten Haus und vom französischen Gesetzlosen veranschaulichen, handelt der Schatten nicht immer als Widersacher. Tatsächlich ist er vergleichbar mit jedem menschlichen Wesen, mit dem man interagieren muss – manchmal nachgebend, manchmal widerstehend und gelegentlich Zuneigung zeigend, je nachdem, wie es die

Situation erfordert. Der Schatten wird nur dann feindselig, wenn man ihn ignoriert oder falsch deutet.

Gelegentlich, wenn auch nicht häufig, kann ein Mensch geneigt sein, die dunklere Seite seiner Natur zu leben und seine hellere Seite zu unterdrücken. In diesen Fällen kann der Schatten in Träumen als positive Gestalt erscheinen. Für jemanden jedoch, der seine Emotionen und Gefühle auf natürliche Weise lebt, kann sich der Schatten als kalter und negativer Intellektueller präsentieren, der giftige Urteile und dunkle Gedanken verkörpert, die unterdrückt wurden. Kurz gesagt, die Funktion des Schattens besteht darin, die Gegenseite des Ichs darzustellen und jene Eigenschaften zu verkörpern, die man an anderen am meisten verabscheut.

Es wäre einfach, den Schatten in die bewusste Persönlichkeit zu integrieren, indem man schlicht ehrlich ist und Urteilsvermögen anwendet. Dieser Versuch gelingt jedoch nicht immer, da die Leidenschaft im Schattenbereich so intensiv sein kann, dass die Vernunft nicht über sie siegen kann. Manchmal kann eine bittere äußere Erfahrung helfen, diese Schattenimpulse aufzuhalten, als fiele einem ein Ziegelstein auf den Kopf. In anderen Fällen kann eine heroische Entscheidung notwendig sein, um ihnen ein Ende zu setzen, wobei dies nur mit Hilfe des Großen Inneren Menschen (des Selbst) möglich ist.

Die Tatsache, dass der Schatten die überwältigende Kraft des unwiderstehlichen Impulses enthält, bedeutet nicht zwangsläufig, dass er stets heroisch unterdrückt werden muss. Manchmal ist der Schatten mächtig, weil der Impuls des Selbst in dieselbe Richtung weist, was zu einer Verwirrung darüber führt, ob es das Selbst oder der Schatten ist, der hinter dem inneren Druck steht. Im Unbewussten befindet man sich in einer Situation, die einer mondbeleuchteten Landschaft ähnelt, in der alle Inhalte verschwommen sind und ineinander übergehen und man nie sicher ist, was oder wo etwas ist oder wo eine Sache anfängt und aufhört (dies wird als „Kontamination" der unbewussten Inhalte bezeichnet).

Als Jung vom Schatten als einem Aspekt der unbewussten Persönlichkeit sprach, meinte er einen relativ klar definierten Faktor. Manchmal jedoch vermischt sich alles, was dem Ich unbekannt ist, mit dem Schatten, einschließlich sogar der wertvollsten und höchsten Kräfte. In diesen Fällen muss die bewusste Persönlichkeit die Entscheidung treffen, wenn der Traum die Dinge nicht klärt.

Enthält die Schattengestalt wertvolle und vitale Kräfte, müssen diese in die reale Erfahrung assimiliert werden, anstatt unterdrückt zu werden. Es liegt am Ich, auf seinen Stolz und seine Prüderie zu verzichten und etwas zu leben, das dunkel erscheint, es aber in Wirklichkeit vielleicht nicht ist. Dies kann ein ebenso heroisches Opfer erfordern wie die Überwindung der Leidenschaft, jedoch in entgegengesetzter Richtung.

Die ethischen Schwierigkeiten, die bei der Begegnung mit dem Schatten entstehen, sind im 18. Buch des Korans gut beschrieben, wo Moses in der Wüste auf Khidr („den Grünen" oder „den ersten Engel Gottes") trifft. Sie wandern gemeinsam, und Khidr äußert seine Befürchtung, dass Moses seine Handlungen nicht ohne Empörung mitansehen kann. Wenn Moses ihn nicht ertragen und ihm nicht vertrauen kann, muss Khidr fortgehen.

In einer der Handlungen zerstört Khidr das Fischerboot armer Dorfbewohner. Dann tötet er vor Moses' Augen einen gutaussehenden jungen Mann und schließlich stellt er die eingestürzte Mauer einer Stadt der Ungläubigen wieder her. Moses äußert empört sein Missfallen, und Khidr muss ihn verlassen. Bevor er geht, erklärt er die Gründe für seine Taten: Indem er das Boot versenkte, rettete er es tatsächlich davor, von

Piraten gestohlen zu werden, und ermöglichte es den Fischern, es zurückzugewinnen. Durch die Tötung des jungen Mannes verhinderte er, dass dieser ein Verbrechen beging, und rettete so die Ehre seiner frommen Eltern. Indem er die Mauer wiederherstellte, bewahrte er zwei fromme junge Männer vor dem Ruin, als ihr unter ihr vergrabener Schatz entdeckt worden wäre. Moses, der sich moralisch empört hatte, begreift zu spät, dass sein Urteil voreilig war. Khidrs Handlungen, obwohl sie böse erschienen, hatten in Wahrheit einen gerechtfertigten Zweck.

Diese Geschichte aus dem Koran stellt Khidr nicht als den bösen und launischen Schatten Moses' dar, sondern vielmehr als Verkörperung gewisser geheimer schöpferischer Handlungen der Gottheit. Es ist kein Zufall, dass diese Geschichte anstelle eines individuellen Traumes gewählt wurde, da sie eine Lebenserfahrung zusammenfasst, die selten so klar in einem Traum ausgedrückt wird.

Wenn dunkle Gestalten in Träumen erscheinen und etwas zu suchen scheinen, kann man nicht sicher sein, ob sie lediglich einen Schattenteil von einem selbst, das Selbst oder beides zugleich repräsentieren. Im Voraus zu erraten, ob das dunkle Gegenüber einen Mangel symbolisiert, den man überwinden muss, oder eine wichtige Facette des Lebens, die man akzeptieren sollte, gehört zu den schwierigsten Problemen auf dem Weg zur Individuation. Zudem sind Traumsymbole oft so subtil und kompliziert, dass ihre Deutung nicht eindeutig ist. In solchen Situationen kann man am besten die Unbequemlichkeit des ethischen Zweifels akzeptieren, ohne definitive Entscheidungen oder Verpflichtungen einzugehen, und weiterhin die Träume beobachten. Dies ähnelt der Situation von Aschenputtel, als ihre Stiefmutter ihr einen Haufen guter und schlechter Erbsen hinwarf und sie aufforderte, sie zu sortieren. Obwohl es aussichtslos schien, begann Aschenputtel geduldig, die Erbsen zu sortieren, und plötzlich kamen Tauben (oder in manchen Versionen Ameisen) ihr zu Hilfe. Diese Geschöpfe symbolisieren nützliche, tief unbewusste Impulse, die nur im eigenen Körper gespürt werden können und einen Ausweg weisen.

Tief im Inneren weiß man oft, wohin man gehen und was man tun sollte. Manchmal jedoch verhält sich das „Ich", das man der Welt zeigt, derart, dass die innere Stimme nicht gehört werden kann.

Gelegentlich scheitern alle Versuche, die Andeutungen des Unbewussten zu verstehen, und in solcher Schwierigkeit kann man nur den Mut haben, das zu tun, was richtig erscheint, während man gleichzeitig bereit ist, den Kurs zu ändern, wenn die Anregungen des Unbewussten in eine andere Richtung führen. Es kann auch geschehen (wenn auch selten), dass ein Mensch feststellt, dass es besser ist, dem Impuls des Unbewussten zu widerstehen, selbst wenn das bedeutet, sich dabei entstellt zu fühlen, anstatt sich allzu weit von seiner Menschlichkeit zu entfernen. Dies wäre die Situation von Menschen, die das Gefühl haben, mit einer kriminellen Veranlagung leben zu müssen, um ganz sie selbst zu sein.

Die Kraft und innere Klarheit, die das „Ich" braucht, um eine solche Entscheidung zu treffen, kommt heimlich vom Großen Menschen, der sich offenbar nicht allzu deutlich offenbaren möchte. Es kann sein, dass das Selbst wünscht, dass das Ich frei wählt, oder es kann sein, dass das Selbst auf das menschliche Bewusstsein und seine Entscheidungen angewiesen ist, um sich zu manifestieren. Bei derart schwierigen ethischen Problemen kann niemand die Taten anderer wirklich beurteilen. Jeder Einzelne muss sein eigenes Problem betrachten und zu bestimmen versuchen, was für ihn selbst richtig ist. Wie ein alter buddhistischer Zen-Meister sagt, muss man dem Beispiel des

Hirten folgen, der seinen Ochsen mit einem Stock bewacht, damit er nicht auf fremden Weiden grast.

Diese neuen Erkenntnisse der Tiefenpsychologie sind dazu bestimmt, die kollektiven ethischen Ansichten zu transformieren, da sie dazu zwingen werden, alle menschlichen Handlungen auf eine weitaus individuellere und subtilere Weise zu beurteilen. Die Entdeckung des Unbewussten ist eine der bedeutsamsten der letzten Zeit. Die Anerkennung seiner Realität impliziert jedoch eine ehrliche Selbstprüfung und eine Neuordnung des eigenen Lebens, weshalb viele Menschen es vorziehen, sich so zu verhalten, als wäre nichts geschehen. Es erfordert viel Mut, das Unbewusste ernst zu nehmen und die Probleme anzugehen, die es aufwirft. Die meisten Menschen sind zu träge, um selbst über die moralischen Aspekte ihres Verhaltens, deren sie sich bewusst sind, tiefgründig nachzudenken; zweifellos sind sie zu faul, um zu erwägen, wie das Unbewusste sie beeinflusst.

Das Verständnis der Anima und ihrer Rolle in der männlichen Psyche ist wesentlich, um den Individuationsprozess bei Männern zu erleichtern. Indem Männer diese mächtige archetypische Gestalt erkennen und mit ihr arbeiten, können sie Zugang zu größerer emotionaler Fülle, Kreativität und Selbsterkenntnis erlangen. Im folgenden Kapitel werden wir das Gegenstück zur Anima in der weiblichen Psyche erkunden: den Animus.

Das Anima: Die weibliche Personifizierung des Unbewussten im Mann

Komplexe und heikle ethische Probleme entspringen nicht immer ausschließlich dem persönlichen Schatten. Häufig taucht eine weitere „innere Gestalt" auf. Träumt ein Mann, so begegnet er einer weiblichen Personifizierung seines Unbewussten, während es sich im Fall einer Frau um eine männliche Gestalt handelt. Diese zweite symbolische Figur, die oft hinter dem Schatten erscheint, stellt neue und andersartige Herausforderungen dar. Carl Jung nannte diese männlichen und weiblichen Gestalten „Animus" beziehungsweise „Anima".

Die Anima verkörpert alle weiblichen psychologischen Tendenzen in der Psyche eines Mannes, wie etwa die Gefühle und vagen Stimmungen, die prophetischen Ahnungen, die Empfänglichkeit für das Irrationale, die Fähigkeit zur persönlichen Liebe, das Naturgefühl und nicht zuletzt die Beziehung zum Unbewussten. Es ist kein Zufall, dass in der Antike Priesterinnen (wie die griechische Sibylle) dazu dienten, den göttlichen Willen zu deuten und die Verbindung zu den Göttern herzustellen.

Die Schamanen der arktischen und Eskimostämme veranschaulichen, wie die Anima als innere Gestalt in der männlichen Psyche erlebt wird. Einige von ihnen tragen sogar Frauenkleider oder stellen Brüste auf ihren Gewändern dar, um ihre innere weibliche Seite zu manifestieren – jene Seite, die ihnen ermöglicht, sich mit der „Welt der Geister" (dem sogenannten Unbewussten) zu verbinden.

Jung berichtete vom Fall eines jungen Mannes, der von einem alten Schamanen eingeweiht wurde und von diesem in eine Schneegrube versenkt worden war. Er geriet in einen Zustand der Verzückung und Erschöpfung. In diesem komaähnlichen Zustand erblickte er plötzlich eine Frau, die Licht ausstrahlte. Sie unterwies ihn in allem, was er wissen musste, und half ihm später als sein Schutzgeist dabei, seinen anspruchsvollen Beruf auszuüben, indem sie ihn mit den Mächten des Jenseits verband. Diese Erfahrung zeigt die Anima als Personifizierung des männlichen Unbewussten.

Der individuelle Ausdruck der Anima eines Mannes ist häufig von seiner Mutter beeinflusst. Empfindet er, dass seine Mutter einen negativen Einfluss auf ihn ausgeübt hat, so manifestiert sich seine Anima oft in reizbaren und depressiven Stimmungen, in Ungewissheit, Unsicherheit und Empfindlichkeit. Gelingt es ihm jedoch, die negativen Aggressionen gegen sich selbst zu überwinden, können diese dazu dienen, seine Männlichkeit zu stärken. In der Seele eines solchen Mannes wiederholt die negative Mutter-Anima-Gestalt ständig dieses Thema: „Ich bin nichts. Nichts hat einen Sinn. Bei anderen ist es anders, aber für mich... ich genieße nichts." Diese Stimmungen rufen eine Art Betäubung hervor, Angst vor Krankheit, vor Impotenz oder vor Unfällen. Das ganze Leben nimmt einen düsteren und bedrückenden Aspekt an. Diese finsteren Stimmungen können einen Mann sogar in den Selbstmord treiben, wobei die Anima zu einem Todesdämon wird. Dies zeigt sich exemplarisch in der Rolle, die sie in Cocteaus Film Orphée spielt.

Weibliche Gestalten, die von einer Aura der Gefahr und Verführung umgeben sind, werden von den Franzosen als „femme fatale" bezeichnet. Eine subtilere Verkörperung dieser dunklen Energie findet sich in der Königin der Nacht aus Mozarts Oper „Die Zauberflöte". Mythen wie die griechischen Sirenen oder die deutsche Loreley verkörpern ebenfalls diese gefährliche Facette der Seele und symbolisieren die zerstörerische Täuschung. Eine sibirische Geschichte veranschaulicht eindrucksvoll dieses destruktive Verhalten:

Eines Tages erblickt ein einsamer Jäger von der anderen Seite des Flusses, aus dem dichten Wald heraus, eine Frau von blendender Schönheit. Sie grüßt ihn und singt eine Melodie:

„Oh, komm, einsamer Jäger, in der Stille der Dämmerung! Komm, komm! Ich vermisse dich, ich vermisse dich. Nun werde ich dich umarmen, dich umarmen. Komm, komm, mein Nest ist nah, mein Nest ist nah."

Der Jäger, gefangen genommen, entledigt sich seiner Kleider und wagt es, schwimmend den Fluss zu überqueren, um sie zu erreichen. Doch in einer unerwarteten Wendung verwandelt sie sich in eine Eule und fliegt spöttisch davon, wobei sie ihn in Verzweiflung zurücklässt. Bei seinem Versuch, zu seinen Kleidern zurückzukehren, ertrinkt er in den eisigen Wassern.

In dieser Erzählung verkörpert die Seele einen unwirklichen Traum von Liebe, Glück und mütterlicher Geborgenheit, eine Illusion, die Männer von der Wirklichkeit ablenkt und sie ins Verderben führt. Der Jäger erliegt dem Verfolgen einer unerreichbaren Phantasie.

Ein weiterer negativer Aspekt der männlichen Seele manifestiert sich durch verletzende, giftige und weibische Bemerkungen, die alles auf ihrem Weg entwerten. Diese Bemerkungen, geladen mit billigen Verzerrungen der Wahrheit, sind subtil destruktiv. Legenden aus aller Welt sprechen von „Giftmädchen", die tödliche Waffen oder Gifte verbergen, um ihre Liebhaber in der ersten gemeinsamen Nacht zu töten.

War die Beziehung eines Mannes zu seiner Mutter positiv, kann dies die Manifestation seiner Seele auf andere Weise beeinflussen und dazu führen, dass er verweiblicht wird oder sich von Frauen beherrschen lässt, unfähig, sich den Herausforderungen des Lebens zu stellen. Diese Art von Seele kann Männer sentimental oder verletzlich machen, wobei sie den Kontakt zur Realität verlieren und in Phantasien versinken.

Die Seele kann auch in Märchen als Prinzessin erscheinen, die ihre Freier tödlichen oder intellektuellen Prüfungen unterzieht. Dieses manipulative Spiel der Seele entfernt Männer vom wirklichen Leben und lässt sie in eine Spirale neurotischer Reflexion versinken.

Eine häufige Manifestation der Seele zeigt sich in erotischen Phantasien, die zwanghaft werden können, wenn der Mann keine gesunden gefühlsmäßigen Beziehungen pflegt oder eine reife Lebenshaltung entwickelt.

Diese Aspekte der Seele können auf eine bestimmte Frau projiziert werden und eine leidenschaftliche und unbändige Liebe auslösen. Die Gegenwart der Seele kann bewirken, dass ein Mann sich vom ersten Zusammentreffen an zutiefst mit einer Frau verbunden fühlt und von unwiderstehlichen Phantasien umfangen wird. Frauen von rätselhafter Natur ziehen diese Projektionen der Seele häufig an und werden zu Objekten der Phantasie und Anbetung für verliebte Männer.

Der plötzliche und leidenschaftliche Einbruch der Anima, wie er bei einer jähen Romanze geschieht, kann die Ehe eines Mannes tiefgreifend aus dem Gleichgewicht bringen und ihn mit dem sogenannten „menschlichen Dreieck" mit all seinen Verwicklungen konfrontieren. Eine erträgliche Lösung dieses Dramas lässt sich nur finden, wenn man die Anima als innere Kraft anerkennt. Die verborgene Absicht des Unbewussten, dieses Verstrickung zu bewirken, besteht darin, den Mann zum Wachstum anzutreiben, mehr Aspekte seiner unbewussten

Persönlichkeit zu integrieren und sie in sein bewusstes Leben einzubringen.

Doch nun ist genug über den negativen Aspekt der Anima gesprochen worden. Es gibt andere, ebenso bedeutsame positive Aspekte. So ist die Anima beispielsweise dafür verantwortlich, einem Mann zu helfen, die richtige Partnerin zu finden. Eine weitere ebenso entscheidende Funktion besteht in ihrer Fähigkeit, verborgene Wahrheiten im Unbewussten zu enthüllen, wenn der logische Verstand des Mannes sie nicht erkennen kann. Darüber hinaus spielt die Anima eine wesentliche Rolle dabei, den Verstand des Mannes auf die richtigen inneren Werte auszurichten und den Weg zu bedeutsameren inneren Tiefen zu öffnen. Es ist, als würde ein inneres „Radio" auf eine bestimmte Wellenlänge eingestellt, die das Irrelevante ausschließt, aber die Stimme der Großen Weisheit vernehmen lässt. Indem sie diese innere Verbindung herstellt, fungiert die Anima als Führerin oder Mittlerin zur inneren Welt und zum Selbst. Diese Rolle zeigt sich in den zuvor erwähnten schamanischen Einweihungen sowie in der Rolle der Beatrice in Dantes Paradies und in der Göttin Isis, die Apuleius, dem berühmten Verfasser des Goldenen Esels, im Traum erschien, um ihn in eine höhere und spirituellere Lebensweise einzuweihen.

Ein deutscher Holzschnitt aus dem 16. Jahrhundert mit dem Titel „Der verhexte Bräutigam" bietet eine traditionelle Sicht der Anima als hässliche Hexe.

Ein Traum, den Jung von einem 45-jährigen Psychotherapeuten analysiert, kann helfen zu veranschaulichen, wie die Anima eine innere Führerin sein kann. Am Abend vor diesem Traum überlegte der Psychotherapeut, wie schwierig es sei, dem Leben ohne die Unterstützung einer Kirche zu begegnen. Er beneidete jene, die vom mütterlichen Schoß einer religiösen Organisation geschützt wurden, obwohl er als

Protestant geboren war und keine religiöse Zugehörigkeit mehr besaß. Dies war sein Traum:

Er befindet sich im Gang einer alten Kirche voller Menschen. Er sitzt am Ende des Ganges neben seiner Mutter und seiner Frau auf Sitzen, die wie Zusatzstühle wirken.

Er bereitet sich darauf vor, als Priester die Messe zu zelebrieren, wobei er in seinen Händen ein großes Buch hält, das wie ein Messbuch aussieht, in Wirklichkeit jedoch eine Sammlung von Gebeten oder Gedichten ist. Dieses Buch ist ihm fremd und er kann den passenden Text nicht finden. Er fühlt sich sehr ängstlich, weil er bald beginnen muss, und um die Sache zu verschlimmern, lenken ihn seine Mutter und seine Frau mit trivialen Gesprächen ab. Plötzlich verstummt die Orgel und alle blicken ihn erwartungsvoll an, so dass er sich entschlossen erhebt und eine hinter ihm kniende Nonne bittet, ihm ihr Messbuch zu reichen und ihm die richtige Stelle zu zeigen, was sie mit großer Freundlichkeit tut. Nun führt ihn dieselbe Nonne als eine Art Messnerin zum Altar, der sich hinten und links befindet, als näherten sie sich von einem Seitenschiff aus. Das Messbuch hat die Form eines Schachbrettblattes, etwa einen Meter lang mal einen Meter breit, mit Text und alten Bildern in nebeneinanderliegenden Spalten.

Die Nonne muss einen Teil der Liturgie lesen, bevor er beginnen kann, doch auch sie findet die richtige Stelle im Text nicht. Sie hat ihm gesagt, es sei die Nummer 15, aber die Nummern sind nicht klar und er kann sie nicht finden. Dennoch wendet er sich entschlossen der Gemeinde zu und findet die Nummer 15 (die vorletzte auf der Tafel), wenngleich er noch nicht weiß, ob er sie entziffern kann. Dennoch möchte er es versuchen. Er erwacht.

Dieser Traum symbolisierte eine Antwort des Unbewussten auf die Gedanken des Psychotherapeuten am

Vorabend. Im Grunde sagte er ihm: „Du musst zum Priester deiner eigenen inneren Kirche werden, zur Kirche deiner Seele." Auf diese Weise zeigt der Traum, dass der Träumende über die Unterstützung einer nützlichen Organisation verfügt; er ist in einer Kirche enthalten, nicht in einer äußeren Kirche, sondern in einer, die in seinem eigenen Wesen existiert.

Die Menschen, die alle psychischen Qualitäten des Träumenden verkörpern, möchten, dass er selbst die Messe zelebriert. Der Traum bezieht sich jedoch nicht auf eine wirkliche Messe, denn das Messbuch unterscheidet sich stark vom echten. Es scheint, dass die Vorstellung der Messe als Symbol verwendet wird und einen Opferakt bedeutet, bei dem die Gottheit gegenwärtig ist, damit der Mensch mit ihr kommunizieren kann. Selbstverständlich ist diese symbolische Deutung nicht allgemeingültig, sondern gilt für diesen bestimmten Träumenden. Es ist eine typische Lösung für einen Protestanten, denn ein Mann, der sich durch wirklichen Glauben noch mit der katholischen Kirche verbunden fühlt, erfährt seine Anima normalerweise im Bild der Kirche selbst, und die heiligen Bilder sind Symbole seines Unbewussten.

Der Psychotherapeut hat diese kirchliche Erfahrung nicht gemacht, daher musste er einen inneren Weg beschreiten. Darüber hinaus zeigt ihm der Traum, was er tun muss: „Seine Bindung an die Mutter und seine Extraversion, verkörpert durch seine Frau, lenken ihn ab und beunruhigen ihn, und die sinnlosen Gespräche hindern ihn daran, die innere Messe zu zelebrieren. Doch wenn er der Nonne folgt, das heißt seiner introvertierten Anima, wird sie ihn als Dienerin und Priesterin führen. Sie besitzt ein seltsames Messbuch, das aus 16 alten Bildern besteht. Seine Messe besteht in der Betrachtung dieser psychischen Bilder, die seine religiöse Anima offenbart." Mit anderen Worten: Überwindet der Träumende seine innere Unsicherheit, die von seinem Mutterkomplex hervorgerufen wird, so entdeckt er, dass seine Lebensaufgabe die Natur und Qualität eines religiösen Dienstes besitzt, und wenn er über die symbolische Bedeutung der Bilder seiner Anima meditiert, werden diese ihn zu dieser Verwirklichung führen.

In diesem Traum erscheint die Anima in ihrer eigentlichen positiven Rolle, nämlich als Mittlerin zwischen dem Ich und dem Selbst. Die 4×4-Anordnung der Bilder deutet darauf hin, dass die Zelebrierung dieser inneren Messe im Dienste der Ganzheit vollzogen wird. Wie Jung gezeigt hat, drückt sich der Kern der Psyche (das Selbst) normalerweise in irgendeiner Form von Viererstruktur aus. Die Zahl Vier steht auch mit der Anima in Verbindung, weil es, wie Jung feststellte, vier Stufen in ihrer Entwicklung gibt. Das erste Stadium wird am besten durch die Gestalt der Eva symbolisiert, die rein instinktive und biologische Beziehungen verkörpert. Das zweite lässt sich in der Helena aus Faust erkennen, die eine romantische und ästhetische Ebene verkörpert, welche noch immer durch sexuelle Elemente gekennzeichnet ist. Das dritte ist beispielsweise durch die Jungfrau Maria repräsentiert, eine Gestalt, die die Liebe (Eros) zu den Höhen spiritueller Hingabe emporhebt. Der vierte Typus wird durch die Sapientia symbolisiert, die Weisheit, die selbst das Heiligste und Reinste überschreitet. Ein weiteres Symbol ist die Sulamith aus dem Hohelied. In der psychischen Entwicklung des modernen Menschen wird diese Stufe jedoch selten erreicht. Die Mona Lisa ähnelt einer solchen Weisheits-Anima am ehesten.

In bestimmten Arten symbolischer Werke findet man häufig das Konzept der vierfachen Verneinung. Die wesentlichen Aspekte dieses Konzepts werden später erörtert.

Doch was bedeutet die Funktion der Anima als Führerin der inneren Welt eigentlich? Diese Funktion manifestiert sich auf positive Weise, wenn der Einzelne die Gefühle, Stimmungen,

Erwartungen und Phantasien, die ihm seine Anima mitteilt, ernst nimmt und sie auf irgendeine Weise gestaltet, sei es durch Schreiben, Malen, Bildhauern, musikalisches Komponieren oder Tanzen. Wenn man geduldig an diesem Prozess arbeitet, taucht aus den Tiefen weiteres unbewusstes Material auf, das sich mit dem vorherigen verbindet. Sobald eine Phantasie in eine bestimmte Form gebracht wurde, ist es notwendig, sie sowohl intellektuell als auch ethisch zu untersuchen, mit einer Bewertung, die auf den Gefühlen basiert. Es ist grundlegend, sie als absolut real zu betrachten, ohne zu zweifeln, dass sie „nur eine Phantasie" ist. Praktiziert man dies über einen längeren Zeitraum hinweg mit Hingabe, wird der Individuationsprozess allmählich zur einzigen Wirklichkeit und kann sich in seiner wahren Form entfalten.

Zahlreiche Beispiele aus der Literatur veranschaulichen die Rolle der Anima als Führerin und Mittlerin der inneren Welt: Die Hypnerotomachia von Francesco Colonna, Sie von Rider Haggard oder „das ewig Weibliche" in Goethes Faust. In einem mittelalterlichen mystischen Text beschreibt eine Anima-Gestalt ihre eigene Natur folgendermaßen:

„Ich bin die Blume des Feldes und die Lilie der Täler. Ich bin die Mutter der schönen Liebe und der Furcht, der Erkenntnis und der heiligen Hoffnung... Ich bin die Mittlerin der Elemente, die einander in Einklang bringt; das Warme mache ich kalt und umgekehrt, das Trockene mache ich feucht und umgekehrt, das Harte mache ich weich... Ich bin das Gesetz im Priester, das Wort im Propheten und der Rat im Weisen. Ich kann Leben oder Tod geben, und niemand kann sich meiner Hand entziehen."

Während des Mittelalters vollzog sich eine bemerkenswerte geistige Differenzierung in religiösen, poetischen und kulturellen Fragen, und die Phantasiewelt des Unbewussten wurde klarer erkannt als zuvor. In dieser Zeit stellte der ritterliche Kult der Dame einen Versuch dar, den weiblichen Aspekt der menschlichen Natur zu differenzieren, sowohl in Bezug auf wirkliche Frauen als auch auf die innere Welt.

Die Dame, der der Ritter diente und für die er Heldentaten vollbrachte, war natürlich eine Personifizierung der Anima. Der Name der Trägerin des Grals in Wolfram von Eschenbachs Version der Legende ist besonders bedeutsam: Conduir-amour („Führerin in Liebesangelegenheiten"). Sie lehrte den Helden, seine Gefühle und sein Verhalten gegenüber Frauen zu unterscheiden. Später jedoch wurde diese individuelle und persönliche Bemühung, die Beziehung zur Anima zu entwickeln, aufgegeben, als ihr erhabener Aspekt mit der Gestalt der Jungfrau verschmolz, die dann Gegenstand grenzenloser Verehrung und Lobpreisung wurde. Als die Anima als Jungfrau vollkommen positiv aufgefasst wurde, fanden ihre negativen Aspekte Ausdruck im Glauben an Hexen.

In China ist die der Maria entsprechende Gestalt die Göttin Kwan-Yin. Eine volkstümlichere chinesische Anima-Gestalt ist die „Dame des Mondes", die ihren Begünstigten die Gabe der Poesie oder Musik verleiht und ihnen sogar die Unsterblichkeit gewähren kann. In Indien ist derselbe Archetyp durch Shakti, Parvati, Rati und viele andere vertreten; unter den Muslimen vor allem durch Fatima, die Tochter Mohammeds.

Die Verbindung zwischen dem Motiv der Vier und der Anima manifestiert sich in einem Gemälde des Schweizer Künstlers Peter Birkhäuser. Eine vieräugige Anima erscheint als überwältigende und erschreckende Vision. Die vier Augen haben eine ähnliche symbolische Bedeutung wie die 16 Felder des zuvor zitierten Traums. Sie deuten darauf hin, dass die Anima die Möglichkeit enthält, die Ganzheit zu erreichen.

Der Kult der Anima als offiziell anerkannte Gestalt birgt den gravierenden Nachteil, dass sie ihre individuellen Aspekte verliert. Andererseits kann die Betrachtung ihrer als ausschließlich persönliches Wesen dazu führen, dass man sie, wenn sie in die Außenwelt projiziert wird, nur dort finden kann. Diese Situation kann endlose Probleme hervorrufen, da der Einzelne zum Opfer seiner erotischen Phantasien werden oder zwanghaft von einer wirklichen Frau abhängig sein kann.

Nur die schmerzhafte (aber im Wesentlichen einfache) Entscheidung, die eigenen Phantasien und Gefühle ernst zu nehmen, kann in dieser Phase eine völlige Stagnation im inneren Individuationsprozess vermeiden, denn nur so kann der Einzelne die wahre Bedeutung dieser Gestalt als innere Wirklichkeit entdecken. So wird die Anima wieder zu dem, was sie ursprünglich war: die „innere Frau", die lebenswichtige Botschaften vom Selbst übermittelt.

Der Animus: Der innere Mann

In der weiblichen Psyche verkörpert der Animus die männliche Personifizierung des Unbewussten, und wie die Anima beim Mann weist er sowohl positive als auch negative Aspekte auf. Allerdings manifestiert sich der Animus nicht so häufig in Form erotischer Phantasien oder Stimmungen, sondern eher als verborgene „heilige" Überzeugung. Wenn diese Überzeugung mit lauter, beharrlicher und männlicher Stimme geäußert wird oder anderen durch intensive emotionale Szenen aufgezwungen wird, erkennt man leicht die Gegenwart der zugrundeliegenden Männlichkeit in einer Frau. Selbst bei Frauen, die äußerlich sehr feminin erscheinen, kann sich der Animus als ebenso harte und unbeugsame Macht zeigen und eine Hartnäckigkeit, Kälte und mangelnde Zugänglichkeit offenbaren.

Eine der wiederkehrenden Vorstellungen, die der Animus im Denken dieses Frauentyps präsentiert, lautet etwa: „Das Einzige, was ich auf der Welt begehre, ist Liebe... und er liebt mich nicht", oder „In dieser Situation gibt es nur zwei Möglichkeiten... und beide sind gleichermaßen schlecht" (der Animus lässt selten Ausnahmen zu). Die Meinungen des Animus sind schwer zu widerlegen, weil sie meistens im Allgemeinen richtig sind, aber selten auf die individuelle Situation zutreffen. Sie erscheinen vernünftig, sind aber nicht pertinent.

In Emily Brontës Roman „Sturmhöhe" verkörpert der finstere Protagonist Heathcliff teilweise eine negative und dämonische Animus-Gestalt, möglicherweise eine Manifestation des eigenen Animus der Autorin. Diese Deutung wird durch die Montage verstärkt, die Heathcliff (gespielt von Laurence Olivier im Film von 1939) Emily (dargestellt durch ihren Bruder) mit der Landschaft von Sturmhöhe im Hintergrund gegenüberstellt.

So wie der Charakter der Anima bei einem Mann von seiner Mutter beeinflusst ist, wird der Animus einer Frau hauptsächlich von ihrem Vater geprägt. Der Vater stattet den Animus seiner Tochter mit unanzweifelbaren und „wahren" Überzeugungen aus, die die persönliche Wirklichkeit der Frau, so wie sie tatsächlich ist, nicht einschließen.

Daher kann der Animus, wie die Anima, ein Todesdämon sein. In einem Zigeunermärchen beispielsweise empfängt eine einsame Frau einen gutaussehenden Fremden, obwohl sie geträumt hatte, dass er der König der Toten sei. Als sie ihn bedrängt, ihr seine wahre Identität zu offenbaren, enthüllt er ihr, dass er der Tod selbst ist, und sie stirbt vor Schreck.

Der negative Animus kann auch als Räuber und Mörder in Mythen und Märchen erscheinen. Ein Beispiel ist Blaubart, der seine Frauen heimlich in einer verborgenen Kammer ermordet. Diese Form des Animus verkörpert halbbewusste, kalte und destruktive Überlegungen, die eine Frau überfallen, besonders in den frühen Morgenstunden, und sie zu boshaften und intriganten Gedanken führen und sie sogar den Tod anderer wünschen lassen.

Die Besessenheit durch den Animus kann zu destruktiven Haltungen und zu einer seltsamen Passivität, emotionaler Lähmung oder tiefer Unsicherheit bei einer Frau führen. Erst wenn die Besessenheit verschwindet, wird ihr bewusst, dass sie gegen ihre wahren Gedanken und Gefühle gehandelt hat. Es ist wesentlich zu erkennen, dass der Animus, wie die Anima, sich nicht auf negative Qualitäten beschränkt, sondern auch eine positive und wertvolle Seite besitzt, die den Einzelnen zur Kreativität und zur Verbindung mit dem Selbst führen kann.

In Träumen wird der Animus oft als Gruppe von Männern dargestellt, was seine eher kollektive als persönliche Natur symbolisiert. Wenn daher der Animus durch Frauen spricht, beziehen sich diese oft auf ihn als „man", „sie" oder „alle", wobei sie Wörter wie „immer", „sollte" und „müsste" in ihrer Rede verwenden.

Zahlreiche Mythen und Märchen erzählen die Geschichte eines Prinzen, der durch Hexerei in ein Tier oder Ungeheuer verwandelt wurde und durch die Liebe einer jungen Frau erlöst wird. Dieser Vorgang symbolisiert die Bewusstwerdung des Animus. Oft darf die Heldin keine Fragen über ihren geheimnisvollen Gatten stellen, und wenn sie ihn findet, kann dies in der Dunkelheit geschehen, ohne dass sie ihn sehen kann. Dieses fehlende Sehen symbolisiert das blinde Vertrauen in den Animus. Dieses Vertrauen wird jedoch selten erfüllt, da der Animus sein Versprechen häufig bricht. Letztlich kann die Heldin ihren Geliebten erst nach einer langen und schmerzvollen Suche finden.

Im wirklichen Leben erfordert die Konfrontation mit dem Animus-Problem Zeit und Leiden. Erkennt eine Frau jedoch, wer ihr Animus ist, und stellt sie sich ihm, kann sie ihn in einen wertvollen inneren Begleiter verwandeln, der sie mit männlichen Qualitäten wie Initiative, Mut, Objektivität und geistiger Weisheit ausstattet.

Wie die Anima durchläuft auch der Animus vier Entwicklungsstufen. Zunächst präsentiert er sich als Symbol körperlicher Kraft, etwa als Athlet oder muskulöser Mann. Dann zeigt er Initiative und die Fähigkeit zur geplanten Handlung. In der dritten Stufe wird er zum „Wort", oft verkörpert als Lehrer oder Geistlicher. Schließlich verkörpert er in seiner vierten Stufe den Sinn und wird zum Mittler der religiösen Erfahrung, der geistige Festigkeit und innere Stütze verleiht.

Der Animus kann sich mit der geistigen Entwicklung seiner Epoche verbinden, was Frauen empfänglich für neue schöpferische Ideen macht. Die Besessenheit durch den Animus kann jedoch Eheprobleme verursachen, indem sie das Gespräch auf ein niedriges Niveau zieht und eine negative emotionale Atmosphäre schafft.

Die positive Seite des Animus kann Unternehmungsgeist, Mut, Wahrhaftigkeit und geistige Tiefe verkörpern und einer Frau helfen, eine intensivierte geistige Haltung zum Leben zu finden. Um dies zu erreichen, muss die Frau jedoch ihre eigenen Überzeugungen hinterfragen und offen sein für die Anregungen des Unbewussten, selbst wenn diese den Meinungen des Animus widersprechen.

Wenn eine Person das Animus-Problem überwunden hat, verändert sich das Unbewusste und eine neue symbolische Form erscheint: das Selbst. In den Träumen einer Frau kann sich das Selbst als übergeordnete weibliche Gestalt personifizieren, etwa als Priesterin oder Naturgöttin. Im Fall eines Mannes manifestiert es sich als männlicher Einweihender und Hüter. Zwei Volksmärchen veranschaulichen diese Rolle des Selbst, wo eine symbolische Gestalt dem Einzelnen hilft, einen gefährlichen Aspekt seiner Anima zu überwinden.

In der weiblichen Psyche nimmt das Selbst weibliche Darstellungen an, wie bereits erwähnt. Dies zeigt sich in einer eskimoischen Geschichte, die von der Begegnung einer einsamen, in der Liebe enttäuschten jungen Frau mit einem Zauberer erzählt, der in einem kupfernen Boot fährt und als „Geist des Mondes" bekannt ist. Dieses himmlische Wesen, das der Menschheit alle Tiere schenkt und Glück bei der Jagd bringt, nimmt sie mit sich ins Himmelreich. Dort lässt er sie allein, und sie besucht ein Haus in der Nähe der Wohnstätte des „Mondgeistes", wo sie eine winzige Frau findet, die mit der Darmmembran einer Bartrobbe bekleidet ist. Diese Frau warnt sie vor dem Geist des Mondes und offenbart ihr seine Absichten, ihr Schaden zuzufügen. Die winzige Frau fertigt ein langes Seil an, damit die junge Frau bei Neumond, wenn die Macht des Mondgeistes schwächer wird, zur Erde zurückkehren kann. Die junge Frau öffnet jedoch ihre Augen nicht rechtzeitig bei der Rückkehr, was dazu führt, dass sie sich in eine Spinne verwandelt und nicht mehr menschlich werden kann.

In dieser Erzählung verkörpert der göttliche Musiker aus dem früheren Märchen den „alten Weisen", einen verbreiteten Archetyp des Selbst, ähnlich wie Gestalten wie der Zauberer Merlin aus der mittelalterlichen Legende oder der griechische Gott Hermes. Die kleine Frau mit ihrer eigentümlichen Membrankleidung repräsentiert das Selbst, wie es sich in der weiblichen Psyche manifestiert. Während der alte Musiker den Helden vor der destruktiven Anima schützt, schützt die winzige Frau die junge Frau vor dem eskimoischen „Blaubart", verkörpert im Geist des Mondes. In diesem Fall nehmen die Dinge jedoch eine unglückliche Wendung, ein Aspekt, der später behandelt wird.

Das Selbst nimmt nicht immer die Gestalt eines alten Weisen an. Diese Personifizierungen können Versuche sein, etwas auszudrücken, das jenseits der Zeit liegt, etwas, das sowohl Jugend als auch Alter umfasst. Ein Traum, den Jung von einem Mann mittleren Alters analysierte, veranschaulicht das Selbst als jungen Mann:

Ein junger Mann ritt vom Hof in den Garten. (Es gab keine Sträucher oder Zäune, wie im wirklichen Leben; der Garten war offen.) Es war nicht klar, ob er absichtlich dorthin gekommen war oder ob das Pferd ihn gegen seinen Willen getragen hatte.

Der Träumende blieb auf dem Weg zu seinem Arbeitszimmer stehen und beobachtete mit großer Freude seine Ankunft. Der Anblick des jungen Mannes auf seinem schönen Pferd beeindruckte ihn zutiefst.

Das Pferd, ein kleines, wildes und kraftvolles Tier, ähnlich einem Wildschwein, mit dichtem und struppigem silbergrauem Fell, symbolisierte die Energie. Der junge Mann ritt am Träumenden zwischen dem Arbeitszimmer und dem Haus vorbei, sprang vom Pferd und führte es behutsam weg, um das von seiner Frau neu angelegte Blumenbeet nicht zu beschädigen (ein Traumereignis).

Diese Jugend verkörpert das Selbst, das die Erneuerung des Lebens mit sich bringt, einen schöpferischen Impuls und eine neue geistige Orientierung, die allem Vitalität und Unternehmungsgeist einhaucht.

Wenn ein Mann den Hinweisen seines Unbewussten folgt, kann er diese Gabe empfangen. Plötzlich verwandelt sich ein eintöniges und langweiliges Leben in ein reiches inneres Abenteuer voller schöpferischer Möglichkeiten. In der weiblichen Psychologie kann sich diese jugendliche Personifizierung des Selbst als übernatürlich talentiertes junges Mädchen manifestieren. Eine etwa vierzigjährige Frau berichtet von ihrem Traum:

Sie befand sich vor einer Kirche und wusch das Pflaster mit Wasser. Dann lief sie die Straße hinunter, als die Schüler aus dem Gymnasium kamen. Sie gelangte zu einem stehenden Fluss mit einem Brett oder Baumstamm darüber. Während sie versuchte, ihn zu überqueren, sorgte ein schelmischer Schüler dafür, dass das Brett zerbrach und sie beinahe ins Wasser fallen ließ. „Idiot!" schrie sie. Auf der anderen Seite des Flusses spielten drei Mädchen, und eines von ihnen bot ihr Hilfe an. Obwohl sie dachte, dass ihre Hand nicht stark genug sein würde, gelang es ihr ohne sichtbare Anstrengung, sie ans Ufer zu bringen.

Die Gestalt der Schülerin, die ein früheres Denken der Träumenden verkörpert, ihre geistige Sehnsucht in der Schule zu befriedigen, hilft ihr in ihrem Moment der Not. Diese Tat spiegelt das Eingreifen des Selbst wider, klein, aber mächtig, in ihrem Leben.

Die Gestalt des Selbst in Träumen beschränkt sich nicht auf die menschliche Form, sei sie jung oder alt. Durch verschiedene Zeitalter hindurch zeigt das Selbst seine beständige Gegenwart jenseits der bewussten Erfahrung von Zeit und Raum. Mitunter manifestiert es sich als gigantisches und symbolisches menschliches Wesen, das den gesamten Kosmos umfasst, was auf eine schöpferische Lösung persönlicher Konflikte hindeutet.

Das wiederkehrende Auftreten der Gestalt des Kosmischen Menschen in verschiedenen Mythen und religiösen Lehren überrascht nicht. Sie wird meist als etwas Wohltätiges und Positives dargestellt und verkörpert bisweilen Gestalten wie Adam, den persischen Gayomart oder den hinduistischen Purusha. Dieses Konzept kann sogar das grundlegende Prinzip des gesamten Universums darstellen. Die alten Chinesen beispielsweise stellten sich vor, dass vor der Schöpfung ein kolossales göttliches Wesen namens P'an Ku existierte, das Himmel und Erde formte. Je nach seiner Stimmung beeinflusste er das Wetter und Naturphänomene. Nach seinem Tod gab sein Körper den fünf heiligen Bergen Chinas ihren Ursprung, und seine Augen wurden zu Sonne und Mond.

Der Kosmische Mensch, jene kolossale Gestalt, die das gesamte Universum umfasst und verkörpert, ist eine verbreitete Darstellung des Selbst in Mythen und Träumen. Auf dem Titelbild von Thomas Hobbes' „Leviathan" beispielsweise symbolisiert die gigantische Gestalt des Leviathan die gesamte Gemeinschaft, in der das Volk seine zentrale Autorität wählt. Der chinesische P'an Ku, bedeckt mit Blättern, deutet auf eine natürliche und organische Existenz hin.

Man beobachtet, dass die symbolischen Strukturen, die mit dem Individuationsprozess verbunden sind, häufig auf der Zahl Vier basieren, wie die vier Funktionen des Bewusstseins. Dieses Motiv taucht in der kosmischen Gestalt des P'an Ku wieder auf. In der westlichen Kultur wird das Symbol Adams, des Ersten Menschen, als Darstellung der Gesamteinheit der Menschheit verbunden.

In Persien wurde der Erste Mensch, Gayomart, als leuchtende Gestalt betrachtet, aus der nach seinem Tod Metalle und Gold entsprangen. Im Orient wird der Kosmische Mensch eher als inneres psychisches Bild denn als äußere Wirklichkeit wahrgenommen. In der hinduistischen Tradition wohnt der Purusha in jedem Einzelnen und im Kosmos selbst und ist Anfang und letztes Ziel des Lebens und der Schöpfung.

Aus psychologischer Sicht weist die gesamte innere Wirklichkeit jedes Einzelnen auf dieses archetypische Symbol des Selbst hin. Dies bedeutet, dass die menschliche Existenz nicht allein durch isolierte Instinkte oder intentionale Mechanismen erklärt werden kann, sondern dass ihr letzter Zweck darin besteht, Mensch zu sein. Jenseits grundlegender Triebe wie Hunger oder Macht offenbart die innere psychische Wirklichkeit ein lebendiges Geheimnis, das sich oft durch das Symbol des Kosmischen Menschen ausdrückt.

In der westlichen Kultur wurde der Kosmische Mensch weithin mit Christus assoziiert, während man ihn im Orient mit Krishna oder Buddha identifiziert. Im Alten Testament ist diese symbolische Gestalt als der „Menschensohn" bekannt, und in der späteren jüdischen Mystik kennt man ihn als Adam Kadmon. Einige religiöse Bewegungen vergangener Epochen bezeichneten ihn schlicht als Anthropos (Mensch auf Griechisch). Wie jedes Symbol weist dieses Bild auf ein unergründliches Geheimnis hin, die letzte und unbekannte Bedeutung der menschlichen Existenz.

Gewissen Traditionen zufolge heißt es, dass der Kosmische Mensch die Vollendung der Schöpfung darstellt, doch seine Verwirklichung darf nicht als greifbares äußeres Ereignis interpretiert werden. Aus hinduistischer Sicht geht es nicht so sehr darum, dass sich die äußere Welt eines Tages im Großen ursprünglichen Menschen auflöst, sondern vielmehr darum, dass die Ausrichtung des Ich auf die Außenwelt schwindet, um dem Kosmischen Menschen Platz zu machen. Dies geschieht, wenn das Ich mit dem Selbst verschmilzt. Der beständige Strom der Gedanken und Wünsche des Ich beruhigt sich, wenn es dem Großen inneren Menschen begegnet. Es ist wichtig, sich daran zu erinnern, dass die bewusste Wahrnehmung der äußeren Wirklichkeit Gestalt verleiht, und man kann ihre unabhängige und absolute Existenz nicht behaupten.

Die zahlreichen Beispiele aus verschiedenen Kulturen und Epochen belegen die Universalität des Symbols des Großen Menschen. Sein Bild verweilt im menschlichen Geist als Ziel oder Ausdruck des grundlegenden Geheimnisses des Lebens. Da es die Totalität und Vollständigkeit verkörpert, wird dieses Symbol oft als bisexuelles Wesen aufgefasst. Diese Vereinigung psychologischer Gegensätze, des Männlichen und des Weiblichen, erscheint häufig in Träumen als göttliches Paar. Ein besonderer Traum, den Jung von einem 47-jährigen Mann analysierte, veranschaulicht diesen Aspekt des Selbst auf bemerkenswerte Weise:

Der innere Kern der Psyche des Träumenden manifestiert sich zu Beginn in einer zeitlichen Vision eines königlichen Paares, das aus den Tiefen seiner animalischen Natur und den primitiven Schichten seines Unbewussten emportaucht. Die Bärin stellt zunächst eine Art mütterliche Gottheit dar. Der dunkle ovale Stein, den die Bärin reibt und poliert, symbolisiert wahrscheinlich das wahre Wesen des Träumenden. Das Reiben und Polieren von Steinen ist eine uralte Tätigkeit, die die Formung und Verfeinerung des inneren Wesens symbolisiert. Der Traum legt nahe, dass der Träumende sich erlauben muss, mit diesem Aspekt des Lebens in Kontakt zu treten; es ist durch die Spannungen und Herausforderungen des ehelichen Lebens, dass sein inneres Wesen geformt und poliert werden kann.

Wenn der Stein vollständig poliert ist, wird er wie ein Spiegel glänzen und die Bärin reflektieren. Dies bedeutet, dass nur durch die Annahme der irdischen Aspekte und der Leiden des Lebens die menschliche Seele sich in einen Spiegel verwandeln kann, der die göttlichen Kräfte widerspiegelt. Der Träumende flieht jedoch an einen höheren Ort und sucht den Anforderungen des Lebens zu entgehen. Der Traum zeigt ihm, dass beim Ausweichen vor diesen Anforderungen ein Teil seiner Seele (seine Anima) undifferenziert bleiben wird, wie es die Gruppe von Frauen unbeschreiblicher Natur symbolisiert, die sich zwischen primitiv und zivilisiert aufteilt.

Die Löwin und ihr Junges, die später im Traum erscheinen, verkörpern den geheimnisvollen Drang zur Individuation, dargestellt durch ihre Arbeit, den runden Steinen Form zu geben. Die Löwen als königliches Paar symbolisieren die Ganzheit. In der mittelalterlichen Alchemie wird der „Stein der Weisen", Symbol der Ganzheit des Menschen, häufig als Löwenpaar oder als menschliches Paar auf Löwen reitend dargestellt. Dies deutet darauf hin, dass sich der Drang zur Individuation oft verschleiert manifestiert, verborgen in der brennenden Leidenschaft, die man für eine andere Person empfinden kann. Die Intensität dieser Art von Liebe weist letztlich auf das Geheimnis der Vollständigkeit hin, und deshalb fühlt man, dass die Einheit mit der anderen Person der bedeutsamste Zweck des Lebens ist.

In Träumen kann ein Spiegel die Macht des Unbewussten verkörpern, eine objektive Sicht des Einzelnen zu bieten und ihm ein Bild seiner selbst zu geben, das er vielleicht nie zuvor in Betracht gezogen hat. Diese Sicht, die den bewussten Verstand oft verwirrt und verstört, lässt sich nur durch das Unbewusste erlangen. Ein Beispiel hierfür findet sich im griechischen Mythos der Gorgone Medusa, deren Blick Männer zu Stein werden ließ und die nur durch einen Spiegel betrachtet werden konnte. Caravaggios Gemälde aus dem 17. Jahrhundert zeigt Medusa, reflektiert in einem Schild.

Während in diesem Traum das Bild der Ganzheit sich in Form eines Löwenpaares manifestiert, wird es von überwältigender Leidenschaft durchdrungen bleiben. Wenn sich jedoch Löwe und Löwin in König und Königin verwandeln, hat der Drang zur Individuation ein Niveau bewusster Verwirklichung erreicht und kann vom Ich als der wahre Zweck des Lebens verstanden werden.

Bevor sich die Löwen in Menschen verwandeln, singen nur die primitiven Frauen und drücken Gefühle auf sentimentale Weise aus. Dies deutet darauf hin, dass die Gefühle des Träumenden auf einem primitiven und sentimentalen Niveau verbleiben. Doch zu Ehren der vermenschlichten Löwen stimmen sowohl die primitiven als auch die zivilisierten Frauen eine gemeinsame Lobeshymne an. Dieser vereinheitlichte Gefühlsausdruck zeigt, dass sich die innere Spaltung der Anima in eine innere Harmonie verwandelt hat.

Eine weitere Darstellung des Selbst findet sich im Bericht der „aktiven Imagination" einer Frau. Die aktive Imagination ist eine Form der bildhaften Meditation, die es einem erlaubt, bewusst mit dem Unbewussten in Kontakt zu treten und eine bewusste Verbindung zu psychischen Phänomenen herzustellen. In der Meditation der Frau manifestiert sich das Selbst als Hirsch, der dem Ich mitteilt: „Ich bin dein Kind und deine Mutter. Man nennt mich das ‚verbindende Tier', weil ich Menschen, Tiere und sogar Steine miteinander verbinde, wenn ich in sie eintrete. Ich bin dein Schicksal oder das ‚objektive Ich'. Wenn ich erscheine, befreie ich dich von den sinnlosen Gefahren des Lebens. Das Feuer, das in mir brennt, brennt in der gesamten Natur. Verliert ein Mensch den Kontakt zu mir, wird er ichbezogen, einsam, desorientiert und schwach."

Das Selbst wird häufig als Tier symbolisiert, das die instinktive Natur und ihre Verbindung zur Umgebung verkörpert. Diese Beziehung des Selbst zur umgebenden Natur und sogar zum Kosmos rührt wahrscheinlich daher, dass der „Atomkern" der Psyche irgendwie mit der Außenwelt und der Innenwelt verflochten ist. Auf diese Weise ist das Unbewusste mit der Umgebung, der Gesellschaft und der Natur im Allgemeinen im Einklang. Träume können sowohl dem primitiven als auch dem zivilisierten Menschen Orientierung bieten, um seinen Weg durch die Herausforderungen des inneren und äußeren Lebens zu finden. Indem man auf Träume achtet, kann man beginnen, eine Welt voller bedeutsamer und geheimnisvoll geordneter Ereignisse wahrzunehmen, anstatt in einer Welt sinnloser Zufälle zu leben.

Im Allgemeinen konzentrieren sich Träume jedoch nicht hauptsächlich auf die Anpassung an das äußere Leben. In der zivilisierten Gesellschaft beziehen sich die meisten Träume auf die Entwicklung der richtigen inneren Haltung gegenüber dem Selbst, da diese Verbindung aufgrund der modernen Denk- und Verhaltensweisen stärker gestört ist. Während primitive Völker häufig direkt aus ihrem inneren Zentrum heraus leben, sind zivilisierte Individuen mit ihrem entwurzelten Bewusstsein so sehr in äußere Angelegenheiten verstrickt, dass es ihnen oft schwerfällt, die Botschaften des Selbst zu empfangen. Der bewusste Verstand erzeugt ständig die Illusion einer klar definierten und „nachträglichen" Außenwelt, was viele andere Wahrnehmungen blockiert. Durch das Unbewusste besteht jedoch eine geheimnisvolle Verbindung zur psychischen und physischen Umgebung.

Wie bereits erwähnt, wird das Selbst oft in Form eines Steines symbolisiert, sei er kostbar oder nicht. In vielen Träumen erscheint der innere Kern, das Selbst, auch als Kristall. Die mathematisch präzise Anordnung eines Kristalls evoziert das intuitive Gefühl, dass selbst in der sogenannten „toten" Materie ein geistiges Ordnungsprinzip existiert. Der Kristall symbolisiert daher oft die Vereinigung extremer Gegensätze: Materie und Geist.

Kristalle und Steine können aufgrund der „Richtigkeit" ihrer Natur besonders geeignete Symbole des Selbst sein. Viele Menschen verspüren eine Faszination dafür, Steine von ungewöhnlichen Farben oder Formen zu sammeln, ohne zu wissen, warum sie dies tun. Es scheint, als würden die Steine ein lebendiges Geheimnis bergen, das sie anzieht. Seit alten Zeiten haben Menschen Steine gesammelt, in der Überzeugung, dass einige von ihnen die Lebenskraft mit all ihrem Geheimnis enthielten. Die alten Germanen beispielsweise glaubten, dass die Geister der Toten in ihren Grabsteinen weiterlebten. Der Brauch, Steine auf Gräber zu legen, mag teilweise auf der symbolischen Vorstellung beruhen, dass etwas Ewiges der verstorbenen Person verbleibt, was sich am besten durch einen Stein darstellen lässt. Obwohl der Mensch sehr verschieden von einem Stein ist, ähnelt das innerste Zentrum des Menschen auf seltsame und besondere Weise einem Stein. In diesem Sinne symbolisiert der Stein die einfachste und tiefste Erfahrung: die Erfahrung von etwas Ewigem, die der Mensch in jenen Momenten haben kann, in denen er sich unsterblich und unveränderlich fühlt.

Oft wird das Selbst als hilfreiches Tier dargestellt, Symbol der instinktiven Grundlage der Psyche. In der Geschichte der Brüder Grimm „Der goldene Vogel" beispielsweise erscheint ein magischer Fuchs. Auch in der hinduistischen Mythologie trägt der Affengott Hanuman die Götter Shiva und Parvati in seinem Herzen.

Steine sind häufige Bilder des Selbst aufgrund ihrer Vollständigkeit, das heißt ihrer Unveränderlichkeit und Dauerhaftigkeit. Einige Hindus überliefern Steine von Vätern zu Söhnen, von denen man glaubt, dass sie magische Kräfte besitzen.

Der Drang, der in praktisch allen Zivilisationen zu finden ist, berühmten Männern oder an Orten bedeutender Ereignisse steinerne Denkmäler zu errichten, stammt wahrscheinlich ebenfalls von dieser symbolischen Bedeutung des Steins. Der Stein, den Jakob an der Stelle aufstellte, wo er seinen berühmten Traum hatte, oder bestimmte Steine, die einfache Menschen auf den Gräbern von Heiligen oder lokalen Helden zurückließen, zeigen die ursprüngliche Natur des menschlichen Impulses, eine ansonsten unausdrückbare Erfahrung durch das Symbol des Steins auszudrücken. Es überrascht nicht, dass viele religiöse Kulte einen Stein verwenden, um Gott darzustellen oder einen Kultort zu markieren. Gemäß der kirchlichen christlichen Symbolik ist Christus „der Stein, den die Bauleute verworfen haben", der zur „Spitze des Winkels" wurde (Lukas XX:17). Er wird auch „der geistige Fels, aus dem das Wasser des Lebens entspringt" genannt (1. Kor. X:4). Die mittelalterlichen Alchemisten glaubten, dass ihr berühmter „Stein der Weisen" das Geheimnis der Materie oder das Wirken der göttlichen Aktivität enthielt. Einige Alchemisten erkannten jedoch, dass ihr gesuchter Stein ein Symbol für etwas war, das sich nur in der Psyche des Menschen finden lässt. Ein alter arabischer Alchemist, Morienus, sagte: „Diese Sache [der Stein der Weisen] wird aus dir gewonnen: du bist ihr Mineral, und man kann sie in dir finden; oder, um es klarer zu sagen, sie [die Alchemisten] nehmen sie von dir. Wenn du dies erkennst, werden die Liebe und die Zustimmung zum Stein in dir wachsen. Wisset, dass dies ohne jeden Zweifel wahr ist."

Die „ewige" Qualität der Steine manifestiert sich in Kieselsteinen und Bergen, wie man an den Felsen unter dem Mount Williamson in Kalifornien beobachtet. Aus diesem Grund wurde der Stein seit jeher bei der Schaffung von Gedenkmonumenten verwendet, wie die Köpfe der vier Präsidenten der Vereinigten Staaten, die in die Klippe des Mount Rushmore in South Dakota gemeißelt wurden.

Der alchemistische Lapis oder Stein der Weisen symbolisiert etwas, das niemals verloren gehen oder sich auflösen kann, etwas Ewiges, das einige Alchemisten mit der mystischen Gotteserfahrung innerhalb der menschlichen Seele verglichen. Oft erfordert es ein langes Leiden, sich aller überflüssigen psychischen Elemente zu entledigen, die den Stein verbergen. Die meisten Menschen erleben jedoch irgendwann in ihrem Leben eine tiefe Verbindung mit dem Selbst. Aus psychologischer Sicht bedeutet eine wahrhaft religiöse Haltung, sich zu bemühen, diese einzigartige Erfahrung zu entdecken und eine ständige Verbindung zu ihr aufrechtzuerhalten, da der Stein selbst ein Symbol der Beständigkeit ist. Dies macht das Selbst zu einem inneren Begleiter, auf den man beständig die Aufmerksamkeit richtet.

Die Tatsache, dass das höchste und häufigste Symbol des Selbst ein Objekt anorganischer Materie ist, deutet auf einen weiteren Bereich der Forschung und Spekulation hin: die noch unbekannte Beziehung zwischen dem, was man unbewusste Psyche nennt, und dem, was man „Materie" nennt. Jung schlug diesbezüglich ein neues Konzept vor, das als Synchronizität bezeichnet wird und sich auf eine „bedeutungsvolle Koinzidenz" äußerer und innerer Ereignisse bezieht, die nicht kausal miteinander verbunden sind, sondern durch ihre symbolische Bedeutung in Verbindung stehen.

Wenn man diese Art bedeutungsvoller Koinzidenzen im Leben eines Einzelnen beobachtet, scheint ein Archetyp in seinem Unbewussten aktiviert zu sein, der sich sowohl in inneren als auch in äußeren Ereignissen manifestiert. Dieses Phänomen deutet auf die Existenz einer Beziehung zwischen Psyche und Materie hin, die über direkte Kausalität hinausgeht.

Das Konzept der Synchronizität ist ein Werkzeug, das es erlaubt, diese Wechselbeziehung zwischen Psyche und Materie tiefer zu erforschen. Obwohl es noch ein offenes Thema in Erforschung ist, bietet es faszinierende Möglichkeiten für zukünftige Forschungen in den Bereichen der Psychologie und Physik.

Obwohl diese Erörterung über die Synchronizität vom Hauptthema entfernt erscheinen mag, ist es wichtig, zumindest einen kurzen Hinweis darauf zu geben, da sie eine jungsche Hypothese darstellt, die mit zukünftigen Möglichkeiten der Forschung und Anwendung geladen ist. Synchronistische Ereignisse begleiten häufig die entscheidenden Phasen des Individuationsprozesses, bleiben aber oft unbemerkt, weil der Einzelne nicht gelernt hat, auf solche Koinzidenzen zu achten und ihre Bedeutung in Beziehung zur Symbolik seiner Träume zu interpretieren.

In der modernen Gesellschaft erleben immer mehr Menschen, besonders jene, die in großen Städten wohnen, eine tiefe Leere und Langeweile, als würden sie auf etwas warten, das niemals eintritt. Obwohl Unterhaltung wie Kino, Fernsehen, Sportveranstaltungen und politische Teilhabe vorübergehende Ablenkung bieten können, fühlen sie sich früher oder später erschöpft und desillusioniert und kehren immer wieder zur Wüste ihres eigenen Lebens zurück.

Das einzige wahre Abenteuer, das dem modernen Menschen noch bleibt, liegt im inneren Reich der unbewussten Psyche. Mit diesem Gedanken im Hinterkopf wenden sich viele dem Yoga und anderen östlichen Praktiken zu. Diese Aktivitäten liefern jedoch keine authentisch neue Erfahrung, da sie lediglich wieder aufnehmen, was bereits Hindus oder Chinesen erkundet haben, ohne sich direkt mit ihrem eigenen inneren Lebenszentrum auseinanderzusetzen. Im Gegensatz zum Befolgen eines vorgegebenen Weges entwickelte Jung eine Methode, um das innere Zentrum zu erreichen und Kontakt mit dem lebendigen Geheimnis des Unbewussten herzustellen, auf unabhängige Weise und ohne äußere Hilfe.

Eine ständige Aufmerksamkeit auf die lebendige Wirklichkeit des Selbst aufrechtzuerhalten, ist wie gleichzeitig auf zwei Ebenen oder in zwei verschiedenen Welten zu leben. Obwohl man mit den äußeren Verpflichtungen fortfährt, muss man wachsam bleiben für die Hinweise und Zeichen sowohl in Träumen als auch in äußeren Ereignissen, die das Selbst nutzt, um seine Absichten mitzuteilen: die Richtung des Lebensstromes.

Die alten chinesischen Texte vergleichen diese Erfahrung mit einer Katze, die eine Mausefalle bewacht. Es wird geraten, den Geist frei von Ablenkungen zu halten, aber ohne übermäßig wachsam oder gelangweilt zu sein. Es gibt ein optimales Niveau der Wahrnehmung. Wird das Training auf diese Weise durchgeführt, wird es mit der Zeit wirksam, und wenn die Reife erreicht ist, erlebt der Einzelne ein höchstes Erwachen. In diesem Moment befreit er sich von allen Zweifeln und erreicht großes Glück.

So findet man sich inmitten des alltäglichen Lebens plötzlich in ein aufregendes inneres Abenteuer versunken, das für jeden Einzelnen einzigartig ist und weder nachgeahmt noch gestohlen werden kann.

Der Verlust des Kontakts mit dem regulierenden Zentrum der Seele lässt sich auf zwei Hauptgründe zurückführen. Der erste ist die Tendenz zur Einseitigkeit, bei der ein einzelner Instinkttrieb oder ein emotionales Bild zu einem Gleichgewichtsverlust führen kann. Die zweite Bedrohung geht von einer übermäßigen Verfestigung des Ich-Bewusstseins aus, das den Empfang von Impulsen und Botschaften aus dem unbewussten Zentrum oder dem Selbst blockiert. Viele Träume zivilisierter Menschen versuchen, diese Empfänglichkeit wiederherzustellen und die Haltung des Ich gegenüber dem inneren Zentrum zu korrigieren.

In der Mythologie wird die Darstellung des Selbst durch die vier Himmelsrichtungen betont, oft visualisiert mit dem Großen Menschen im Zentrum eines in vier Teile geteilten Kreises. Jung verwendete den hinduistischen Begriff „Mandala" (magischer Kreis), um diese Struktur zu beschreiben, die den „Atomkern" der menschlichen Psyche symbolisiert, dessen Wesen noch unbekannt bleibt. Es ist interessant, dass ein Naskapi-Jäger den Großen Menschen nicht als menschliches Wesen darstellte, sondern als Mandala.

Während die Naskapi das innere Zentrum direkt und naiv erfahren, ohne die Hilfe von Riten oder religiösen Lehren, nutzen andere Gemeinschaften das Mandala-Motiv, um das verlorene innere Gleichgewicht wiederherzustellen. Die Navajo-Indianer beispielsweise verwenden in Mandalas strukturierte Sandbilder, um die Harmonie einer kranken Person mit sich selbst und dem Kosmos wiederherzustellen, auf der Suche nach ihrer Heilung.

In den östlichen Zivilisationen werden ähnliche Bilder eingesetzt, um das innere Wesen zu stärken oder eine tiefe Meditation zu induzieren. Die Betrachtung eines Mandalas soll inneren Frieden vermitteln und das Gefühl, dass das Leben seinen Sinn und seine Ordnung wiedererlangt hat. Selbst wenn es spontan in den Träumen von Menschen erscheint, die nicht von religiösen Traditionen beeinflusst sind, wie im Fall einer 62-jährigen Frau, übt das Mandala eine positive Wirkung aus, da Wissen und Tradition manchmal die spontane Erfahrung verzerren oder blockieren können.

Ein Traum dieser Frau offenbart das Auftauchen eines Mandalas als Auftakt zu einer neuen schöpferischen Phase in ihrem Leben:

Im Traum zeigt eine Landschaft, gebadet in einem gedämpften Licht, einen Hügel mit aufsteigendem Kamm, wo sich eine viereckige Scheibe bewegt, die wie Gold glänzt. Während die dunkle gepflügte Erde zu sprießen beginnt, erscheint im Vordergrund ein runder Tisch mit einer grauen Steinplatte. Auf unerwartete Weise bewegt sich die viereckige Scheibe zum Tisch und verlässt den Hügel ohne offensichtliche Erklärung.

Dieser Traum symbolisiert, wie viele Kunstwerke, eine unaussprechbare Stimmung. Das gedämpfte Licht deutet darauf hin, dass die Klarheit des Tagesbewusstseins nachgelassen hat und die „innere Natur" unter ihrem eigenen Licht hervortritt. Die viereckige Scheibe, Symbol des Selbst, wechselt davon, eine intuitive Idee zu sein, dazu, das Zentrum der Seelenlandschaft zu werden. Diese Veränderung verkörpert den Beginn eines inneren Wachstums, bei dem ein vor langer Zeit gepflanzter Samen endlich zu sprießen beginnt.

Die Bewegung der goldenen Scheibe nach rechts symbolisiert die Bewusstwerdung und die bewusste Anpassung.

Schließlich setzt sich die Scheibe auf einen runden Steintisch und findet eine dauerhafte Grundlage für ihre Gegenwart.

Jung betonte, dass die Erforschung des eigenen Unbewussten das einzige wirkliche Abenteuer ist, das jedem Einzelnen verbleibt. Das letztendliche Ziel dieser Suche besteht darin, eine harmonische und ausgeglichene Beziehung zum Selbst herzustellen. Das kreisförmige Mandala verkörpert dieses vollkommene Gleichgewicht, wie es sich in der Struktur der modernen Kathedrale von Brasilia widerspiegelt.

In den Bildern, die die Träumende malte, erscheint das Mandala-Motiv als Viereck anstelle eines Kreises. Während viereckige Formen die bewusste Verwirklichung der inneren Ganzheit symbolisieren, verkörpern kreisförmige Formen die natürliche Ganzheit. Im Traum treffen die viereckige Scheibe und der runde Tisch aufeinander, was die Annäherung an die bewusste Verwirklichung des Zentrums andeutet. Der runde Tisch seinerseits ist ein bekanntes Symbol der Ganzheit und spielt eine Rolle in der Mythologie, wie der runde Tisch des Königs Artus, der vom Letzten Abendmahl abgeleitet ist.

Wenn sich ein Einzelner in seine innere Welt auf der Suche nach Selbsterkenntnis vertieft und nicht nur seine subjektiven Gedanken und Gefühle erforscht, sondern auch die Manifestationen seiner eigenen objektiven Natur wie Träume und echte Phantasien, begegnet er früher oder später dem Selbst. In diesem Prozess entdeckt das Ich eine innere Macht, die alle Möglichkeiten der Erneuerung enthält.

Es besteht jedoch eine bedeutende Schwierigkeit, die bisher nur indirekt erwähnt wurde. Jede Manifestation des Unbewussten – der Schatten, die Anima, der Animus und das Selbst – hat sowohl helle als auch dunkle Aspekte. Man hat bereits beobachtet, wie der Schatten sich als instinktiver Impuls manifestieren kann, der überwunden werden muss, aber auch als

Motor des persönlichen Wachstums, der kultiviert werden sollte. In ähnlicher Weise weisen sowohl die Anima als auch der Animus eine Dualität auf: Sie können zur lebendigen und schöpferischen Entfaltung der Persönlichkeit beitragen oder zur Versteinerung und, metaphorisch gesprochen, zum Tod führen.

Selbst das Selbst, das das Zentrum der Psyche symbolisiert, besitzt diese Ambivalenz. Ein veranschaulichendes Beispiel ist das eskimoische Märchen, in dem die „kleine Frau" anbietet, die Heldin vor dem Geist des Mondes zu retten, sie aber tatsächlich in eine Spinne verwandelt.

Der dunkle Aspekt des Selbst stellt die größte Gefahr dar aufgrund seiner vorherrschenden Position in der Psyche. Er kann Menschen dazu bringen, megalomanische Phantasien oder andere Wahnvorstellungen zu spinnen, die sie gefangen nehmen und beherrschen. Wer in diesen Zustand verfällt, mag mit wachsender Inbrunst glauben, ein tiefes Verständnis erreicht und die kosmischen Geheimnisse gelöst zu haben, wobei er jeglichen Kontakt zur menschlichen Wirklichkeit verliert. Ein deutliches Zeichen dieses Zustands ist der Verlust des Sinns für Humor und der menschlichen Beziehungen.

Daher kann das Erwachen des Selbst eine große Gefahr für das bewusste Bewusstsein des Einzelnen mit sich bringen. Dieser doppelte Aspekt des Selbst wird im alten iranischen Märchen „Das Geheimnis des Bades Bâdgerd" veranschaulicht:

Der tapfere Prinz Hâtim Tâi erhält von seinem König den Auftrag, das geheimnisvolle Bad Bâdgerd zu erforschen. Nachdem er zahlreiche gefährliche Abenteuer überstanden hat, gelangt er zum Ort und trifft auf einen Barbier, der ihn zu einer Badewanne in einem kreisförmigen Gebäude führt. Sobald er darin ist, bricht ein ohrenbetäubender Lärm los, alles verdunkelt sich um ihn herum, der Barbier verschwindet und das Wasser beginnt langsam zu steigen.

Hâtim schwimmt verzweifelt, bis das Wasser die Decke der Badewanne erreicht und eine Kuppel bildet. In der Befürchtung, verloren zu sein, betet er und klammert sich an den Mittelstein der Kuppel. Plötzlich ändert sich alles und er befindet sich allein in einer Wüste.

Nach langem Umherirren gelangt er zu einem wunderschönen Garten mit einem Kreis von Steinstatuen in seinem Zentrum. Inmitten der Statuen erblickt er einen Papagei in einem Käfig, und eine Stimme sagt ihm von oben: „Oh, Held, es ist wahrscheinlich, dass du nicht lebend aus diesem Bad herauskommst. Einst fand Gayomart, der Erste Mensch, einen riesigen Diamanten, der heller strahlte als Sonne und Mond. Er beschloss, ihn in diesem magischen Bad zu verbergen, um ihn zu schützen. Der Papagei, den du siehst, ist Teil der Magie. Zu seinen Füßen liegt ein goldener Bogen und ein Pfeil an einer goldenen Kette. Du kannst dreimal versuchen, auf den Papagei zu schießen. Triffst du ihn, verschwindet der Fluch; andernfalls wirst du versteinert wie die anderen Menschen, die du hier siehst."

Hâtim versucht, auf den Papagei zu schießen, verfehlt jedoch bei seinen ersten beiden Versuchen, und sein Körper versteinert allmählich. Bei seinem dritten Versuch schließt er die Augen, ruft aus „Gott ist groß" und schießt blind, wobei er den Papagei trifft. Nach einem Ausbruch von Donner und Staub verschwindet der Papagei, und an seiner Stelle erscheint ein riesiger und wunderschöner Diamant, während die Statuen wieder zum Leben erwachen. Das Volk dankt ihm für seine Befreiung.

Der Leser wird die Symbole des Selbst in dieser Geschichte erkennen können: den Gayomart als Ersten Menschen, das runde Gebäude in Form eines Mandalas, den Mittelstein und den Diamanten. Dieser Diamant ist jedoch von

Gefahr umgeben. Der dämonische Papagei verkörpert den bösen Geist der Nachahmung, der zur psychologischen Versteinerung führt, wenn man das Ziel nicht trifft. Wie bereits erwähnt, schließt der Individuationsprozess jegliche Nachahmung anderer aus, wie der Papagei. Im Laufe der Geschichte haben Menschen versucht, das äußere oder rituelle Verhalten ihrer großen religiösen Lehrer wie Christus oder Buddha nachzuahmen, und sind infolgedessen „versteinert". Den Spuren eines großen geistigen Führers zu folgen, bedeutet nicht, seinen Individuationsprozess in unserem eigenen Leben zu kopieren und zu reproduzieren, sondern unser Leben mit derselben Aufrichtigkeit und Hingabe zu leben.

Der Barbier mit dem Spiegel, der verschwindet, symbolisiert den Verlust der Gabe der Reflexion, die Hâtim erfährt, wenn er sie am meisten benötigt; die steigenden Wasser verkörpern das Risiko, im Unbewussten zu ertrinken und sich in den eigenen Emotionen zu verlieren. Um die Symbole des Unbewussten zu verstehen, ist es entscheidend, nicht aus sich herauszugehen oder „außer sich zu stehen", sondern emotional mit sich selbst verbunden zu bleiben. Es ist lebenswichtig, dass das Ich weiterhin normal funktioniert. Nur indem man ein gewöhnlicher Mensch bleibt, der sich der eigenen Unvollkommenheit bewusst ist, kann man empfänglich für die bedeutsamen Inhalte und Prozesse des Unbewussten sein. Doch wie kann man die Spannung ertragen, sich als Teil des Universums zu fühlen und gleichzeitig die eigene begrenzte Menschlichkeit anzuerkennen? Diese inneren Gegensätze in sich vereint zu halten, ohne in entgegengesetzte Extreme zu verfallen, ist eine schwierige Aufgabe.

Die soziale Dimension des Selbst im Individuationsprozess

In einer zunehmend bevölkerten Welt, besonders in den Großstädten, kann das Gefühl der Vereinzelung überwältigend werden. Menschen können sich wie bloße anonyme Individuen inmitten von Menschenmassen fühlen, was den Eindruck erwecken kann, dass ihr Leben bedeutungslos ist. Wenn man jedoch den Botschaften des Unbewussten Beachtung schenkt, die sich in Träumen offenbaren, lässt sich erkennen, wie jede Einzelheit der Existenz mit tieferen und transzendenten Wirklichkeiten verwoben ist.

Die theoretische Vorstellung, dass alles vom Individuum abhängt, verwandelt sich durch die Träume in eine greifbare Wahrheit. Bisweilen empfindet man den starken Eindruck, dass eine höhere Macht etwas fordert, und diese Erfahrung kann den nötigen Mut verleihen, gesellschaftliche Konventionen herauszufordern und der eigenen Wahrheit zu folgen. Doch diese Aufgabe erweist sich nicht immer als einfach oder angenehm. Manchmal können Träume den bewussten Wünschen widersprechen und Handlungen verlangen, die von den geplanten Vorhaben abweichen. Diese Spannung zwischen Ich und Unbewusstem mag als Last empfunden werden, kann aber auch zu größerer persönlicher Entwicklung führen.

Die Legende des heiligen Christophorus, des Schutzpatrons der Reisenden, veranschaulicht diese Erfahrung. Anfangs ist er stolz auf seine körperliche Stärke und beschließt, nur den Mächtigsten zu dienen. Als er jedoch die Macht des Kruzifixes entdeckt, wandelt sich seine Perspektive, und er findet eine neue Berufung im Dienst an Christus. Das Gewicht des

Kindes, das er auf seinen Schultern trägt, nimmt stetig zu, bis er begreift, dass er Christus selbst getragen hat. Diese Erzählung erinnert uns daran, dass unsere Handlungen, geleitet von einer tiefen Verbindung mit unserem inneren Wesen, uns zu einem größeren Sinn für Zweck und Erlösung führen können.

Dieses wundersame Kind versinnbildlicht das Selbst auf eine Weise, die für den gewöhnlichen Menschen verstörend wirken mag, obwohl es genau das ist, was ihn erlösen kann. In zahlreichen Kunstwerken wird das Jesuskind mit der Weltkugel dargestellt, ein Motiv, das deutlich an das Selbst erinnert, denn sowohl ein Kind als auch eine Kugel sind universelle Symbole der Ganzheit.

Wenn jemand versucht, den Anweisungen des Unbewussten zu folgen, befindet er sich häufig in der Lage, nicht das tun zu können, was er möchte. Doch auch den Erwartungen anderer kann er nicht gerecht werden. Oft muss er sich von seiner Gruppe distanzieren – sei es Familie, Partner oder andere persönliche Bindungen –, um sein wahres Ich zu entdecken. Daher wird bisweilen behauptet, dass die Beachtung des Unbewussten Menschen asozial und ichbezogen werden lässt. Dies trifft jedoch meist nicht zu, denn es gibt einen wenig verstandenen Faktor, der diese Haltung beeinflusst: den kollektiven, ja man könnte sogar sagen sozialen Aspekt des Ich.

Das Erreichen psychologischer Reife ist ein persönlicher Weg, der in der Gegenwart immer schwieriger wird, wenn die Individualität durch den allgemeinen Konformismus bedroht wird. Eine schweizerische Sportveranstaltung veranschaulicht diese Uniformität auf eindrucksvolle Weise.

Aus praktischer Sicht zeigt sich dieser Zusammenhang darin, dass die Bestrebungen eines Menschen oft mit seinen Beziehungen zu anderen verknüpft sind. Träume können ihn davor warnen, jemandem Bestimmten zu sehr zu vertrauen, oder sie können eine angenehme Begegnung mit jemandem offenbaren, den er bewusst nie in Betracht gezogen hätte. Wenn ein Traum das Bild einer anderen Person zeigt, gibt es zwei mögliche Deutungen. Zunächst kann die Gestalt eine Projektion sein, das heißt, sie repräsentiert einen inneren Aspekt des Träumenden. Beispielsweise kann der Traum von einem unehrlichen Nachbarn die eigene Unehrlichkeit versinnbildlichen. Die Aufgabe der Traumdeutung besteht darin, herauszufinden, welche Bereiche des Lebens des Träumenden betroffen sind. Doch es gibt auch Momente, in denen Träume gültige Informationen über andere Menschen bieten und eine Rolle des Unbewussten zeigen, die noch nicht vollständig verstanden wird.

Das Traumleben erlaubt einen Einblick in unbewusste Wahrnehmungen und deren Einfluss auf das Individuum. Nach einem angenehmen Traum über jemanden schenkt man dieser Person wahrscheinlich mehr Aufmerksamkeit, sei es aufgrund von Projektionen oder aufgrund objektiv erhaltener Informationen. Die wahre Deutung zu entschlüsseln erfordert Ehrlichkeit, Achtsamkeit und Reflexion. Doch wie bei allen inneren Prozessen ist es letztlich das Selbst, das die menschlichen Beziehungen reguliert, sofern die trügerischen Projektionen erkannt und innerlich bewältigt werden. So finden Menschen mit ähnlichen Mentalitäten und Ausrichtungen zueinander und bilden Gruppen, die über herkömmliche gesellschaftliche Zugehörigkeiten hinausgehen.

Jede Tätigkeit, die sich ausschließlich auf die Außenwelt beschränkt, stört die verborgenen Vorgänge des Unbewussten. Durch diese unbewussten Verbindungen vereinen sich diejenigen, die füreinander bestimmt sind. Aus diesem Grund sind Versuche, Menschen durch Werbung und politische Propaganda zu beeinflussen, zerstörerisch, selbst wenn sie aus idealistischen Motiven geschehen.

Es stellt sich dann die entscheidende Frage, ob man auf den unbewussten Teil der menschlichen Psyche Einfluss nehmen kann. Erfahrung und Beobachtung zeigen, dass man seine eigenen Träume nicht direkt beeinflussen kann. Obwohl manche behaupten, dies zu können, zeigt sich bei der Analyse ihrer Träume, dass sie lediglich dem folgen, was sie sich wünschen, ähnlich einem gehorsamen Hund. Nur durch einen langen Prozess der Traumdeutung und der Auseinandersetzung mit deren Bedeutung kann sich das Unbewusste allmählich wandeln. Zudem müssen sich auch die bewussten Einstellungen in diesem Prozess entwickeln.

Wenn jemand versucht, die öffentliche Meinung mithilfe von Symbolen zu beeinflussen, können diese Symbole die Massen beeindrucken, falls sie authentisch sind, doch lässt sich nicht im Voraus absehen, ob das kollektive Unbewusste sich emotional von ihnen angezogen fühlen wird. Dieser Vorgang bleibt vollkommen irrational. Beispielsweise kann kein Musikproduzent vorhersagen, ob ein Lied erfolgreich sein wird, selbst wenn es auf beliebten Bildern und Melodien basiert. Bis heute hat kein bewusster Versuch, das Unbewusste zu beeinflussen, bedeutsame Ergebnisse hervorgebracht, was nahelegt, dass sowohl das individuelle als auch das kollektive Unbewusste ihre Autonomie bewahren.

Gelegentlich bedient sich das Unbewusste der Motive aus der Außenwelt, um seine eigenen Absichten auszudrücken, was zu Verwirrung darüber führen kann, ob es von diesen Motiven beeinflusst wurde. Beispielsweise stehen viele moderne Träume im Zusammenhang mit Berlin, wo die Stadt eine Stelle psychischer Verwundbarkeit oder Gefahr versinnbildlicht und wo das Selbst häufig im Traum erscheint. Dieser Ort repräsentiert den inneren Konflikt des Träumenden und die Möglichkeit, innere Gegensätze zu versöhnen. Ebenso wurden zahlreiche Traumreaktionen auf den Film „Hiroshima Mon

Amour" beobachtet, wobei die Träume das Bedürfnis ausdrücken, die inneren Gegensätze zu vereinen, die durch die Liebenden des Films dargestellt werden, oder vor der völligen Dissoziation warnen, die durch eine atomare Explosion versinnbildlicht wird.

Erst wenn die Manipulatoren der öffentlichen Meinung auf kommerziellen Druck oder Gewaltakte zurückgreifen, können sie einen vorübergehenden Erfolg erzielen, doch dies unterdrückt nur die echten unbewussten Reaktionen, was schließlich zu psychischen Problemen führt. Die Versuche, diese unbewussten Reaktionen zu unterdrücken, sind langfristig zum Scheitern verurteilt, da sie den Grundinstinkten des Menschen zuwiderlaufen.

Die Untersuchung des Sozialverhaltens bei höheren Tieren legt nahe, dass kleine Gruppen sowohl für das individuelle als auch für das kollektive Wohlergehen optimal sind. Es scheint, dass auch der Mensch in kleinen sozialen Formationen gedeiht, wo sich sein körperliches Wohlbefinden, seine geistige Gesundheit und seine kulturelle Leistungsfähigkeit am besten entfalten. Nach dem gegenwärtigen Verständnis des Individuationsprozesses neigt das Selbst dazu, diese kleinen Gruppen zu schaffen, während es emotionale Verbindungen zwischen Individuen herstellt und Gefühle der Verwandtschaft mit allen weckt. Eine bedingungslose Hingabe an den Individuationsprozess fördert die bestmögliche soziale Anpassung.

Dies bedeutet nicht, dass es keine Meinungsverschiedenheiten oder Uneinigkeit über den einzuschlagenden Weg gäbe. Angesichts solcher Herausforderungen ist es wichtig, auf die innere Stimme zu hören, um einen individuellen Standpunkt zu finden, der den Zweck des Selbst widerspiegelt.

Fanatische politische Aktivität scheint mit dem Individuationsprozess unvereinbar zu sein. Ein anschauliches Beispiel ist der Traum eines Mannes, der sich der Befreiung seines Landes von fremder Besatzung widmete und der widerspiegelt, wie die Gestalten der positiven Anima Menschen häufig in ihren Bemühungen leiten und unterstützen.

Carl Jung erzählte den Fall eines Landsmannes, der träumte, er steige über eine Leiter zum Dachboden eines Museums hinauf, wo er einen schwarz gestrichenen Raum fand, der an eine Schiffskabine erinnerte. Sie wurden von einer vornehmen Dame namens X empfangen, angeblich der Tochter eines berühmten Nationalhelden des Landes des Träumenden, vergleichbar mit Gestalten wie Jeanne d'Arc oder Wilhelm Tell, obwohl der historische Held in Wirklichkeit keine Nachkommen hatte. Im Raum betrachteten sie Porträts zweier aristokratischer Damen in brokatenen Blumenkleidern. Während Fräulein X ihnen die Bilder erklärte, erwachten diese zum Leben: Zuerst wurden die Augen lebendig, dann schienen sie zu atmen. Die Menschen waren erstaunt und begaben sich in einen Vortragssaal, wo Fräulein X das Phänomen erörterte. Obwohl sie das Leben der Porträts ihrer Intuition und ihren Gefühlen zuschrieb, empörten sich einige und bezichtigten sie des Wahnsinns.

Die Anima-Gestalt, dargestellt durch Fräulein X im Traum, ist eine ausschließliche Schöpfung dieses Traumes. Ihr Name ist jedoch mit einem Nationalhelden verbunden, was nahelegt, dass das Unbewusste des Träumenden warnt, dass die Befreiung des Landes nicht mehr in äußeren Handlungen gesucht werden sollte, wie sie der Held der Vergangenheit vollbrachte, sondern nun durch die Seele erreicht wird, indem den Bildern des Unbewussten Leben eingehaucht wird.

Der Dachbodenraum, der an eine schwarz gestrichene Schiffskabine erinnert, hat eine große symbolische Bedeutung. Die schwarze Farbe ruft Dunkelheit, Nacht und Innenschau hervor, während die Kabine einen Zufluchtsort innerhalb des Museums andeutet, das wiederum als Schiff gedeutet werden kann. Diese Analogie legt nahe, dass in Zeiten von Chaos und Barbarei das Museum-Schiff voller lebendiger Bilder eine rettende Arche sein kann, die jene, die an Bord gehen, zu einem neuen geistigen Ufer trägt.

Die Porträts im Museum sind gewöhnlich Überbleibsel der Vergangenheit, doch in diesem Traum erwachen sie zum Leben, wenn die Anima sie mit Intuition und Gefühl betrachtet. Die Empörten repräsentieren den Widerstand des Träumenden, zu akzeptieren, dass psychische Bilder lebendig werden, was Bedenken über mögliche negative Folgen widerspiegelt, wie etwa das Abwerfen von Atombomben.

Der Traum legt nahe, dass im gegenwärtigen Zeitalter die wahre Befreiung mit einer psychologischen Transformation beginnt und dass das Finden eines inneren Lebenssinns für die individuelle Freiheit wesentlich ist. Die Versuche, die öffentliche Meinung durch Massenmedien zu beeinflussen, spiegeln sowohl kollektive Tendenzen als auch die unbewussten Vorurteile und Komplexe derer wider, die sie manipulieren. Doch die individuellen Bemühungen zur Individuation können eine positive Wirkung auf andere haben, selbst ohne die Absicht der Einflussnahme.

Die meisten religiösen Traditionen enthalten Bilder, die den Individuationsprozess versinnbildlichen, wie Christus im Christentum und Gestalten wie Krishna und Buddha im Osten. Diese Figuren repräsentieren die innere Suche nach spiritueller Verwirklichung und Befreiung.

Für Menschen, die einer Religion mit Überzeugung folgen, vollzieht sich die psychologische Regulierung ihres Lebens oft durch religiöse Symbole, und auch ihre Träume spiegeln diesen Einfluss wider. Als beispielsweise Papst Pius XII. die Aufnahme Mariens in den Himmel verkündete, träumte eine katholische Frau, sie sei Priesterin, was nahelegt, dass ihr Unbewusstes das religiöse Dogma erweiterte, indem es neue Vorstellungen über die Rolle der Frauen in der Kirche einbezog. Ein weiterer Fall ist der einer katholischen Frau, die, obwohl sie Zweifel an bestimmten Aspekten ihres Glaubens hegte, vom Abriss und Wiederaufbau ihrer örtlichen Kirche träumte, was ein Bedürfnis nach Erneuerung in ihrer Religion zeigte, während ihre grundlegenden Symbole intakt blieben, wie die göttliche Gegenwart und die Gestalt der Jungfrau Maria.

Diese Träume offenbaren das tiefe Interesse des Unbewussten an den bewussten religiösen Vorstellungen jedes Einzelnen. Dies wirft die Frage auf, ob es eine allgemeine Tendenz in zeitgenössischen religiösen Träumen gibt. Jung beobachtete, dass es in der modernen christlichen Kultur, sei sie protestantisch oder katholisch, eine unbewusste Neigung gibt, die göttliche Dreieinigkeit durch ein viertes Element zu vervollständigen, oft weiblicher, dunkler oder gar böser Natur. Dieses vierte Element, historisch mit der Materie und dem Teufel verbunden, scheint sich nun mit dem göttlichen Bild vereinen zu wollen in einem Versuch, die Polaritäten von Licht und Finsternis in der Auffassung des Göttlichen ins Gleichgewicht zu bringen.

Die Symbolik des Mandala, wie ein tibetanischer Abt Jung mitteilte, hat zwei wichtige Aspekte. Einerseits dient sie dazu, eine zuvor bestehende Ordnung in Momenten psychologischen Ungleichgewichts wiederherzustellen oder wenn ein neuer Gedanke dargestellt werden muss, der noch nicht in der etablierten Lehre enthalten ist. Andererseits dient sie auch dem schöpferischen Zweck, etwas Neues und Einzigartiges auszudrücken. Diese beiden Aspekte widersprechen sich nicht, da die Wiederherstellung der alten Ordnung oft die Einführung neuer und kreativer Elemente beinhaltet, wodurch das Muster in einem spiralförmigen Evolutionsprozess auf eine höhere Ebene geführt wird.

Jung erzählte den Fall einer schlichten, in protestantischem Umfeld erzogenen Frau, die ein Mandala in Spiralform auf einem Bild malte. In einem Traum erhielt sie den Auftrag, die Gottheit zu malen, und sah dann dieses Bild in einem Buch. Im Traum erblickte sie nur den wehenden Mantel Gottes, der ein wunderschönes Spiel von Licht und Schatten bildete, im Gegensatz zur Beständigkeit der Spirale vor einem tiefblauen Himmel. Fasziniert von dem Mantel und der Spirale, schenkte sie einer anderen Gestalt in den Felsen keine Beachtung. Beim Erwachen und bei der Reflexion über die göttlichen Gestalten wurde ihr bewusst, dass es „Gott selbst" war, was sie lange Zeit zutiefst erschütterte.

In der christlichen Kunst wird der Heilige Geist meist als brennendes Rad oder als Taube dargestellt, doch hier erscheint er als Spirale, eine neue Vorstellung, die spontan aus dem Unbewussten hervorgeht und noch nicht in der etablierten Lehre enthalten ist. Diese symbolische Darstellung des Heiligen Geistes als Spirale ist innovativ und deutet auf eine Kraft in der Entwicklung des religiösen Verständnisses hin.

Dieselbe Frau malte ein weiteres, von einem Traum inspiriertes Bild, das sie mit ihrem positiven Animus auf Jerusalem stehend zeigte, während der Flügel Satans herabsank, um die Stadt zu verdunkeln. Der satanische Flügel erinnerte an den wehenden Gottesmantel aus dem ersten Bild, doch in diesem Traum befand sich die Betrachterin in der Höhe und sah eine furchtbare Kluft zwischen den Felsen. Im zweiten Bild sieht man dasselbe von unten, aus menschlicher Perspektive. Aus höherer Perspektive ist das, was sich bewegt und ausbreitet, ein Teil Gottes, wobei sich die Spirale als Symbol einer möglichen zukünftigen Entwicklung erhebt. Doch vom Fundament der menschlichen Wirklichkeit aus gesehen ist dieselbe Sache in der Luft der dunkle und beunruhigende Flügel des Teufels.

Diese Traumbilder haben eine Bedeutung, die über das Persönliche hinausgeht und könnten das Herabsteigen einer göttlichen Dunkelheit über die christliche Hemisphäre prophezeien, was auf die Möglichkeit einer zukünftigen Entwicklung hinweist. Die zukünftige Entwicklung führt weder zu größerer geistiger Höhe noch ins Reich der Materie, sondern in eine andere Dimension, möglicherweise ins Unbewusste.

Wenn aus dem Unbewussten eines Individuums religiöse Symbole auftauchen, die von den bekannten abweichen, befürchtet man oft, sie könnten die offiziell anerkannten religiösen Symbole verändern oder schmälern. Doch dieser Widerstand lässt sich überwinden, wenn Bewusstsein und Unbewusstes in relativer Harmonie stehen und es ermöglichen, dass die neuen psychologischen Entdeckungen in die Gesamtsicht integriert werden, ohne die Furcht, den Glauben zu verlieren.

Die zweite Art von Menschen sind jene, die ihren Glauben völlig verloren und ihn durch rein bewusste und rationale Meinungen ersetzt haben. Für sie bedeutet die Tiefenpsychologie schlicht, neu entdeckte Bereiche des Geistes zu erforschen, und sie sollten keine Schwierigkeiten haben, sich auf dieses neue Abenteuer einzulassen und ihre Träume zu untersuchen, um ihre wahre Bedeutung zu entdecken.

Dann gibt es eine dritte Gruppe von Menschen, die in einem Teil ihrer selbst (wahrscheinlich im Verstand) nicht mehr an ihre religiösen Traditionen glauben, während sie in einem anderen Teil diesen Glauben noch bewahren. Ein Beispiel hierfür ist der französische Philosoph Voltaire. Er griff die katholische Kirche vehement mit rationalen Argumenten an („écrasez l'infâme"), doch manchen Berichten zufolge bat er auf dem Sterbebett um die Letzte Ölung. Ob dies wahr ist oder nicht, sein Verstand war nicht mehr religiös, obwohl seine Gefühle und Emotionen orthodox geblieben zu sein schienen. Diese Menschen gleichen jemandem, der in einer Drehtür gefangen ist; sie können weder in den freien Raum hinaustreten noch ins Innere zurückkehren. Oft fällt es ihnen schwer, sich dem Unbewussten zuzuwenden, weil sie ihre eigenen Gedanken und Wünsche nicht verstehen. Das Unbewusste ernst zu nehmen erfordert letztlich Mut und persönliche Integrität.

Die komplexe Lage jener, die in einer Art Zwischenreich zwischen zwei Geisteszuständen gefangen sind, ist teilweise darauf zurückzuführen, dass alle offiziellen religiösen Lehren eigentlich dem kollektiven Bewusstsein angehören (was Freud das Über-Ich nannte); doch zu irgendeinem Zeitpunkt entstanden sie aus dem Unbewussten. Dies ist ein Punkt, den viele Religionshistoriker und Theologen anzweifeln. Sie ziehen es vor anzunehmen, es habe irgendeine Form von „Offenbarung" gegeben. Jung suchte viele Jahre nach konkreten Beweisen für die jungianische Hypothese zu diesem Problem, doch es war schwierig, solche zu finden, weil die meisten Rituale so alt sind, dass sich ihr Ursprung nicht zurückverfolgen lässt. Das folgende Beispiel scheint jedoch einen wichtigen Hinweis zu bieten:

Black Elk, ein Heiler der Oglala-Sioux, der vor nicht allzu langer Zeit verstarb, berichtet in seiner Autobiographie „Black Elk Speaks", dass er im Alter von neun Jahren schwer erkrankte und während einer Art Koma eine überwältigende Vision hatte. Er sah vier Gruppen wunderschöner Pferde, die aus den vier Himmelsrichtungen kamen, und dann, in einer Wolke sitzend, erblickte er die Sechs Großväter, die Ahnengeister seines

Stammes, „die Großväter der ganzen Welt". Sie übergaben ihm sechs heilende Symbole für sein Volk und zeigten ihm neue Lebensweisen. Doch als er 16 Jahre alt war, entwickelte er plötzlich eine furchtbare Phobie, wann immer sich ein Gewitter näherte, denn er hörte „Donnerwesen", die ihn baten, „sich zu beeilen". Sie erinnerten ihn an das Donnern der sich nähernden Pferde in seiner Vision. Ein alter Heiler erklärte ihm, seine Angst rühre daher, dass er die Vision für sich behielt, und sagte ihm, er müsse sie mit seinem Stamm teilen. Dies tat er, und später stellten er und sein Volk die Vision in einem Ritual nach, wobei sie echte Pferde verwendeten. Nicht nur Black Elk, sondern viele andere Mitglieder seines Stammes fühlten sich nach dieser Darstellung unendlich besser. Einige wurden sogar von ihren Krankheiten geheilt. Black Elk sagte: „Selbst die Pferde schienen nach dem Tanz gesünder und glücklicher zu sein."

Das Ritual wurde nicht wiederholt, weil der Stamm kurz darauf zerstört wurde. Es gibt jedoch einen anderen Fall, in dem ein Ritual noch fortbesteht. Mehrere Eskimostämme, die nahe dem Colville River in Alaska leben, erklären den Ursprung ihres Adlerfestes folgendermaßen:

Ein junger Jäger tötete einen ganz außergewöhnlichen Adler und war so beeindruckt von der Schönheit des toten Vogels, dass er ihn ausstopfte und zu einem Fetisch machte, den er mit Opfergaben ehrte. Eines Tages, als der Jäger weit auf der Jagd unterwegs war, erschienen plötzlich zwei Tiermenschen als Boten und führten ihn ins Land der Adler. Dort hörte er einen dunklen Trommelklang, und die Boten erklärten ihm, dies sei der Herzschlag der Mutter des getöteten Adlers. Dann erschien ihm der Geist des Adlers in Gestalt einer schwarz gekleideten Frau. Sie bat ihn, unter seinem Volk ein Adlerfest zu Ehren ihres getöteten Sohnes zu begründen. Nachdem das Adlervolk ihm beigebracht hatte, wie dies zu tun sei, fand er sich plötzlich, erschöpft, an dem Ort wieder, wo er den Boten begegnet war. Bei seiner Rückkehr nach Hause lehrte er sein Volk, wie das große Adlerfest zu feiern sei, was sie seitdem treu tun.

Aus diesen Beispielen lässt sich beobachten, wie ein Ritual oder ein religiöser Brauch unmittelbar aus einer unbewussten Offenbarung entstehen kann, die ein Individuum erfährt. Während sich diese Praktiken entwickeln und innerhalb kultureller Gruppen weitergegeben werden, üben sie einen großen Einfluss auf das Leben der gesamten Gesellschaft aus. Doch während dieses Evolutionsprozesses verdünnt sich das ursprüngliche Wissen allmählich. Viele Menschen haben keine persönliche Erkenntnis mehr von der ursprünglichen Erfahrung und können nur noch durch das daran glauben, was ihnen ihre Älteren und Lehrer erzählt haben. Sie verlieren die Verbindung zur Wirklichkeit dieser Ereignisse und wissen nicht, wie es sich anfühlt, diese Erfahrung zu leben.

In ihrer gegenwärtigen, hochgradig ausgearbeiteten und gealterten Form widersetzen sich diese religiösen Traditionen oft schöpferischen Veränderungen, die aus dem Unbewussten stammen. Manche Theologen verteidigen diese religiösen Symbole und Lehren sogar als „wahr" und widersetzen sich der Entdeckung einer religiösen Funktion im Unbewussten. Sie vergessen, dass die Werte, die sie verteidigen, genau dieser Funktion ihre Existenz verdanken. Ohne die Beteiligung der menschlichen Psyche beim Empfang und der Deutung göttlicher Eingebungen kann kein religiöses Symbol Teil der menschlichen Wirklichkeit werden.

Wenn jemand argumentiert, es gebe eine religiöse Wirklichkeit unabhängig von der menschlichen Psyche, könnte man fragen: „Wer behauptet dies, wenn nicht eine menschliche Psyche?". So sehr man auch behaupten mag, man kann der Existenz der Psyche nicht entrinnen, denn der Mensch ist in ihr enthalten und sie ist das einzige Mittel, durch das sich die Wirklichkeit verstehen lässt.

Die moderne Entdeckung des Unbewussten beendet endgültig die Illusion, dass der Mensch die geistige Wirklichkeit an sich erkennen kann. In der modernen Physik beendet auch das Heisenbergsche Unschärfeprinzip die Illusion, eine absolute physische Wirklichkeit zu begreifen. Die Entdeckung des Unbewussten eröffnet jedoch ein weites und neues Feld von Möglichkeiten, in dem sich objektive wissenschaftliche Forschung auf einzigartige Weise mit persönlichem ethischem Abenteuer verbindet.

Es ist jedoch praktisch unmöglich, die ganze Wirklichkeit der Erfahrung in diesem neuen Feld zu vermitteln. Viele Erfahrungen sind einzigartig und lassen sich durch Sprache nur teilweise mitteilen. Auch hier schließt sich die Illusion, eine andere Person vollständig zu verstehen und ihr zu sagen, was das Beste für sie ist. Doch findet man einen Ausgleich in der Entdeckung der sozialen Funktion des Selbst, die daran arbeitet, getrennte Individuen zu vereinen, die zusammengehören.

Dieser Ansatz ersetzt intellektuelles Gerede durch bedeutsame Ereignisse, die sich in der Wirklichkeit der Psyche abspielen. Sich ernsthaft auf den Individuationsprozess einzulassen bedeutet eine völlig neue Orientierung zum Leben. Für Wissenschaftler bedeutet es einen neuen Zugang zu äußeren Tatsachen. Welche Auswirkung dies auf das menschliche Wissen und das soziale Leben hat, ist ungewiss, doch Jungs Entdeckung des Individuationsprozesses ist eine Tatsache, die künftige Generationen berücksichtigen müssen, wenn sie eine stagnierende oder regressive Perspektive vermeiden wollen.

Epilog

Im Verlauf dieser Reise durch die Gefilde der menschlichen Psyche sind wir Zeugen des komplexen Zusammenspiels zwischen Bewusstsein und Unbewusstem geworden, wo die Archetypen als Protagonisten in diesem weitläufigen Theater des Lebens hervortreten. Unter ihnen erhebt sich der Archetyp des Helden als ein Licht der Hoffnung, das uns durch die dunklen Gewässer unserer Ängste und Herausforderungen zur Erleuchtung des Wandels und der Selbsterkenntnis geleitet.

Die Lehren Carl Jungs, gleich Sternen in der dunkelsten Nacht, haben uns den Weg zur Individuation gewiesen, jenem transformierenden Prozess, durch den wir zu dem werden, was wir sein sollen. Seine Einsichten, verwurzelt in der uralten Weisheit von Mythen und Legenden, schwingen weiterhin in den tiefsten Schichten unserer kollektiven Seele nach und wecken Echos universeller Wahrheiten, die Zeit und Raum überdauern.

In einer Welt, in der die Ungewissheit an jeder Ecke lauert, wird das Wissen um die Archetypen und den Individuationsprozess von höchster Bedeutung. Diese Werkzeuge ermöglichen es uns, durch die aufgewühlten Gewässer der Psyche zu navigieren, unsere Schatten zu konfrontieren und unser erhabenstes Potenzial zu umarmen. Indem wir die archetypischen Muster in unserem Leben erkennen, können wir unseren Kämpfen Sinn verleihen und einen tieferen Zweck auf unserem Weg entdecken.

Dieses Buch ist lediglich ein Ausgangspunkt, ein Aufruf, die heroische Reise der Selbsterkenntnis anzutreten. Jeder von uns trägt das Potenzial in sich, der Held seiner eigenen Geschichte zu sein, sich den Drachen unserer Ängste und

Begrenzungen zu stellen und siegreich, durch die Erfahrung verwandelt, daraus hervorzugehen.

Gleich dem mythischen Helden, der in die Abgründe hinabsteigt, um das Elixier des Lebens zu erlangen, müssen wir in die Tiefen unseres Unbewussten vordringen, unseren Schatten begegnen und die verborgenen Schätze unserer Psyche bergen. Dieser Prozess verlangt Mut, Aufrichtigkeit und eine unerschütterliche Entschlossenheit zu wachsen und uns weiterzuentwickeln.

Die Reise ist von Wert, denn auf ihr werden wir zu Mitschöpfern unserer Wirklichkeit, formen unser Schicksal und hinterlassen eine einzigartige Spur im Gewebe der Existenz. Indem wir unser heroisches Potenzial annehmen, werden wir zu Leuchtfeuern für andere und inspirieren sie, ihre eigenen Reisen der Selbsterkenntnis und des Wandels anzutreten. Denn letztlich findet sich der wahre Schatz nicht an einem fernen Ort, sondern in uns selbst, wo er darauf wartet, entdeckt und in Besitz genommen zu werden. Und so kommen wir mit jedem Schritt auf diesem Weg der Selbsterkenntnis dem näher, was wir schon immer sein sollten: die Helden, zu denen wir bestimmt waren.

ENDE

Arquetipo y Sombra

CARL JUNG - Der Archetyp des Helden und die Individuation des Selbst

www.ingramcontent.com/pod-product-compliance
Lightning Source LLC
Chambersburg PA
CBHW060506090426
42735CB00011B/2128